全国主要社会经济指标

排序年鉴

1992

国家统计局综合司　编

(京)新登字 041 号

《全国主要社会经济指标排序年鉴－1992》
编 辑 人 员

主　编：叶　震
副主编：章钟基　邱晓华
编　辑：(以下按姓氏笔划排列)
李小维　周立东　金兆丰　徐未来　郝胜龙
校　对：孙　亮　姜雷光　黄　培

全国主要社会经济指标
排序年鉴
QUANGUO ZHUYAO SHEHUI JINGJI
ZHIBIAO PAIXU NIANJIAN
1992
国家统计局综合司　编
*
中国统计出版社出版
(北京复外三里河月坛南街 38 号)
新华书店北京发行所发行
铁道标准化怀柔印刷厂印刷
*
787×1092 毫米　16 开本　17.875 印张　39 万字
1993 年 2 月第 1 版　1993 年 2 月北京第 1 次印刷
印数：1—5000
ISBN 7—5037—1079—9/F・464
定价：18.50 元

编者的话

一、为便于读者了解全国各省、自治区、直辖市的经济社会发展概况，各地区主要指标在全国的位次，进行地区间对比，开展地区经济的研究工作，特编辑本书。

二、本书根据国家统计局各专业统计年报和有关部门的分地区资料加工整理，数据翔实，具有权威性。

三、本书分总量、人均、效益、比重、速度、家庭生活六大类共 518 个指标，覆盖面广，是分地区排序书刊中指标最多的。

四、关于本书价值量指标，绝对数除邮电业务总量按 1990 年不变价格计算外，其他均按当年价格计算；增长速度除国民生产总值、国内生产总值、国民收入、工业总产值、农业总产值、居民消费水平、人均国内生产总值、社会商品零售总额外，其他均按当年价格计算。

五、我国地域辽阔，经济社会发展不平衡。各地区在全国排序先后，既有各地工作上的差距，又有历史、客观条件差异的影响。有的地区当年工作很出色，但由于原来基础差，在排序上仍可能偏后。因此，使用时要作具体分析，不能单纯以排序作为评价地区工作的依据。

此外，有些指标是逆向指标，排序在前的，不是好现象，如物耗、物价等。使用时请一并注意。

六、本书是首次编辑出版，缺乏经验，难免有不尽人意之处，望广大读者批评指正，以便改进今后工作。

编者

1993 年 2 月

目　录

一、总量指标

1—1　土地面积
　　年底总人口数……………………………（3）
1—2　出生率
　　死亡率……………………………………（4）
1—3　自然增长率
　　社会劳动者人数…………………………（5）
1—4　职工人数
　　城镇个体劳动者人数……………………（6）
1—5　乡村劳动者人数
　　国民生产总值……………………………（7）
1—6　国内生产总值
　　国民收入…………………………………（8）
1—7　社会总产值
　　国民收入使用额…………………………（9）
1—8　国民收入消费额
　　居民消费额………………………………（10）
1—9　农业居民消费额
　　农业居民自给性消费额…………………（11）
1—10　农业居民商品性消费额
　　农业居民文化生活服务
　　支出及水电消费额………………………（12）
1—11　非农业居民消费额
　　非农业居民商品性消费额………………（13）
1—12　非农业居民文化生活服务消费额
　　非农业居民住房及水电
　　消费额……………………………………（14）
1—13　社会消费额
　　积累额……………………………………（15）
1—14　固定资产积累额
　　生产性固定资产积累额…………………（16）
1—15　非生产性固定资产积累额
　　流动资产积累额…………………………（17）
1—16　生产性流动资产积累额
　　非生产性流动资产积累额………………（18）
1—17　工农业总产值
　　全社会固定资产投资额…………………（19）
1—18　国有单位固定资产投资额
　　国有单位基本建设投资…………………（20）
1—19　国有单位更新改造投资
　　国有单位其他固定资产投资……………（21）
1—20　集体单位固定资产投资
　　城乡个人投资……………………………（22）
1—21　全社会生产性建设固定资产投资
　　全社会非生产性建设固
　　定资产投资………………………………（23）
1—22　国有单位基本建设生产性投资
　　国有单位基本建设非生
　　产性投资…………………………………（24）
1—23　房屋施工面积
　　房屋住宅施工面积………………………（25）
1—24　房屋竣工面积
　　房屋住宅施工面积………………………（26）
1—25　基本建设新增固定资产
　　基本建设投产大中型项
　　目个数……………………………………（27）
1—26　更新改造新增固定资产
　　更新改造施工项目个数…………………（28）
1—27　更新改造全部建成投产项目
　　乡村劳动力………………………………（29）
1—28　农林牧副渔业劳动力
　　年末实有耕地面积………………………（30）
1—29　农村社会总产值
　　农村农业总产值…………………………（31）
1—30　农村工业总产值
　　农村建筑业总产值………………………（32）
1—31　农村运输业总产值
　　农村商业饮食业总产值…………………（33）
1—32　农作物种植业产值
　　林业产值…………………………………（34）
1—33　牧业产值
　　副业产值…………………………………（35）
1—34　渔业产值
　　农业机械总动力…………………………（36）
1—35　机耕面积
　　农村用电量………………………………（37）
1—36　有效灌溉面积
　　机电灌溉面积……………………………（38）
1—37　农作物总播种面积
　　粮食作物播种面积………………………（39）

1—38 经济作物播种面积
其他农作物播种面积……(40)
1—39 粮食产量
棉花产量……(41)
1—40 油料产量
大牲畜年底头数……(42)
1—41 肉猪出栏头数
猪年底头数……(43)
1—42 羊年底只数
猪牛羊肉产量……(44)
1—43 猪肉产量
牛奶产量……(45)
1—44 禽蛋产量
水产品总产量……(46)
1—45 淡水产品产量
受灾面积……(47)
1—46 成灾面积
工业企业单位数……(48)
1—47 乡及乡以上工业企业单位数
工业企业职工人数……(49)
1—48 轻工业企业职工人数
重工业企业职工人数……(50)
1—49 工业总产值
轻工业产值……(51)
1—50 重工业产值
国有工业总产值……(52)
1—51 集体工业总产值
城乡个体及其他经济类
型工业总产值……(53)
1—52 独立核算工业企业单位数
独立核算工业企业工业
总产值……(54)
1—53 独立核算工业企业工业净产值
独立核算工业企业产品
销售收入……(55)
1—54 独立核算工业企业产品销售成本
独立核算工业企业年底
固定资产原值……(56)
1—55 独立核算工业企业年底固定资产净值
独立核算工业企业定额
流动资金年平均余额……(57)
1—56 独立核算工业企业利润总额
独立核算工业企业利税总额……(58)
1—57 化学纤维产量
纱产量……(59)
1—58 布产量
呢绒产量……(60)
1—59 机制纸及纸板产量
自行车产量……(61)
1—60 合成洗涤剂产量
食用植物油产量……(62)
1—61 罐头产量
饮料酒产量……(63)
1—62 卷烟产量
电视机产量……(64)
1—63 原煤产量
发电量……(65)
1—64 生铁产量
钢产量……(66)
1—65 成品钢材产量
水泥产量……(67)
1—66 木材产量
化肥产量……(68)
1—67 塑料产量
金属切削机床产量……(69)
1—68 汽车产量
工业部门能源消费总量……(70)
1—69 工业部门电力消费量
物资系统职工人数……(71)
1—70 物资系统销售网点
物资系统购进额……(72)
1—71 物资系统销售额
物资系统库存额……(73)
1—72 物资系统周转天数
全民所有制单位交通运
输邮电通讯业职工人数……(74)
1—73 中央铁路营业里程
中央铁路正线延展里程……(75)
1—74 公路里程
公路有路面里程……(76)
1—75 全社会铁路货运量
全社会公路货运量……(77)
1—76 全社会铁路货物周转量
全社会公路货物周转量……(78)
1—77 民用汽车拥有量
民用载客汽车拥有量……(79)

1—78 民用载货汽车拥有量
民用私人汽车拥有量…………………………（80）
1—79 民用私人载客汽车拥有量
民用私人载货汽车拥有量…………………（81）
1—80 邮电局所数
邮路及农村投递路线总长度………………（82）
1—81 长话电路
电报电路……………………………………（83）
1—82 电话机拥有量
电话交换机容量……………………………（84）
1—83 邮电业务总量
国有建筑施工企业施工产值………………（85）
1—84 城镇集体建筑施工企业施工产值
建筑施工企业房屋建筑
施工面积……………………………………（86）
1—85 建筑施工企业房屋建筑竣工面积
国有建筑施工企业职工人数………………（87）
1—86 城镇集体建筑施工企业职工人数
国有建筑施工企业净产值…………………（88）
1—87 城镇集体建筑施工企业净产值
国有建筑施工企业年底
自有机械设备总功率………………………（89）
1—88 城镇集体建筑施工企业年底自有机械设备总功率
国有建筑施工企业固定
资产原值……………………………………（90）
1—89 城镇集体建筑施工企业固定资产原值
国有建筑施工企业固定
资产净值……………………………………（91）
1—90 城镇集体建筑施工企业固定资产净值
国有建筑施工企业利润总额………………（92）
1—91 城镇集体建筑施工企业利润总额
社会商业机构数……………………………（93）
1—92 国有单位社会商业机构数
集体单位社会商业机构数…………………（94）
1—93 供销合作社机构数
个体商业机构数……………………………（95）
1—94 社会商业人员数
国有单位社会商业人员数…………………（96）
1—95 集体单位社会商业人员数
供销合作社人员数…………………………（97）
1—96 个体商业人员数
社会零售商业机构数………………………（98）
1—97 社会零售商业人员数
社会饮食业机构数…………………………（99）
1—98 社会饮食业人员数
社会服务业机构数…………………………（100）
1—99 社会服务业人员数
社会商业商品国内纯购
进总额………………………………………（101）
1—100 社会商业商品国内纯销售总额
社会商业商品年未库存总额………………（102）
1—101 社会农副产品收购总额
社会零售总额………………………………（103）
1—102 社会消费品零售总额
售给居民消费品零售总额…………………（104）
1—103 售给社会集团消费品零售总额
农业生产资料总额…………………………（105）
1—104 国有单位社会商品零售总额
集体单位社会商品零售总额………………（106）
1—105 供销合作社社会商品零售总额
合营社会商品零售总额……………………（107）
1—106 个体社会商品零售总额
农民对非农业居民零售总额………………（108）
1—107 粮食零售量
食用植物油零售量…………………………（109）
1—108 肉猪零售量
鲜蛋零售量…………………………………（110）
1—109 水产品零售量
食糖零售量…………………………………（111）
1—110 卷烟零售量
酒零售量……………………………………（112）
1—111 棉布零售量
化纤布零售量………………………………（113）
1—112 皮鞋零售量
手表零售量…………………………………（114）
1—113 自行车零售量
洗衣机零售量………………………………（115）
1—114 电视机零售量
外贸部门出口总额…………………………（116）
1—115 实际利用外资总额
外商直接投资额……………………………（117）
1—116 旅游人数
来华旅游外国人……………………………（118）
1—117 旅游外汇收入总额
涉外饭店个数………………………………（119）

1—118 高等学校数
高等学校教职工数……………………………（120）
1—119 中等专业学校数
中等专业学校教职工数………………………（121）
1—120 高等学校在校学生数
中等专业学校在校学生数……………………（122）
1—121 普通中学学校数
普通中学教职工数……………………………（123）
1—122 普通中学在校学生数
小学学校数……………………………………（124）
1—123 小学教职工数
小学在校学生数………………………………（125）
1—124 幼儿园所数
幼儿数…………………………………………（126）
1—125 幼教职工数
特殊教育学校数………………………………（127）
1—126 特殊教育学校在校学生数
研究开发及情报文献机构数…………………（128）
1—127 自然科技领域研究开发及情报文献机构数
社会、人文科学领域研究开发及情报文献机构数…………………………………………（129）
1—128 科技情报和文献机构数
研究开发及情报文献机构人员数……………………………（130）
1—129 自然科技领域研究开发及情报文献机构人员数
自然科技领域研究开发及情报文献机构科学家、工程师人员数……………………………（131）
1—130 社会、人文科学领域研究开发及情报文献机构人员数
社会、人文科学领域研究开发及情报文献机构科学家、工程师人员数 …………………（132）
1—131 科技情报和文献机构人员数
科技情报及文献机构科学家、工程师人员数…………………………………（133）
1—132 研究开发及情报文献机构经费收入总额
自然科技领域研究开发及情报文献机构经费收入总额…………………………………（134）
1—133 社会、人文科学领域研究开发及情报文献机构经费收入总额
科技情报和文献机构经费收入总额 …（135）
1—134 研究开发及情报文献机构经费支出总额
自然科技领域研究开发及情报文献机构经费支出总额…………………………………（136）
1—135 社会、人文科学领域研究开发及情报文献机构经费支出总额
科技情报和文献机构经费支出总额 ………………………（137）
1—136 大中型工业企业技术开发机构数
大中型工业企业技术开发人员数………（138）
1—137 大中型工业企业技术开发科学家、工程师人数
大中型工业企业技术开发经费筹集总额…………………………（139）
1—138 大中型工业企业技术开发经费支出总额
大中型工业企业技术开发项目数…………………………（140）
1—139 大中型工业企业技术开发投资额
国有企事业单位专业技术人员数……………………………（141）
1—140 全国技术市场成交额
气象台站总数…………………………（142）
1—141 专利申请受理量
专利申请批准量………………………（143）
1—142 卫生机构数
医院个数………………………………（144）
1—143 卫生床位数
医院床位数……………………………（145）
1—144 卫生人员数
卫生技术人员…………………………（146）
1—145 城镇社区服务设施数
建立社会保障网络的乡镇数…………（147）
1—146 农村社会保障基金会个数
离休、退休、退职、人员数 …………（148）
1—147 国有单位离休、退休、退职人员数
环保系统人员数………………………（149）
1—148 环保系统科学技术业务人员数
环境污染与破坏事故次数…………………………………（150）

二、人均指标

2—1 人均国民生产总值
人均国内生产总值……………………（153）
2—2 人均第一产业产值
人均第二产业产值……………………（154）
2—3 人均第三产业产值
人均国民收入…………………………（155）

2—4 人均工农业总产值
人均农业总产值……（156）
2—5 人均工业总产值
人均轻工业总产值……（157）
2—6 居民消费水平
农业居民消费水平……（158）
2—7 非农业居民消费水平
职工平均工资……（159）
2—8 人均年末实有耕地面积
人均粮食产量……（160）
2—9 人均棉花产量
人均油料产量……（161）
2—10 人均猪牛羊肉产量
人均猪肉产量……（162）
2—11 人均牛奶产量
人均禽蛋产量……（163）
2—12 人均水产品产量
人均布产量……（164）
2—13 人均标准能源消费量
人均电力消费量……（165）
2—14 人均邮电业务总量
人均函件数……（166）
2—15 每百人包件数
每百人报刊期发数……（167）
2—16 每万人口年末市内电话
每万人口年末农村电话……（168）
2—17 每万人口社会商业机构数
每万人口社会商业人员数……（169）
2—18 每万人口社会零售商业机构数
每万人口社会零售商业人员数……（170）
2—19 每万人口社会饮食业机构数
每万人口社会饮食业机员数……（171）
2—20 每万人口社会服务业机构数
每万人口社会服务业人员数……（172）
2—21 人均社会商品零售总额
人均社会消费品总额……（173）
2—22 人均粮食零售量
人均食用植物零售量……（174）
2—23 人均猪和猪肉零售量
人均鲜蛋零售量……（175）
2—24 人均水产品零售量
人均食糖零售量……（176）
2—25 每万人口卷烟零售量
人均酒零售量……（177）
2—26 人均棉布零售量
人均化纤布零售量……（178）
2—27 人均呢绒零售量
人均皮鞋零售量……（179）
2—28 每百人手表零售量
每百人自行车零售量……（180）
2—29 每万人口洗衣机零售量
每万人口电冰箱零售量……（181）
2—30 每万人口电视机零售量
每万人口高等学校在校学生数……（182）
2—31 每万人口中等专业学校在校学生数
每万人口普通中学在校学生数……（183）
2—32 每十万人口医院数
每万人口医生数……（184）

三、效益指标

3—1 社会总产值净值率
农业总产值净值率……（187）
3—2 工业总产值净值率
建筑业总产值净值率……（188）
3—3 运输业总产值净值率
商业饮食业总产值净值率……（189）
3—4 平均每一社会劳动者创造的国民生产总值
平均每农业劳动者提供农业总产值……（190）
3—5 平均每农业劳动者提供农副产品收购额
平均每一农业劳动者提供的粮食产量……（191）
3—6 平均每农业劳动者提供的棉花产量
平均每一农业劳动者提供的油料产量……（192）
3—7 平均每一农业劳动者提供的猪牛羊肉产量
平均每一农业劳动者提供的禽蛋产量……（193）
3—8 平均每农业劳动者提供的水产品产量
平均每工业劳动者提供的工业总产值……（194）
3—9 平均每一工业劳动者提

供的工业净产值
独立核算工业企业全员
劳动生产率……………………………………（195）
3—10 独立核算国有工业企业
全员劳动生产率
独立核算集体工业企业
全员劳动生产率 ……………………………（196）
3—11 独立核算工业企业工业
总产值净值率
独立核算工业企业每百
元固定资产原值实现的产值 ………………（197）
3—12 独立核算工业企业每百
元固定资产原值实现的利税
独立核算工业企业每百
元销售收入实现的利润 ……………………（198）
3—13 独立核算工业企业每百
元销售成本实现的利润
独立核算工业企业资金利税率 ……………（199）
3—14 独立核算工业企业产值利税率
独立核算工业企业流动
资金周转次数 ………………………………（200）
3—15 每万元国内生产总值消费能源
每万元社会总产值消费能源 ………………（201）
3—16 每万元工农业总产值消费能源
每万元工业总产值消费能源 ………………（202）
3—17 每万元轻工业总产值消费能源
每万元重工业总产值消费能源 ……………（203）
3—18 每万元国民收入消费能源
每公里公路负担货运量 ……………………（204）
3—19 每公里公路负担货物周转量
基本建设固定资产交付使用率 ……………（205）
3—20 基本建设大中型项目建
成投产率
更新改造固定资产交付使用率 ……………（206）
3—21 国有和集体建筑施工企
业按总产值计算的全员
劳动生产率
国有和集体建筑施工企
业按净产值计算的全员
劳动生产率 …………………………………（207）
3—22 国有和集体建筑施工企
业按净产值计算的全员
劳动生产率
国有和集体建筑施工企
业产值利税率 ………………………………（208）
3—23 国有和集体建筑施工企
业产值利税率
国有和集体建筑施工企
业房屋建筑面积竣工率 ……………………（209）
3—24 国有建筑施工企业房屋
建筑面积竣工率
城镇集体建筑施工企业
房屋建筑面积竣工率 ………………………（210）

四、比重指标

4—1 第一产业产值占国内生产总值比重
第二产业产值占国内生
产总值比重……………………………………（213）
4—2 第三产业值占国内生产总值比重
财政收入占国民生产
总值比重………………………………………（214）
4—3 财政收入占国民收入比重
农业总产值占农村社会
总产值比重……………………………………（215）
4—4 农村工业总产值占农村社会总产值比重
农村建筑业总产值占农
村社会总产值比重……………………………（216）
4—5 农村运输业总产值占农
村社会总产值比重
农村商业饮食业总产值
占农村社会总产值比重………………………（217）
4—6 农作物种植业产值占农
业总产值比重
林业产值占农业总产值比重…………………（218）
4—7 牧业产值占农业总产值比重
副业产值占农业总产值比重…………………（219）
4—8 渔业产值占农业总产值比重
轻工业产值占工业总产值比重………………（220）
4—9 重工业产值占工业总产值比重
生产性建设投资占全社
会固定资产投资总额比重……………………（221）
4—10 非生产性建设投资占全
社会固定资产投资总额比重
机电灌溉面积比重 …………………………（222）
4—11 粮食作物播种面积占农
作物总播种面积比重
经济作物播种面积占农

作物总播种面积比重 …………………（223）

五、速度指标

5—1 国民生产总值
国内生产总值……………………（227）
5—2 第一产业产值
第二产业产值……………………（228）
5—3 第三产业产值
国民收入…………………………（229）
5—4 工业总产值
农业总产值………………………（230）
5—5 年末总人口
乡村劳动力………………………（231）
5—6 社会劳动者人数
职工人数…………………………（232）
5—7 全社会固定资产投资额
国有单位固定资产投资…………（233）
5—8 基本建设生产性建设投资
基本建设非生产性建设投资……（234）
5—9 基本建设住宅建设投资
居民消费水平……………………（235）
5—10 农民消费水平
非农业居民消费水平 ……………（236）
5—11 年末实有耕地面积
粮食产量 …………………………（237）
5—12 棉花产量
油料产量 …………………………（238）
5—13 猪牛羊肉产量
水产品产量 ………………………（239）
5-14 布产量
电视机产量………………………（240）
5—15 原煤产量
发电量……………………………（241）
5—16 钢产量
工业企业单位数 …………………（242）
5—17 工业企业职工人数
物资部门物资库存额 ……………（243）
5—18 全社会公路货运量
全社会公路货物周转量 …………（244）
5—19 邮电业务总量
社会商品零售总额 ………………（245）
5—20 社会消费品零售额
人均国内生产总值 ………………（246）
5—21 人均粮食产量
人均标准能源消费 ………………（247）
5—22 人均电力消费
零售物价总指数 …………………（248）
5—23 城镇零售物价总指数
农村零售物价总指数 ……………（249）
5—24 消费品零售物价总指数
农业生产资料零售物价部指数 …（250）
5—25 集市贸易价格指数
居民生活费用价格总指数 ………（251）
5—26 居民生活消费品价格指数
居民生活服务项目价格指数 ……（252）
5—27 职工生活费用价格总指数
职工生活消费品价格指数 ………（253）
5—28 职工生活服务项目价格总指数
农民生活费用价格总指数 ………（254）
5—29 农民生活消费品价格指数
农民生活服务项目价格指数 ……（255）

六、家庭生活指标

6—1 城镇居民家庭人均全部收入
城镇居民家庭人均生活费收入…（259）
6—2 城镇居民家庭人均生活费支出
城镇居民家庭人均购买
食品支出…………………………（260）
6—3 城镇居民家庭人均购买粮食支出
城镇居民家庭人均购买
副食支出…………………………（261）
6—4 城镇居民家庭人均购买衣着支出
城镇居民家庭人均购买
日用品支出………………………（262）
6—5 城镇居民家庭人均购买
文化娱乐用品支出
城镇居民家庭人均非商品支出…（263）
6—6 城镇居民家庭平均每百
户彩色电视机拥用量
城镇居民家庭平均每百
户电冰箱拥有量…………………（264）
6—7 城镇居民家庭人均每百
户洗衣机拥有量
城镇居民家庭平均每百
户电风扇拥有量…………………（265）
6—8 城镇人均居住面积
农村居民家庭人均纯收入………（266）
6—9 农村居民家庭人均生活消费支出

农村居民家庭人均生活消费品支出………（267）
6—10 农村居民家庭人均食品支出
农村居民家庭人均衣着支出 ……………（268）
6—11 农村居民家庭人均住房支出
农村居民家庭人均燃料支出 ……………（269）
6—12 农村居民家庭人均用品及其他支出
农村居民家庭人均非商品支出 …………（270）
6—13 农村居民家庭人均生活消费现金支出
农村居民家庭平均每百
户彩色电视机拥有量 ………………………（271）
6—14 农村居民家庭平均每百
户电冰箱拥有量
农村居民家庭平均每百
户洗衣机拥有量 ……………………………（272）
6—15 农村居民家庭平均每百
户电风扇拥有量
农村人均居住面积 …………………………（273）

一、总　量　指　标

1-1 总 量 指 标

地 区	土地面积（万平方公里）				年底总人口数（万人）			
	1990年		1991年		1990年		1991年	
	指标值	位次	指标值	位次	指标值	位次	指标值	位次
北 京			1.68	28	1 086	25	1 094	25
天 津			1.13	29	884	26	909	26
河 北			18.77	12	6 159	6	6 220	6
山 西			15.63	20	2 899	19	2 942	19
内蒙古			118.30	3	2 163	22	2 184	22
辽 宁			14.59	21	3 967	12	3 990	12
吉 林			18.74	13	2 483	20	2 509	20
黑龙江			45.46	6	3 543	15	3 575	15
上 海			0.63	30	1 337	24	1 340	24
江 苏			10.26	24	6 767	4	6 844	4
浙 江			10.18	25	4 168	11	4 202	11
安 徽			13.96	22	5 675	8	5 761	8
福 建			12.14	23	3 037	18	3 079	18
江 西			16.69	18	3 810	13	3 865	13
山 东			15.67	19	8 493	3	8 570	3
河 南			16.70	17	8 649	2	8 763	2
湖 北			18.59	14	5 439	9	5 512	9
湖 南			21.18	10	6 128	7	6 209	7
广 东			17.79	15	6 346	5	6 439	5
广 西			23.60	9	4 261	10	4 324	10
海 南			3.39	27	663	27	674	27
四 川			57.00	5	10 804	1	10 897	1
贵 州			17.60	16	3 268	17	3 315	17
云 南			39.40	8	3 731	14	3 782	14
西 藏			122.84	2	222	30	226	30
陕 西			20.56	11	3 316	16	3 363	16
甘 肃			45.40	7	2 255	21	2 285	21
青 海			72.12	4	448	29	454	29
宁 夏			5.18	26	470	28	480	28
新 疆			165.00	1	1 529	23	1 555	23

1-2 总　量　指　标

地区	出生率（‰）				死亡率（‰）			
	1990年		1991年		1990年		1991年	
	指标值	位次	指标值	位次	指标值	位次	指标值	位次
北　京	13.01	29	8.03	29	5.81	27	5.82	27
天　津	15.61	27	11.94	28	5.78	28	5.78	28
河　北	20.46	20	16.59	22	6.82	12	6.75	15
山　西	22.54	14	21.56	9	6.56	17	6.87	13
内蒙古	21.19	17	16.77	21	7.21	10	6.97	12
辽　宁	16.30	26	12.10	27	6.59	16	6.64	16
吉　林	19.49	22	17.09	19	6.56	18	6.84	14
黑龙江	18.11	25	15.89	23	6.35	22	5.70	29
上　海	10.31	30	7.68	30	6.64	14	7.01	11
江　苏	20.54	19	17.05	20	6.53	19	6.50	20
浙　江	15.33	28	14.48	26	6.31	23	6.39	21
安　徽	24.47	5	21.19	11	6.25	25	6.06	23
福　建	24.44	6	20.03	15	6.71	13	6.26	22
江　西	24.59	4	21.20	10	7.54	6	7.13	10
山　东	18.21	24	15.40	25	6.96	11	6.54	18
河　南	24.92	2	19.78	17	6.52	20	6.63	17
湖　北	21.60	16	20.70	12	7.30	8	7.36	6
湖　南	23.93	10	20.50	14	7.23	9	7.30	7
广　东	22.26	15	20.54	13	5.76	29	5.95	26
广　西	20.20	21	21.89	7	6.60	15	7.24	9
海　南	24.86	3	22.97	4	6.26	24	5.97	25
四　川	19.11	23	15.82	24	7.66	4	7.29	8
贵　州	23.09	13	22.42	5	7.90	2	8.11	2
云　南	23.60	11	21.80	8	7.92	1	8.10	3
西　藏	23.98	9	23.53	2	7.55	5	7.40	5
陕　西	23.48	12	19.82	16	6.52	21	6.51	19
甘　肃	20.68	18	19.38	18	6.20	26	6.05	24
青　海	24.34	7	23.37	3	7.47	7	8.35	1
宁　夏	24.34	8	21.96	6	5.52	30	5.13	30
新　疆	26.44	1	24.45	1	7.82	3	7.86	4

1-3 总 量 指 标

地区	自然增长率（‰）				社会劳动者人数（万人）			
	1990年		1991年		1990年		1991年	
	指标值	位次	指标值	位次	指标值	位次	指标值	位次
北京	7.20	29	2.21	29	645.5	24	659.3	24
天津	9.83	26	6.16	27	460.5	26	471.6	26
河北	13.64	20	9.84	22	3 027.3	7	3 109.8	7
山西	15.98	13	14.69	7	1 338.3	19	1 373.7	19
内蒙古	13.98	19	9.80	23	924.6	22	963.0	22
辽宁	9.71	27	5.46	28	1 890.2	13	1 932.6	13
吉林	12.93	22	10.25	20	1 161.2	20	1 185.9	20
黑龙江	11.76	23	10.19	21	1 430.5	17	1 476.1	17
上海	3.67	30	0.67	30	763.8	23	773.0	23
江苏	14.01	18	10.55	19	3 690.4	4	3 720.0	4
浙江	9.02	28	8.09	26	2 540.6	9	2 595.9	9
安徽	18.22	5	15.13	5	2 827.2	8	2 891.2	8
福建	17.73	6	13.77	12	1 348.4	18	1 436.5	18
江西	17.05	7	14.07	11	1 805.2	14	1 844.9	14
山东	11.25	25	8.86	24	4 137.1	3	4 310.1	2
河南	18.40	4	13.15	18	4 150.4	2	4 274.2	3
湖北	14.30	17	13.34	14	2 520.9	10	2 556.8	10
湖南	16.70	10	13.20	17	3 181.2	6	3 251.5	6
广东	16.50	11	14.59	9	3 216.4	5	3 324.9	5
广西	13.60	21	14.65	8	2 108.5	11	2 170.8	11
海南	18.60	3	17.00	1	303.7	27	316.1	27
四川	11.45	24	8.53	25	5 871.8	1	6 075.4	1
贵州	15.19	15	14.31	10	1 651.8	15	1 701.4	15
云南	15.68	14	13.70	13	1 952.4	12	2 021.2	12
西藏	16.43	12	16.13	4	108.6	30	109.7	30
陕西	16.96	8	13.31	16	1 598.7	16	1 668.7	16
甘肃	14.48	16	13.33	15	1 061.3	21	1 091.7	21
青海	16.87	9	15.02	6	206.3	29	211.6	29
宁夏	18.82	1	16.83	2	210.9	28	218.7	28
新疆	18.62	2	16.59	3	605.7	25	624.2	25

1-4 总　量　指　标

地区	职工人数（万人）				城镇个体劳动者人数（万人）			
	1990年		1991年		1990年		1991年	
	指标值	位次	指标值	位次	指标值	位次	指标值	位次
北　京	454.9	15	470.0	15	6.3	25	7.2	27
天　津	284.3	24	291.6	24	5.4	27	9.0	25
河　北	652.7	9	673.7	9	14.1	19	18.9	18
山　西	438.7	16	451.7	16	11.8	22	14.0	22
内蒙古	369.7	19	383.2	19	16.9	17	21.1	17
辽　宁	1 012.2	1	1 033.3	1	47.0	2	48.8	3
吉　林	517.3	11	533.4	11	29.5	10	31.5	10
黑龙江	856.2	4	872.1	4	36.1	5	37.5	6
上　海	508.1	12	517.7	12	5.7	26	8.9	26
江　苏	879.9	3	899.3	3	23.6	15	21.9	16
浙　江	476.0	14	492.8	14	29.8	9	31.0	11
安　徽	484.8	13	497.1	13	40.9	4	33.5	7
福　建	310.9	21	322.3	21	25.3	12	37.8	5
江　西	386.1	17	398.9	17	24.9	13	30.3	12
山　东	767.5	6	803.3	6	21.3	16	27.6	14
河　南	692.6	8	722.5	7	34.1	6	41.0	4
湖　北	698.5	7	716.1	8	31.1	8	31.7	9
湖　南	551.0	10	567.1	10	31.9	7	32.5	8
广　东	785.5	5	827.6	5	67.9	1	87.8	1
广　西	311.8	20	323.1	20	28.9	11	29.6	13
海　南	105.9	27	108.1	27	7.7	24	12.9	23
四　川	936.1	2	965.7	2	44.9	3	50.4	2
贵　州	225.5	26	231.9	26	24.0	14	25.0	15
云　南	291.9	23	303.1	23	13.7	21	15.4	21
西　藏	15.8	30	16.4	30	2.1	30	2.2	30
陕　西	379.2	18	390.2	18	16.7	18	17.6	19
甘　肃	231.9	25	247.5	25	8.3	23	9.7	24
青　海	66.4	29	67.4	29	4.0	28	4.5	28
宁　夏	67.4	28	70.1	28	2.8	29	3.1	29
新　疆	300.6	22	311.3	22	13.8	20	17.3	20

1-5 总　量　指　标

地　区	乡村劳动者人数（万人）				国民生产总值（亿元）			
	1990年		1991年		1990年		1991年	
	指标值	位次	指标值	位次	指标值	位次	指标值	位次
北　京	184.3	26	182.1	26	500.72	14	558.58	14
天　津	170.8	27	171.0	27	310.95	22	337.35	22
河　北	2 360.5	7	2 417.2	6	836.94	7	960.59	8
山　西	887.8	17	908.0	17	398.24	17	430.05	20
内蒙古	538.0	22	558.7	22	286.62	23	320.83	23
辽　宁	831.0	18	850.5	18	964.89	5	1 073.16	5
吉　林	614.4	20	620.9	20	393.90	19	424.05	21
黑龙江	538.2	21	566.5	21	656.84	12	731.86	12
上　海	250.0	24	246.4	24	744.67	10	857.71	10
江　苏	2 786.9	4	2 798.8	4	1 315.82	3	1 452.57	3
浙　江	2 034.8	9	2 072.1	9	836.89	8	983.54	7
安　徽	2 301.5	8	2 360.5	8	606.54	13	600.20	13
福　建	1 012.2	16	1 076.4	16	465.84	15	557.82	15
江　西	1 394.2	14	1 415.8	14	417.15	16	461.27	16
山　东	3 348.3	3	3 479.1	3	1 331.94	2	1 568.38	2
河　南	3 423.7	2	3 510.8	2	895.74	6	993.08	6
湖　北	1 791.3	10	1 809.0	11	792.54	9	858.47	9
湖　南	2 598.3	5	2 651.9	5	702.64	11	785.83	11
广　东	2 363.0	6	2 409.5	7	1 471.84	1	1 780.56	1
广　西	1 767.8	11	1 818.1	10	392.83	20	453.04	17
海　南	190.1	25	195.1	25	95.01	27	107.93	27
四　川	4 890.8	1	5 059.3	1	1 147.53	4	1 284.35	4
贵　州	1 402.3	13	1 444.5	13	254.51	24	289.36	25
云　南	1 646.8	12	1 702.8	12	395.99	18	432.86	18
西　藏	90.7	30	91.2	30	24.45	30	30.53	30
陕　西	1 202.9	15	1 260.9	15	374.85	21	430.85	19
甘　肃	821.1	19	834.5	19	234.49	26	255.78	26
青　海	135.9	29	139.8	29	66.34	28	72.58	28
宁　夏	140.7	28	145.5	28	61.10	29	67.43	29
新　疆	291.3	23	295.6	23	251.88	25	311.72	24

1-6 总 量 指 标

地区	国内生产总值（亿元）				国民收入（亿元）			
	1990年		1991年		1990年		1991年	
	指标值	位次	指标值	位次	指标值	位次	指标值	位次
北京	500.82	14	558.68	14	366.95	15	405.31	15
天津	300.31	22	337.35	22	256.10	22	281.59	22
河北	819.87	8	959.57	8	702.40	8	792.22	8
山西	399.86	17	431.55	19	315.91	20	334.00	21
内蒙古	286.74	23	320.99	23	233.38	23	263.33	23
辽宁	965.72	5	1 073.24	5	783.79	5	869.75	5
吉林	393.97	19	424.00	21	336.91	18	357.36	19
黑龙江	636.86	12	734.69	12	564.14	12	617.60	12
上海	744.67	10	857.71	9	617.22	10	696.91	10
江苏	1 314.39	3	1 451.44	3	1 137.92	2	1 249.24	3
浙江	836.81	7	983.54	7	726.57	7	856.02	6
安徽	606.53	13	600.13	13	519.15	13	506.49	13
福建	459.48	15	547.42	15	388.77	14	459.77	14
江西	419.54	16	465.10	16	354.03	16	390.73	16
山东	1 333.56	2	1 570.24	2	1 144.01	1	1 349.63	2
河南	895.74	6	993.08	6	753.76	6	836.11	7
湖北	791.09	9	856.85	10	661.33	9	706.24	9
湖南	702.64	11	785.83	11	591.38	11	651.37	11
广东	1 471.84	1	1 780.56	1	1 132.21	3	1 380.31	1
广西	392.83	20	453.04	17	335.98	19	383.79	17
海南	95.01	27	107.93	27	76.98	27	87.68	27
四川	1 143.98	4	1 281.10	4	971.99	4	1 064.51	4
贵州	254.87	24	289.76	25	209.85	24	239.54	25
云南	395.99	18	432.86	18	352.42	17	381.77	18
西藏	24.45	30	30.53	30	18.76	30	25.94	30
陕西	374.05	21	429.97	20	302.95	21	343.52	20
甘肃	234.04	26	255.45	26	207.28	25	225.84	26
青海	66.28	28	72.58	28	49.41	28	52.87	28
宁夏	61.05	29	67.43	29	47.39	29	51.88	29
新疆	251.88	25	311.72	24	204.95	26	252.44	24

1-7 总　量　指　标

地区	社会总产值（亿元）				国民收入使用额（亿元）			
	1990年		1991年		1989年		1990年	
	指标值	位次	指标值	位次	指标值	位次	指标值	位次
北　京	1 053.68	14	1 201.42	14	385.58	14	438.45	14
天　津	920.48	15	1 038.26	16	226.92	25	234.18	25
河　北	1 749.45	9	2 058.38	9	615.94	8	665.85	7
山　西	828.71	18	906.93	19	300.91	20	330.47	21
内蒙古	535.19	23	617.49	23	263.30	22	278.56	22
辽　宁	2 246.69	5	2 577.57	5	722.15	5	753.02	5
吉　林	874.73	17	957.49	17	329.50	17	374.03	16
黑龙江	1 334.42	11	1 505.85	11	499.72	12	557.10	11
上　海	2 042.17	7	2 403.22	7	542.11	10	513.54	12
江　苏	3 797.57	1	4 266.08	1	980.54	3	1 063.90	2
浙　江	2 070.54	6	2 539.10	6	672.87	6	661.01	8
安　徽	1 219.05	13	1 294.82	13	481.10	13	504.19	13
福　建	919.97	16	1 118.51	15	372.20	15	398.99	15
江　西	808.91	19	912.56	18	323.92	18	362.18	18
山　东	3 248.54	2	3 880.91	3	1 015.61	1	1 118.46	1
河　南	1 858.65	8	2 139.56	8	665.76	7	734.62	6
湖　北	1 646.45	10	1 813.14	10	570.60	9	637.73	9
湖　南	1 332.49	12	1 503.77	12	513.45	11	582.07	10
广　东	3 093.90	3	3 890.09	2	1 013.84	2	1 024.52	3
广　西	722.56	21	842.90	21	319.48	19	342.14	20
海　南	155.64	27	184.29	27	88.21	27	93.82	27
四　川	2 273.36	4	2 591.77	4	901.98	4	983.64	4
贵　州	440.23	26	498.92	26	212.86	26	219.57	26
云　南	663.57	22	746.14	22	298.80	21	362.77	17
西　藏	34.44	30	45.73	30	26.42	30	27.57	30
陕　西	757.12	20	859.94	20	363.87	16	359.33	19
甘　肃	505.09	24	552.75	25	227.80	24	234.26	24
青　海	109.71	29	118.65	29	55.92	29	65.46	28
宁　夏	116.62	28	130.97	28	56.73	28	60.39	29
新　疆	458.65	25	576.69	24	228.89	23	270.44	23

1-8 总 量 指 标

地区	国民收入消费额（亿元）				国民收入居民消费额（亿元）			
	1989年		1990年		1989年		1990年	
	指标值	位次	指标值	位次	指标值	位次	指标值	位次
北　京	179.07	21	216.33	20	130.17	23	158.85	21
天　津	132.03	26	146.87	26	106.27	26	112.46	26
河　北	401.72	9	438.61	9	370.52	8	406.17	7
山　西	183.04	20	201.11	21	157.28	20	170.68	20
内蒙古	170.43	22	183.53	22	144.27	21	151.77	22
辽　宁	479.08	5	487.76	4	415.45	5	423.07	6
吉　林	228.06	16	242.06	18	202.83	17	214.90	18
黑龙江	331.69	12	370.50	10	285.92	12	318.15	12
上　海	266.12	13	279.28	14	233.11	13	244.17	15
江　苏	583.91	4	327.48	12	526.82	3	566.45	4
浙　江	407.53	8	445.97	8	360.41	9	386.01	10
安　徽	342.89	11	364.49	11	311.40	11	327.48	11
福　建	258.15	14	280.89	13	229.06	14	247.89	13
江　西	227.16	17	270.01	15	207.03	16	244.72	14
山　东	586.11	3	656.16	3	511.02	4	567.63	3
河　南	427.25	7	484.09	5	372.65	7	427.49	5
湖　北	427.97	6	451.81	6	381.52	6	402.33	9
湖　南	370.61	10	447.58	7	331.78	10	403.57	8
广　东	653.24	2	688.37	2	572.83	2	597.50	2
广　西	238.78	15	267.10	16	216.94	15	242.43	16
海　南	47.42	27	54.09	27	41.06	27	45.69	27
四　川	662.59	1	728.52	1	606.59	1	663.50	1
贵　州	154.14	23	168.20	23	138.46	22	142.66	23
云　南	203.76	19	254.80	17	185.41	19	231.68	17
西　藏	17.47	30	20.05	30	13.85	30	15.94	30
陕　西	219.70	18	237.99	19	187.05	18	200.03	19
甘　肃	150.05	24	152.15	25	120.83	25	121.92	25
青　海	37.31	28	43.04	28	32.33	28	35.27	28
宁　夏	34.21	29	36.75	29	27.50	29	29.36	29
新　疆	138.27	25	154.25	24	124.32	24	134.94	24

注：表5-8至表5-16是国民收入中用于各方面消费和积累的数据。

1-9 总　量　指　标

地　区	农业居民消费额（亿元）				农业居民自给性消费额（亿元）			
	1989年		1990年		1989年		1990年	
	指标值	位次	指标值	位次	指标值	位次	指标值	位次
北　京	45.02	25	47.01	25	6.35	24	6.53	26
天　津	31.39	26	30.91	26	5.36	25	6.61	25
河　北	258.94	5	282.14	7	71.60	9	80.68	8
山　西	87.12	19	95.05	19	23.10	22	31.38	20
内蒙古	74.70	21	77.03	21	25.29	20	35.71	18
辽　宁	144.29	13	137.94	15	35.45	17	35.66	19
吉　林	86.27	20	91.34	20	23.42	21	25.35	23
黑龙江	102.89	17	112.06	17	32.88	18	39.83	17
上　海	59.86	23	57.38	23	4.56	29	5.13	29
江　苏	366.69	2	372.74	3	136.33	2	144.96	2
浙　江	255.90	6	273.52	8	55.69	10	69.36	11
安　徽	217.65	10	228.23	10	71.76	8	81.35	7
福　建	162.38	11	176.81	11	54.28	12	59.51	14
江　西	136.71	14	169.17	12	49.78	13	78.74	9
山　东	342.86	3	372.85	2	91.59	3	113.38	5
河　南	251.19	7	297.73	5	84.97	4	115.85	4
湖　北	246.59	8	254.88	9	84.37	5	90.32	6
湖　南	228.34	9	285.11	6	76.63	6	130.86	3
广　东	325.23	4	332.25	4	74.65	7	76.05	10
广　西	149.65	12	167.53	13	45.67	14	65.72	12
海　南	26.26	27	27.60	27	5.18	26	7.17	24
四　川	417.54	1	456.15	1	157.03	1	191.20	1
贵　州	97.20	18	98.96	18	55.03	11	56.37	15
云　南	129.57	15	165.38	14	39.28	16	62.94	13
西　藏	7.59	30	9.07	30	2.39	30	4.07	30
陕　西	108.55	16	116.91	16	41.80	15	45.98	16
甘　肃	65.25	22	70.33	22	25.98	19	30.54	21
青　海	15.27	28	17.25	28	4.62	28	5.26	28
宁　夏	15.13	29	15.59	29	5.16	27	5.35	27
新　疆	47.29	24	51.29	24	22.58	23	25.53	22

1-10 总　量　指　标

地　区	农业居民商品性消费额（亿元）				农业居民文化生活服务支出及住房水电消费额（亿元）			
	1989年		1990年		1989年		1990年	
	指标值	位次	指标值	位次	指标值	位次	指标值	位次
北　京	31.54	24	32.72	24	7.13	15	7.76	16
天　津	23.72	25	21.54	26	2.31	26	2.76	26
河　北	148.14	6	174.99	6	39.20	1	26.47	6
山　西	58.11	18	56.65	19	5.91	18	7.02	18
内蒙古	45.61	21	36.18	22	3.80	22	5.14	21
辽　宁	98.15	12	89.76	14	10.69	12	12.52	12
吉　林	57.03	19	58.47	18	5.82	19	7.52	17
黑龙江	62.88	16	65.88	16	7.13	16	6.35	19
上　海	51.89	20	47.68	20	3.41	25	4.57	24
江　苏	193.07	4	191.79	4	37.29	2	35.99	3
浙　江	175.28	5	178.79	5	24.93	7	25.37	7
安　徽	125.05	10	122.55	10	20.84	9	24.33	8
福　建	100.41	11	106.28	11	7.69	14	11.02	13
江　西	72.83	15	72.99	15	14.10	11	17.44	11
山　东	219.53	3	218.81	3	31.74	3	40.66	1
河　南	134.62	8	143.86	8	31.60	4	38.02	2
湖　北	143.60	7	144.10	7	18.62	10	20.46	10
湖　南	130.48	9	131.20	9	21.23	8	23.05	9
广　东	222.15	2	223.86	2	28.43	5	32.34	4
广　西	94.55	13	90.86	13	9.43	13	10.95	14
海　南	17.57	27	15.78	27	3.51	24	4.65	23
四　川	233.58	1	236.56	1	26.93	6	28.39	5
贵　州	38.45	22	38.60	21	3.72	23	3.99	25
云　南	84.70	14	96.23	12	5.59	20	6.21	20
西　藏	5.12	30	4.92	30	0.08	30	0.08	30
陕　西	59.72	17	62.00	17	7.03	17	8.93	15
甘　肃	35.00	23	34.96	23	4.27	21	4.83	22
青　海	9.82	28	10.55	28	0.83	29	1.44	28
宁　夏	8.76	29	8.86	29	1.21	28	1.38	29
新　疆	22.57	26	23.40	25	2.14	27	2.36	27

1-11 总 量 指 标

地区	非农业居民消费额（亿元）				非农业居民商品性消费额（亿元）			
	1989年		1990年		1989年		1990年	
	指标值	位次	指标值	位次	指标值	位次	指标值	位次
北京	85.15	15	111.84	14	77.40	15	100.89	13
天津	74.88	18	81.55	18	62.57	20	67.51	19
河北	111.58	11	124.03	10	95.29	11	104.04	12
山西	70.16	20	75.63	19	66.69	18	69.99	18
内蒙古	69.57	21	74.74	22	61.35	21	66.03	21
辽宁	271.16	1	285.13	1	251.30	1	261.49	1
吉林	116.56	10	123.56	11	109.38	10	114.97	9
黑龙江	183.03	4	206.09	4	168.00	3	187.96	3
上海	173.25	5	186.79	7	150.39	6	156.25	7
江苏	160.13	7	193.71	6	142.79	7	163.47	6
浙江	104.51	12	112.49	13	91.73	13	97.74	14
安徽	93.75	14	99.25	15	80.83	14	84.36	15
福建	66.68	23	71.08	23	61.15	22	64.39	23
江西	70.32	19	75.55	20	64.67	19	67.39	20
山东	168.16	6	194.78	5	158.02	5	178.83	5
河南	121.46	9	129.76	9	110.07	9	113.94	10
湖北	134.93	8	147.45	8	123.45	8	132.59	8
湖南	103.44	13	118.46	12	92.16	12	105.76	11
广东	247.60	2	265.25	2	218.69	2	229.90	2
广西	67.29	22	74.90	21	59.03	23	65.04	22
海南	14.80	28	18.09	27	13.72	28	16.37	27
四川	189.05	3	207.35	3	167.34	4	183.76	4
贵州	41.26	26	43.70	26	36.55	26	38.04	26
云南	55.84	24	66.30	24	49.55	25	56.01	24
西藏	6.26	30	6.87	30	6.00	30	6.52	30
陕西	78.50	16	83.12	17	66.87	17	70.23	17
甘肃	55.58	25	51.59	25	50.77	24	46.04	25
青海	17.06	27	18.02	28	15.15	27	16.25	28
宁夏	12.37	29	13.77	29	10.85	29	12.12	29
新疆	77.03	17	83.65	16	67.44	16	72.27	16

1-12 总 量 指 标

地 区	非农业居民文化生活服务消费额（亿元）				非农业居民住房及水电消费额（亿元）			
	1989年		1990年		1989年		1990年	
	指标值	位次	指标值	位次	指标值	位次	指标值	位次
北 京	5.71	19	8.50	16	2.04	19	2.45	18
天 津	10.23	7	11.93	10	2.08	17	2.11	21
河 北	11.80	6	14.39	6	4.49	6	5.60	4
山 西	2.01	26	3.91	26	1.46	22	1.73	23
内蒙古	6.66	17	6.84	20	1.56	21	1.87	22
辽 宁	14.81	4	17.02	4	5.05	3	6.62	3
吉 林	4.83	21	5.99	21	2.35	16	2.60	16
黑龙江	10.11	8	12.89	7	4.92	5	5.24	6
上 海	18.90	2	25.88	1	3.96	8	4.66	7
江 苏	12.41	5	24.80	2	4.93	4	5.44	5
浙 江	9.36	10	10.57	13	3.42	11	4.18	10
安 徽	10.09	9	12.00	9	2.83	14	2.89	15
福 建	3.62	24	4.36	25	1.91	20	2.33	20
江 西	3.59	25	5.58	22	2.06	18	2.58	17
山 东	7.17	16	12.28	8	2.97	13	3.67	12
河 南	7.64	14	11.47	12	3.75	9	4.35	9
湖 北	7.81	13	11.51	11	3.67	10	3.35	13
湖 南	8.28	12	8.99	15	3.00	12	3.71	11
广 东	19.58	1	23.80	3	9.33	1	11.55	1
广 西	5.87	18	6.89	19	2.39	15	2.97	14
海 南	0.80	29	1.32	29	0.28	28	0.40	28
四 川	15.01	3	16.01	5	6.70	2	7.58	2
贵 州	3.95	23	4.77	23	0.76	25	0.89	26
云 南	5.05	20	7.89	18	1.24	23	2.40	19
西 藏	0.23	30	0.32	30	0.03	30	0.03	30
陕 西	7.44	15	8.37	17	4.19	7	4.52	8
甘 肃	4.10	22	4.65	24	0.71	26	0.90	25
青 海	1.75	27	1.33	28	0.16	29	0.44	27
宁 夏	1.21	28	1.34	27	0.31	27	0.31	29
新 疆	8.48	11	9.73	14	1.11	24	1.65	24

1-13 总 量 指 标

地区	社会消费额（亿元）				积累额（亿元）			
	1989年		1990年		1989年		1990年	
	指标值	位次	指标值	位次	指标值	位次	指标值	位次
北　京	48.90	7	57.48	7	206.51	11	222.12	9
天　津	25.76	19	34.41	15	94.90	21	87.31	23
河　北	31.20	15	32.44	17	214.22	10	227.24	8
山　西	25.76	20	30.43	19	117.87	16	129.36	16
内蒙古	26.16	18	31.76	18	92.87	22	95.03	21
辽　宁	63.63	3	64.69	4	243.07	6	265.26	4
吉　林	25.23	21	27.16	21	101.44	18	131.97	15
黑龙江	45.77	10	52.35	9	168.03	12	186.60	11
上　海	33.01	12	35.11	14	275.99	4	234.26	7
江　苏	57.09	4	61.03	5	396.63	2	436.42	2
浙　江	47.12	8	59.96	6	265.34	5	215.04	10
安　徽	31.49	14	37.01	13	138.21	15	139.70	13
福　建	29.09	17	33.00	16	114.05	17	118.10	18
江　西	20.13	23	25.29	23	96.76	19	92.17	22
山　东	75.09	2	88.53	2	429.50	1	462.30	1
河　南	54.60	6	56.60	8	238.51	8	250.53	6
湖　北	46.45	9	49.48	10	142.63	14	185.92	12
湖　南	38.83	11	44.01	11	142.84	13	134.49	14
广　东	80.41	1	90.87	1	360.60	3	336.15	3
广　西	21.84	22	24.67	24	80.70	24	75.04	25
海　南	6.36	28	8.40	27	40.79	27	39.73	27
四　川	56.00	5	65.02	3	239.39	7	255.12	5
贵　州	15.68	25	25.54	22	58.72	26	51.37	26
云　南	18.35	24	23.12	25	95.04	20	107.97	20
西　藏	3.62	30	4.11	30	8.95	30	7.52	30
陕　西	32.65	13	37.96	12	219.70	9	121.34	17
甘　肃	29.22	16	30.23	20	77.75	25	82.11	24
青　海	4.98	29	7.77	28	18.61	29	22.42	29
宁　夏	6.71	27	7.39	29	22.52	28	23.64	28
新　疆	13.95	26	19.31	26	90.62	23	116.19	19

1-14 总 量 指 标

地区	固定资产积累额(亿元)				生产性固定资产积累额(亿元)			
	1989年		1990年		1989年		1990年	
	指标值	位次	指标值	位次	指标值	位次	指标值	位次
北京	109.76	8	142.78	7	45.34	12	59.96	11
天津	53.12	20	50.97	20	31.88	21	38.91	18
河北	99.82	10	96.60	10	67.28	7	70.50	7
山西	56.66	19	59.61	19	38.94	16	38.64	19
内蒙古	48.07	21	41.12	24	34.56	19	27.56	22
辽宁	145.95	5	178.52	4	105.71	4	120.75	3
吉林	34.91	25	43.27	23	21.33	24	26.13	23
黑龙江	89.68	11	83.03	12	57.62	10	61.65	10
上海	156.53	4	160.71	5	89.31	5	92.55	5
江苏	204.43	2	222.10	2	108.30	3	112.20	4
浙江	144.69	6	149.56	6	65.72	8	69.30	8
安徽	77.64	12	84.72	11	35.96	18	35.29	20
福建	65.36	16	74.66	13	39.76	15	39.50	17
江西	44.92	22	45.07	21	20.83	26	25.08	25
山东	224.75	1	246.11	1	156.89	1	173.94	1
河南	102.94	9	111.44	9	64.68	9	64.72	9
湖北	56.74	18	71.10	16	32.75	20	43.23	16
湖南	70.14	13	69.39	17	41.37	14	43.48	15
广东	203.82	3	218.05	3	114.75	2	138.75	2
广西	39.97	23	40.24	25	25.95	23	21.02	26
海南	24.16	27	29.15	27	10.68	27	12.31	27
四川	120.35	7	134.25	8	81.40	6	89.56	6
贵州	31.00	26	35.28	26	20.98	25	25.64	24
云南	66.69	15	72.21	15	38.88	17	45.91	14
西藏	4.86	30	5.54	30				
陕西	68.33	14	72.81	14	49.63	11	46.78	13
甘肃	39.73	24	44.40	22	28.86	22	29.72	21
青海	14.76	28	14.26	28	9.58	28	9.05	28
宁夏	11.89	29	11.89	29	9.18	29	8.99	29
新疆	59.51	17	66.52	18	44.48	13	50.40	12

1-15 总　量　指　标

地区	非生产性固定资产积累额（亿元）				流动资产积累额（亿元）			
	1989年		1990年		1989年		1990年	
	指标值	位次	指标值	位次	指标值	位次	指标值	位次
北　京	64.42	6	82.82	2	96.75	10	79.34	11
天　津	21.24	18	12.06	26	41.78	21	36.34	23
河　北	32.54	11	26.10	14	114.40	8	130.64	4
山　西	17.72	20	20.97	18	61.21	16	69.75	13
内蒙古	13.51	24	13.56	25	44.80	20	53.91	17
辽　宁	40.24	8	57.77	7	97.12	9	86.74	10
吉　林	13.58	23	17.14	21	66.53	15	88.70	9
黑龙江	32.06	12	21.38	17	78.35	12	103.57	8
上　海	67.22	5	68.16	6	119.46	6	73.55	12
江　苏	96.13	1	109.90	1	192.20	2	214.32	2
浙　江	78.97	3	80.26	3	120.65	5	65.48	14
安　徽	41.68	7	49.43	8	60.57	17	54.98	16
福　建	25.60	15	35.16	11	48.69	19	43.44	21
江　西	24.09	16	19.99	19	51.84	18	47.10	20
山　东	67.86	4	72.17	5	204.75	1	216.19	1
河　南	38.26	10	46.72	9	135.57	4	139.09	3
湖　北	23.99	17	27.87	12	85.89	11	114.82	7
湖　南	28.77	13	25.91	16	72.70	14	65.10	15
广　东	89.07	2	79.30	4	156.78	3	118.10	6
广　西	14.02	22	19.22	20	40.73	22	34.80	25
海　南	13.48	25	16.84	22	16.63	27	10.58	28
四　川	38.95	9	44.69	10	119.04	7	120.87	5
贵　州	10.02	27	9.64	27	27.72	26	16.09	26
云　南	27.81	14	26.30	13	28.35	25	35.76	24
西　藏					4.09	29	1.98	30
陕　西	18.70	19	26.03	15	75.84	13	48.53	19
甘　肃	10.87	26	14.68	24	38.02	23	37.71	22
青　海	5.18	28	5.21	28	3.85	30	8.16	29
宁　夏	2.71	29	2.90	29	10.63	28	11.75	27
新　疆	15.03	21	16.12	23	31.11	24	49.67	18

1-16 总 量 指 标

地区	生产性流动资产积累额（亿元）				非生产性流动资产积累额（亿元）			
	1989年		1990年		1989年		1990年	
	指标值	位次	指标值	位次	指标值	位次	指标值	位次
北京	41.60	15	34.13	15	55.15	2	45.21	7
天津	35.00	19	30.49	19	6.78	25	5.85	26
河北	76.82	8	66.39	8	37.58	8	64.25	1
山西	42.10	14	56.30	9	19.11	18	13.45	22
内蒙古	19.57	23	30.01	21	25.23	14	23.90	12
辽宁	77.53	6	74.57	7	19.59	17	12.17	23
吉林	39.76	18	41.25	13	26.77	12	47.45	6
黑龙江	48.10	11	50.55	11	30.25	11	53.02	4
上海	68.37	9	51.61	10	51.09	5	21.94	14
江苏	137.66	2	151.01	2	54.54	3	63.31	2
浙江	60.77	10	41.09	14	59.88	1	24.39	11
安徽	40.75	16	41.45	12	19.82	16	13.53	21
福建	27.10	21	23.15	23	21.59	15	20.29	15
江西	40.03	17	31.89	17	11.81	22	15.21	19
山东	159.28	1	164.26	1	45.47	6	51.93	5
河南	81.37	5	77.22	5	54.20	4	61.87	3
湖北	77.37	7	82.26	4	8.52	24	32.56	9
湖南	46.41	12	34.09	16	26.29	13	31.01	10
广东	115.89	3	99.04	3	40.89	7	19.06	17
广西	25.85	22	20.33	24	14.88	19	14.47	20
海南	10.53	27	9.20	27	6.10	26	1.38	28
四川	86.23	4	77.10	6	32.81	9	43.77	8
贵州	13.26	26	9.27	26	14.46	20	6.82	24
云南	15.67	25	19.10	25	12.68	21	16.66	18
西藏								
陕西	44.35	13	26.11	22	31.49	10	22.42	13
甘肃	32.64	20	31.50	18	5.38	27	6.21	25
青海	3.12	29	7.56	29	0.73	29	0.60	29
宁夏	7.20	28	8.18	28	3.43	28	3.57	27
新疆	19.55	24	30.43	20	11.56	23	19.24	16

1-17 总 量 指 标

地区	工农业总产值（亿元）				全社会固定资产投资额（亿元）			
	1990年		1991年		1990年		1991年	
	指标值	位次	指标值	位次	指标值	位次	指标值	位次
北京	804.86	14	957.26	14	190.81	9	203.65	10
天津	734.79	17	822.45	16	88.48	19	129.63	17
河北	1 480.86	9	1 709.60	9	182.12	10	246.70	9
山西	663.17	19	714.42	19	120.45	14	145.35	14
内蒙古	416.40	23	463.98	23	64.97	24	90.72	23
辽宁	1 880.68	4	2 162.85	5	260.36	4	315.37	5
吉林	741.48	16	802.76	17	93.51	18	113.99	19
黑龙江	1 108.89	12	1 231.44	11	162.90	11	189.70	11
上海	1 701.10	7	2 020.83	7	227.09	6	258.30	7
江苏	3 344.63	1	3 741.26	1	361.10	2	450.39	2
浙江	1 769.32	6	2 170.04	4	257.90	5	324.97	4
安徽	1 041.27	13	1 083.21	13	125.20	13	135.09	15
福建	760.17	15	915.60	15	108.54	16	132.49	16
江西	680.99	18	769.49	18	70.67	22	91.08	22
山东	2 848.97	2	3 392.21	2	334.79	3	440.12	3
河南	1 538.74	8	1 753.73	8	207.67	8	256.41	8
湖北	1 410.40	10	1 541.07	10	142.50	12	154.85	13
湖南	1 110.08	11	1 229.30	12	120.35	15	156.39	12
广东	2 502.95	3	3 178.94	3	406.71	1	506.61	1
广西	605.65	21	699.62	20	68.57	23	89.65	24
海南	113.04	27	132.47	27	39.21	27	44.27	27
四川	1 860.02	5	2 114.28	6	222.24	7	291.48	6
贵州	363.65	26	412.10	26	45.60	26	52.40	26
云南	556.97	22	616.56	22	82.53	21	106.98	21
西藏	20.30	30	24.29	30	9.59	30	14.72	30
陕西	612.54	20	694.18	21	101.16	17	118.64	18
甘肃	380.72	24	422.72	25	56.24	25	65.16	25
青海	79.77	29	85.75	29	21.52	28	23.94	29
宁夏	89.44	28	100.05	28	20.56	29	25.50	28
新疆	364.58	25	442.60	24	87.88	20	109.73	20

1-18 总　量　指　标

地　区	全民所有制单位固定资产投资（亿元）				全民所有制单位基本建设投资（亿元）			
	1990年		1991年		1990年		1991年	
	指标值	位次	指标值	位次	指标值	位次	指标值	位次
北　京	152.03	6	162.81	7	84.84	6	86.75	7
天　津	72.18	14	109.69	12	40.06	15	64.17	12
河　北	110.99	9	127.97	10	62.08	9	72.91	11
山　西	88.67	12	108.42	13	58.52	10	72.98	10
内蒙古	50.97	20	71.69	20	33.92	19	49.82	16
辽　宁	215.44	2	258.57	2	105.97	3	128.05	2
吉　林	66.94	18	85.63	16	29.12	20	40.46	20
黑龙江	134.64	7	162.56	8	67.07	8	75.97	9
上　海	192.23	3	215.61	4	108.54	2	108.80	5
江　苏	129.78	8	170.80	6	73.48	7	90.81	6
浙　江	78.58	13	96.69	14	43.95	13	51.19	15
安　徽	67.93	17	80.12	18	37.57	18	46.89	18
福　建	64.69	19	82.53	17	38.19	17	48.19	17
江　西	47.16	22	58.86	22	26.01	23	31.67	23
山　东	184.59	4	234.26	3	94.35	4	111.51	4
河　南	108.22	10	144.23	9	52.28	12	79.66	8
湖　北	94.17	11	112.95	11	52.82	11	64.14	13
湖　南	68.19	16	91.42	15	39.29	16	53.88	14
广　东	269.46	1	341.36	1	172.71	1	213.12	1
广　西	41.16	24	54.23	23	21.29	25	28.89	24
海　南	30.59	26	40.60	26	22.07	24	25.10	26
四　川	163.13	5	204.20	5	89.76	5	121.01	3
贵　州	36.15	25	42.50	25	20.58	26	25.68	25
云　南	50.39	21	70.11	21	27.18	22	37.43	21
西　藏	6.70	29	9.49	29	6.52	29	9.46	29
陕　西	69.69	15	77.11	19	41.25	14	46.50	19
甘　肃	46.12	23	53.32	24	29.04	21	33.96	22
青　海	19.19	27	21.49	27	13.44	27	15.07	27
宁　夏	16.08	28	20.46	28	10.42	28	13.77	28
新　疆	74.50	30	93.90	30	48.00	30	59.43	30

1-19 总　量　指　标

地　区	国有单位更新改造投资（亿元）				国有单位其他固定资产投资（亿元）			
	1990年		1991年		1990年		1991年	
	指标值	位次	指标值	位次	指标值	位次	指标值	位次
北　京	39.29	8	47.35	7	5.36	9	5.02	9
天　津	23.15	14	32.71	12	6.48	8	9.56	8
河　北	41.85	6	46.60	8	3.18	14	2.99	20
山　西	24.99	13	30.36	14	2.31	21	1.82	21
内蒙古	15.04	24	18.15	23	0.84	24	1.57	25
辽　宁	67.97	2	88.19	2	21.92	3	20.00	4
吉　林	22.57	17	25.40	18	8.77	7	12.03	7
黑龙江	35.18	9	39.20	10	26.04	2	38.46	2
上　海	71.77	1	95.21	1	3.77	11	3.91	10
江　苏	41.53	7	58.92	6	3.02	17	3.86	11
浙　江	22.32	18	30.22	15	2.77	18	3.55	13
安　徽	23.11	15	25.90	16	3.05	16	3.00	19
福　建	16.57	22	19.98	22	0.89	23	1.45	26
江　西	17.52	20	20.64	21	0.75	25	1.76	23
山　东	45.01	5	63.26	4	36.03	1	43.36	1
河　南	32.53	11	40.19	9	19.99	4	20.30	3
湖　北	32.69	10	37.46	11	2.72	19	3.49	15
湖　南	25.24	12	31.24	13	1.52	22	3.10	18
广　东	59.10	3	74.87	3	4.95	10	3.63	12
广　西	16.96	21	22.07	20	0.72	26	0.94	27
海　南	4.34	28	4.60	28	0.04	30	0.03	29
四　川	54.72	4	60.88	5	11.95	5	14.29	6
贵　州	12.19	26	13.74	26	2.47	20	1.78	22
云　南	17.57	19	25.79	17	3.58	13	3.54	14
西　藏	0.18	30	0.03	30	0.06	29		30
陕　西	22.88	16	24.12	19	3.71	12	3.16	16
甘　肃	14.64	25	15.69	25	0.58	27	1.73	24
青　海	2.25	29	2.90	29	3.18	15	3.15	17
宁　夏	5.15	27	5.41	27	0.23	28	0.35	28
新　疆	15.27	23	18.14	24	10.28	6	14.69	5

1-20 总　量　指　标

地区	集体单位固定资产投资（亿元）				城乡个人投资（亿元）			
	1990年		1991年		1990年		1991年	
	指标值	位次	指标值	位次	指标值	位次	指标值	位次
北京	32.46	5	31.51	6	6.31	25	9.32	23
天津	10.55	17	12.19	17	5.75	26	7.75	26
河北	20.99	8	33.12	5	50.15	6	85.61	6
山西	11.78	16	13.56	15	20.00	18	23.37	15
内蒙古	3.06	24	4.72	24	10.94	21	14.31	21
辽宁	22.13	7	21.61	10	22.80	14	35.19	10
吉林	2.82	26	5.98	21	23.75	13	22.38	18
黑龙江	5.52	21	5.94	22	22.74	15	21.19	19
上海	18.29	9	27.82	7	16.56	20	14.87	20
江苏	75.12	1	109.95	1	156.21	1	169.63	1
浙江	56.58	3	85.21	3	122.74	2	143.07	2
安徽	12.20	13	12.42	16	45.07	7	42.55	9
福建	12.17	14	15.59	12	31.69	10	34.36	11
江西	6.24	19	9.71	18	17.28	19	22.50	17
山东	71.51	2	104.80	2	78.70	4	101.06	3
河南	24.01	6	24.17	9	75.45	5	88.01	5
湖北	16.84	10	15.16	13	31.50	11	26.74	14
湖南	12.55	12	18.51	11	39.62	9	46.46	8
广东	56.33	4	73.68	4	80.91	3	91.58	4
广西	5.47	22	6.40	20	21.93	16	29.02	13
海南	5.63	20	1.61	27	2.99	28	2.06	29
四川	16.00	11	27.54	8	43.11	8	59.74	7
贵州	1.63	27	1.39	29	7.81	23	8.51	25
云南	11.86	15	13.75	14	20.27	17	23.12	16
西藏	1.53	28	1.45	28	1.35	30	3.78	27
陕西	6.90	18	9.39	19	24.56	12	32.14	12
甘肃	2.83	25	2.91	25	7.29	24	8.94	24
青海	0.54	30	0.56	30	1.79	29	1.89	30
宁夏	1.26	29	1.76	26	3.21	27	3.28	28
新疆	4.70	23	5.38	23	8.69	22	10.45	22

1-21 总　量　指　标

地区	全社会生产性建设固定资产投资（亿元）				全社会非生产性建设固定资产投资（亿元）			
	1990年		1991年		1990年		1991年	
	指标值	位次	指标值	位次	指标值	位次	指标值	位次
北京	84.98	13	92.22	14	105.83	5	111.42	5
天津	68.34	17	106.39	11	20.13	22	23.25	25
河北	118.77	8	142.11	9	63.34	10	104.59	7
山西	86.03	12	102.98	12	34.42	17	42.37	17
内蒙古	45.11	22	62.54	22	19.86	23	28.18	22
辽宁	187.31	3	213.46	4	73.05	9	101.91	8
吉林	60.50	19	75.64	18	33.01	18	38.35	19
黑龙江	117.90	10	137.78	10	45.00	15	51.91	15
上海	152.75	5	171.31	7	74.34	8	87.00	10
江苏	164.99	4	236.20	3	196.11	1	214.19	2
浙江	118.09	9	173.84	6	139.81	3	151.13	3
安徽	70.11	14	81.72	17	55.10	12	53.37	14
福建	58.92	20	73.87	19	49.63	14	58.62	12
江西	44.04	23	56.01	23	26.64	21	35.07	21
山东	225.80	2	290.41	2	108.99	4	149.71	4
河南	123.06	7	156.14	8	84.61	6	100.27	9
湖北	87.32	11	100.40	13	55.18	11	54.45	13
湖南	69.17	15	91.13	15	51.18	13	65.27	11
广东	247.95	1	291.78	1	158.76	2	214.84	1
广西	38.83	25	52.43	24	29.74	20	37.22	20
海南	21.32	27	19.71	27	17.89	25	24.56	24
四川	143.95	6	185.32	5	78.29	7	106.17	6
贵州	32.67	26	35.99	26	12.93	27	16.42	27
云南	51.70	21	66.98	21	30.83	19	40.00	18
西藏	6.04	30	9.60	30	3.54	30	5.12	30
陕西	62.45	18	69.80	20	38.71	16	48.84	16
甘肃	40.77	24	47.74	25	15.47	26	17.42	26
青海	15.19	29	17.53	29	6.34	28	6.40	29
宁夏	15.32	28	18.95	28	5.24	29	6.54	28
新疆	68.72	16	83.28	16	19.17	24	26.45	23

1-22 总　量　指　标

地区	国有单位基本建设生产性投资（亿元）				国有单位基本建设非生产性投资（亿元）			
	1990年		1991年		1990年		1991年	
	指标值	位次	指标值	位次	指标值	位次	指标值	位次
北　京	22.39	21	23.18	24	62.45	1	63.57	1
天　津	34.54	13	56.25	9	5.52	27	7.93	25
河　北	48.01	9	51.43	11	14.07	10	21.47	8
山　西	48.36	8	59.04	8	10.16	18	13.94	17
内蒙古	26.14	19	37.52	14	7.78	23	12.30	20
辽　宁	80.56	2	90.30	2	25.40	5	37.74	4
吉　林	19.72	22	27.55	20	9.40	20	12.92	19
黑龙江	51.14	7	55.31	10	15.94	8	20.66	9
上　海	77.32	3	68.43	5	31.22	3	40.46	3
江　苏	52.78	6	65.31	6	20.70	6	25.50	7
浙　江	30.48	14	35.30	17	13.48	11	15.89	13
安　徽	28.44	15	35.85	15	9.13	21	11.04	21
福　建	27.74	17	33.94	18	10.45	16	14.26	16
江　西	19.65	23	23.33	23	6.36	24	8.33	24
山　东	74.04	4	82.68	4	20.31	7	28.83	6
河　南	40.23	10	62.30	7	12.05	14	17.36	12
湖　北	37.58	11	45.51	12	15.24	9	18.63	10
湖　南	26.74	18	35.63	16	12.55	13	18.25	11
广　东	132.15	1	156.07	1	40.56	2	57.05	2
广　西	12.65	26	17.92	26	8.64	22	10.97	22
海　南	11.87	27	14.22	27	10.20	17	10.88	23
四　川	64.24	5	83.75	3	25.51	4	37.27	5
贵　州	14.87	25	18.76	25	5.71	26	6.92	27
云　南	17.49	24	24.46	22	9.70	19	12.97	18
西　藏	3.80	30	6.08	30	2.72	29	3.38	29
陕　西	28.16	16	31.81	19	13.09	12	14.69	15
甘　肃	22.87	20	26.89	21	6.17	25	7.07	26
青　海	9.26	28	10.85	29	4.18	28	4.23	28
宁　夏	8.39	29	10.92	28	2.03	30	2.85	30
新　疆	37.39	12	44.43	13	10.61	15	15.00	14

1-23 总　量　指　标

地区	房屋施工面积（万平方米）				房屋住宅施工面积（万平方米）			
	1990年		1991年		1990年		1991年	
	指标值	位次	指标值	位次	指标值	位次	指标值	位次
北　京	1 436.58	3	1 381.13	5	588.20	3	611.96	4
天　津	293.72	26	306.12	27	63.33	28	77.40	27
河　北	865.83	11	1 055.10	11	339.85	12	461.54	9
山　西	713.21	14	811.43	14	283.14	13	324.54	14
内蒙古	444.71	24	565.84	23	182.78	24	242.24	19
辽　宁	1 245.65	5	1 483.89	3	532.83	4	683.96	3
吉　林	442.03	25	531.38	24	183.83	23	221.44	24
黑龙江	709.79	15	815.63	13	272.22	14	335.92	13
上　海	1 143.21	6	1 175.40	8	446.64	6	539.02	5
江　苏	1 106.74	7	1 190.63	7	399.26	9	436.37	11
浙　江	755.51	13	809.77	15	228.19	20	239.00	20
安　徽	611.34	16	686.26	16	257.91	17	288.51	17
福　建	580.02	19	594.69	20	179.02	25	189.89	25
江　西	511.90	22	589.26	21	196.53	22	231.24	23
山　东	1 248.22	4	1 449.43	4	444.98	7	532.89	6
河　南	888.30	10	1 065.87	10	348.19	11	444.37	10
湖　北	1 049.57	8	1 221.25	6	453.14	5	531.79	7
湖　南	855.78	12	1 081.98	9	375.30	10	526.97	8
广　东	1 771.46	2	2 163.13	2	602.84	2	768.60	2
广　西	546.93	21	648.16	19	231.34	18	286.63	18
海　南	286.84	27	317.72	26	99.25	26	108.07	26
四　川	1 943.91	1	2 245.83	1	896.42	1	1 101.57	1
贵　州	558.22	20	576.06	22	229.77	19	236.19	21
云　南	581.72	18	674.33	18	271.52	15	318.80	15
西　藏	73.04	30	73.19	30	36.36	30	31.14	30
陕　西	903.29	9	893.78	12	405.27	8	406.85	12
甘　肃	476.23	23	511.46	25	206.51	21	232.61	22
青　海	216.81	28	195.52	28	95.59	27	75.36	28
宁　夏	119.47	29	143.59	29	45.57	29	65.83	29
新　疆	610.88	17	676.73	17	259.59	16	299.44	16

1-24 总　量　指　标

地区	房屋竣工面积（万平方米）				房屋住宅竣工面积（万平方米）			
	1990年		1991年		1990年		1991年	
	指标值	位次	指标值	位次	指标值	位次	指标值	位次
北　京	514.17	7	471.80	11	192.86	8	204.41	11
天　津	121.08	27	135.55	27	30.43	30	47.14	27
河　北	453.26	8	490.19	9	183.16	10	217.12	10
山　西	291.60	18	331.88	17	134.58	16	142.24	17
内蒙古	233.28	23	287.48	21	105.92	23	141.72	18
辽　宁	661.29	3	730.15	4	318.94	2	370.79	2
吉　林	231.21	24	260.39	24	114.26	22	136.41	20
黑龙江	410.87	12	486.64	10	180.42	11	220.65	9
上　海	418.95	11	410.57	13	153.66	12	157.78	15
江　苏	566.84	5	587.69	6	217.94	6	227.48	8
浙　江	397.40	13	435.92	12	126.84	19	137.98	19
安　徽	279.92	19	288.38	20	118.41	21	123.51	23
福　建	276.38	21	274.67	22	93.16	24	97.74	24
江　西	278.76	20	306.25	19	120.24	20	131.10	22
山　东	617.00	4	738.32	3	252.18	4	297.84	5
河　南	428.56	10	505.86	8	190.68	9	243.95	7
湖　北	544.61	6	606.36	5	248.46	5	300.13	4
湖　南	435.82	9	557.07	7	197.61	7	292.87	6
广　东	806.41	2	924.27	2	310.33	3	343.11	3
广　西	294.72	17	330.91	18	130.94	17	155.98	16
海　南	154.16	26	152.06	26	62.38	26	63.14	26
四　川	984.60	1	1 182.58	1	478.99	1	633.00	1
贵　州	267.20	22	266.71	23	127.87	18	133.20	21
云　南	310.61	16	341.52	16	151.75	15	183.68	12
西　藏	63.69	30	62.55	30	32.76	28	27.31	30
陕　西	336.52	15	358.22	15	152.86	14	169.77	14
甘　肃	195.78	25	195.00	25	89.21	25	93.74	25
青　海	112.68	28	100.12	28	58.15	27	46.92	28
宁　夏	77.10	29	77.42	29	32.52	29	36.78	29
新　疆	347.75	14	384.12	14	153.64	13	177.20	13

1-25 总　量　指　标

地　区	基本建设新增固定资产（亿元）				基本建设投产大中型项目个数（个）			
	1990年		1991年		1990年		1991年	
	指标值	位次	指标值	位次	指标值	位次	指标值	位次
北　京	84.04	5	75.58	6	12	2	7	7
天　津	19.42	24	21.47	23	3	19	5	10
河　北	53.35	9	62.11	8	8	4	5	11
山　西	34.61	14	67.55	7	3	20	2	23
内蒙古	25.16	18	29.16	18	6	8	3	17
辽　宁	93.48	4	89.63	4	9	3	10	2
吉　林	22.73	21	32.91	16	2	22	3	18
黑龙江	57.32	8	61.65	9	7	6	9	3
上　海	119.24	1	95.94	3	6	9	9	4
江　苏	93.58	3	57.41	10	6	10	5	12
浙　江	31.98	15	46.19	13	5	13	3	19
安　徽	25.56	17	26.39	21	4	16	3	20
福　建	29.68	16	29.01	19	2	23	5	13
江　西	14.46	26	28.30	20			3	21
山　东	72.27	7	99.27	2	7	7	9	5
河　南	39.85	11	50.87	11	5	14	4	14
湖　北	42.21	10	44.57	14	8	5	7	8
湖　南	25.08	19	48.02	12	2	24	8	6
广　东	104.61	2	129.82	1	19	1	22	1
广　西	18.85	25	18.92	26	4	17	3	22
海　南	19.87	23	19.39	25	2	25		
四　川	72.44	6	82.93	5	6	11	4	15
贵　州	12.56	27	17.00	27				
云　南	23.88	20	20.62	24	5	15	2	24
西　藏	5.10	30	10.30	30			1	27
陕　西	34.98	13	32.18	17	6	12	6	9
甘　肃	21.01	22	23.72	22	3	21	2	25
青　海	11.52	28	14.56	28	2	26	2	26
宁　夏	9.98	29	11.03	29				
新　疆	37.07	12	39.55	15	4	18	4	16

1-26 总 量 指 标

地区	更新改造新增固定资产（亿元）				更新改造施工项目个数（个）			
	1990年		1991年		1990年		1991年	
	指标值	位次	指标值	位次	指标值	位次	指标值	位次
北京	29.91	9	39.62	8	2 081	10	2 255	12
天津	22.14	14	22.54	15	1 639	18	1 657	20
河北	34.99	7	42.01	7	1 899	12	2 363	10
山西	19.82	16	24.28	14	1 375	24	1 625	22
内蒙古	13.77	24	15.21	24	1 300	25	1 504	24
辽宁	67.23	1	75.03	2	3 521	3	4 325	3
吉林	23.29	11	19.90	19	843	26	899	26
黑龙江	29.99	8	33.90	11	1 456	21	1 650	21
上海	62.74	2	75.93	1	4 180	2	4 694	1
江苏	36.96	6	47.75	5	3 242	5	3 905	5
浙江	17.32	18	26.50	12	2 297	7	2 835	7
安徽	20.29	15	22.03	16	1 658	17	1 612	23
福建	14.51	21	17.29	22	1 435	22	1 779	17
江西	13.91	23	15.28	23	1 797	14	1 991	15
山东	40.85	5	54.00	4	2 742	6	3 262	6
河南	22.42	13	39.02	9	1 747	15	2 192	13
湖北	25.62	10	37.64	10	2 111	9	2 521	9
湖南	18.81	17	26.28	13	1 733	16	1 736	18
广东	57.38	3	64.86	3	3 399	4	3 999	4
广西	16.17	19	20.14	18	1 884	13	2 070	14
海南	2.52	28	5.88	27	410	28	340	28
四川	46.05	4	44.10	6	4 693	1	4 606	2
贵州	13.56	25	11.19	25	1 481	20	1 357	25
云南	14.55	20	20.37	17	2 175	8	2 715	8
西藏	0.15	30	0.03	30	18	30	2	30
陕西	22.44	12	19.33	20	1 559	19	1 872	16
甘肃	10.11	26	9.09	26	1 406	23	1 680	19
青海	2.27	29	1.66	29	292	29	323	29
宁夏	3.87	27	4.08	28	455	27	531	27
新疆	14.41	22	17.58	21	1 990	11	2 261	11

1-27 总　量　指　标

地区	更新改造全部建成投产项目（个）				乡村劳动力（万人）			
	1990年		1991年		1990年		1991年	
	指标值	位次	指标值	位次	指标值	位次	指标值	位次
北京	1 233	9	1 289	13	184.3	26	182.1	26
天津	1 044	14	1 021	17	170.8	27	171.0	27
河北	1 076	13	1 418	10	2 360.5	7	2 417.2	6
山西	717	23	890	22	887.8	17	908.0	17
内蒙古	868	18	904	20	538.0	22	558.7	22
辽宁	2 164	3	2 759	1	831.0	18	850.5	18
吉林	534	26	489	26	614.4	20	620.9	20
黑龙江	964	15	1 115	15	538.2	21	566.5	21
上海	2 175	2	2 677	2	250.0	24	246.4	24
江苏	1 871	4	2 356	3	2 786.9	4	2 798.8	4
浙江	1 243	8	1 566	9	2 034.8	9	2 072.1	9
安徽	809	19	786	23	2 301.5	8	2 360.5	8
福建	688	24	991	18	1 012.2	16	1 076.4	16
江西	940	17	1 057	16	1 394.2	14	1 415.8	14
山东	1 509	6	1 887	6	3 348.3	3	3 479.1	3
河南	944	16	1 339	12	3 423.7	2	3 510.8	2
湖北	1 120	11	1 398	11	1 791.3	10	1 809.0	11
湖南	740	22	897	21	2 598.3	5	2 651.9	5
广东	1 762	5	2 179	5	2 363.0	6	2 409.5	7
广西	1 088	12	1 217	14	1 767.8	11	1 818.1	10
海南	303	27	254	28	190.1	25	195.1	25
四川	2 341	1	2 254	4	4 890.8	1	5 059.3	1
贵州	681	25	613	25	1 402.3	13	1 444.5	13
云南	1 220	10	1 608	8	1 646.8	12	1 702.8	12
西藏	9	30	2	30	90.7	30	91.2	30
陕西	767	21	939	19	1 202.9	15	1 260.9	15
甘肃	777	20	655	24	821.1	19	834.5	19
青海	186	29	190	29	135.9	29	139.8	29
宁夏	278	28	347	27	140.7	28	145.5	28
新疆	1 486	7	1 671	7	291.3	23	295.6	23

1-28 总　量　指　标

地　区	农林牧副渔业劳动力（万人）				年末实有耕地面积（万亩）			
	1990年		1991年		1990年		1991年	
	指标值	位次	指标值	位次	指标值	位次	指标值	位次
北　京	82.5	29	80.3	29	619.1	28	616.8	28
天　津	89.5	27	89.9	27	647.2	27	647.4	27
河　北	1 780.4	6	1 841.3	6	9 834.1	4	9 824.6	4
山　西	624.9	18	641.7	18	5 538.8	10	5 531.9	10
内蒙古	477.5	21	500.3	21	7 448.6	6	7 507.0	6
辽　宁	605.5	19	625.2	19	5 200.8	14	5 190.3	13
吉　林	541.2	20	546.6	20	5 908.9	9	5 906.8	9
黑龙江	463.9	22	484.0	22	13 246.6	1	13 278.4	1
上　海	75.0	30	69.5	30	484.8	29	481.4	29
江　苏	1 714.5	7	1 740.0	7	6 836.8	7	6 825.0	7
浙　江	1 336.5	12	1 348.7	12	2 585.1	22	2 572.3	22
安　徽	1 923.2	5	1 970.0	5	6 548.3	8	6 530.2	8
福　建	771.7	16	814.9	16	1 854.7	23	1 852.0	23
江　西	1 152.7	14	1 168.3	14	3 524.3	20	3 515.6	20
山　东	2 507.9	3	2 647.2	3	10 278.9	3	10 251.1	3
河　南	2 819.8	2	2 913.4	2	10 399.8	2	10 380.0	2
湖　北	1 454.0	11	1 486.4	11	5 215.2	12	5 187.7	14
湖　南	2 257.5	4	2 283.3	4	4 968.3	15	4 965.3	15
广　东	1 600.7	8	1 594.3	9	3 786.9	19	3 779.7	19
广　西	1 589.1	9	1 618.3	8	3 893.9	18	3 919.3	18
海　南	162.2	24	167.1	24	652.6	26	655.9	26
四　川	4 234.8	1	4 333.0	1	9 448.4	5	9 421.1	5
贵　州	1 285.5	13	1 322.5	13	2 781.3	21	2 779.3	21
云　南	1 502.5	10	1 553.8	10	4 268.1	17	4 287.6	17
西　藏	85.9	28	86.0	28	333.4	30	334.0	30
陕　西	1 001.0	15	1 044.5	15	5 299.5	11	5 281.7	11
甘　肃	683.3	17	690.2	17	5 214.6	13	5 219.0	12
青　海	119.7	26	123.1	26	866.4	25	868.8	25
宁　夏	124.3	25	129.0	25	1 193.8	24	1 196.4	24
新　疆	269.2	23	273.5	23	4 630.2	16	4 673.8	16

1-29 总　量　指　标

地区	农村社会总产值(亿元)				农村农业总产值(亿元)			
	1990年		1991年		1990年		1991年	
	指标值	位次	指标值	位次	指标值	位次	指标值	位次
北　京	278.60	21	336.14	19	70.18	24	76.47	24
天　津	276.98	22	321.66	21	54.86	27	58.05	27
河　北	873.00	7	997.10	7	357.63	9	377.64	8
山　西	322.38	17	339.98	18	124.78	22	112.97	22
内蒙古	203.71	23	223.58	23	156.92	19	164.08	20
辽　宁	703.94	8	811.03	8	273.75	11	302.28	11
吉　林	322.17	18	330.19	20	189.09	17	188.38	17
黑龙江	385.58	15	404.12	15	245.38	14	247.71	15
上　海	392.74	14	510.09	13	68.16	26	73.65	26
江　苏	2 072.69	1	2 312.06	1	580.53	4	580.93	4
浙　江	1 139.35	4	1 408.87	4	336.77	10	368.64	9
安　徽	638.07	11	637.11	11	370.94	8	317.26	10
福　建	452.58	12	542.93	12	228.69	15	256.74	14
江　西	409.98	13	468.54	14	255.24	12	271.55	13
山　东	1 769.97	2	2 166.71	2	647.49	1	793.04	1
河　南	1 028.47	6	1 158.08	6	502.01	5	531.05	5
湖　北	700.80	9	731.80	9	402.21	6	405.04	7
湖　南	647.84	10	719.11	10	397.42	7	425.58	6
广　东	1 304.21	3	1 554.73	3	600.71	3	654.82	3
广　西	329.73	16	378.46	16	252.22	13	278.15	12
海　南	79.95	27	88.74	27	68.72	25	75.78	25
四　川	1 068.92	5	1 205.84	5	637.07	2	680.13	2
贵　州	194.00	24	223.03	24	145.49	20	165.34	19
云　南	282.47	20	305.32	22	211.72	16	222.93	16
西　藏	18.42	30	22.13	30	17.23	30	20.89	30
陕　西	319.76	19	358.27	17	169.96	18	185.37	18
甘　肃	169.71	25	184.60	26	103.05	23	108.36	23
青　海	30.58	29	32.03	29	24.53	29	25.24	29
宁　夏	35.81	28	39.62	28	24.69	28	26.95	28
新　疆	166.80	26	192.22	25	144.65	21	162.01	21

1-30 总　量　指　标

地　区	农村工业总产值（亿元）				农村建筑业总产值（亿元）			
	1990年		1991年		1990年		1991年	
	指标值	位次	指标值	位次	指标值	位次	指标值	位次
北　京	162.67	13	205.43	14	18.85	18	22.49	18
天　津	192.74	11	230.08	10	10.19	23	11.24	22
河　北	405.39	5	496.12	5	57.85	6	64.74	6
山　西	143.69	16	165.05	16	16.53	19	20.40	20
内蒙古	21.26	25	30.54	25	10.36	22	11.08	23
辽　宁	345.24	6	414.63	6	26.40	12	31.24	12
吉　林	79.86	19	82.48	20	19.98	17	22.58	17
黑龙江	79.59	20	87.05	19	21.60	15	23.37	16
上　海	279.22	9	381.04	8	27.85	11	35.37	11
江　苏	1 251.95	1	1 467.37	1	133.99	1	149.99	1
浙　江	661.53	3	869.46	3	84.78	3	106.00	3
安　徽	170.76	12	211.13	12	39.58	8	42.41	8
福　建	157.25	15	209.18	13	23.86	13	27.62	13
江　西	99.69	17	129.09	17	22.40	14	27.09	14
山　东	926.46	2	1 145.44	2	111.28	2	124.89	2
河　南	327.81	7	407.83	7	74.44	5	84.56	5
湖　北	207.68	10	224.01	11	35.22	10	38.72	10
湖　南	159.90	14	190.00	15	37.81	9	42.41	9
广　东	498.89	4	651.02	4	74.83	4	96.79	4
广　西	43.19	21	57.66	21	15.57	20	21.23	19
海　南	3.47	28	4.10	28	3.38	27	3.67	27
四　川	287.93	8	356.00	9	52.77	7	63.90	7
贵　州	28.29	24	34.97	24	6.67	25	7.40	26
云　南	37.33	22	43.90	22	15.14	21	17.38	21
西　藏	0.21	30	0.16	30	0.27	30	0.26	30
陕　西	92.67	18	106.18	18	20.67	16	24.12	15
甘　肃	36.75	23	42.13	23	7.81	24	9.22	25
青　海	3.00	29	3.49	29	1.16	29	1.21	29
宁　夏	6.37	27	7.17	27	1.18	28	1.66	28
新　疆	8.94	26	13.79	26	6.05	26	9.28	24

1-31 总 量 指 标

地区	农村运输业总产值（亿元）				农村商业饮食业总产值（亿元）			
	1990年		1991年		1990年		1991年	
	指标值	位次	指标值	位次	指标值	位次	指标值	位次
北京	13.32	18	15.34	18	13.58	17	16.41	17
天津	11.46	19	14.12	19	7.73	23	8.17	23
河北	22.98	12	25.73	12	29.15	9	32.87	10
山西	24.96	9	27.31	10	12.42	19	14.25	20
内蒙古	9.11	21	10.71	21	6.06	25	7.17	25
辽宁	26.23	7	28.88	8	32.32	8	34.00	9
吉林	16.46	16	17.77	17	16.78	14	18.98	15
黑龙江	23.74	10	27.90	9	15.27	16	18.09	16
上海	5.19	25	5.71	25	12.32	20	14.32	19
江苏	48.27	2	50.45	3	57.95	3	63.32	3
浙江	21.07	14	24.22	14	35.20	6	40.55	6
安徽	28.47	6	31.45	6	28.32	10	34.86	8
福建	21.93	13	24.48	13	20.85	12	24.91	12
江西	14.63	17	18.27	16	18.02	13	22.54	13
山东	30.74	5	38.81	5	54.00	4	64.53	2
河南	65.70	1	71.63	1	58.51	2	63.01	4
湖北	23.22	11	26.94	11	32.47	7	37.09	7
湖南	25.68	8	30.10	7	27.03	11	31.02	11
广东	44.11	3	51.54	2	85.67	1	100.56	1
广西	5.27	24	7.09	24	13.48	18	14.33	18
海南	1.91	28	2.24	28	2.47	27	2.95	27
四川	41.27	4	48.63	4	49.88	5	57.18	5
贵州	6.48	23	7.36	23	7.07	24	7.96	24
云南	8.57	22	10.55	22	9.71	22	10.56	22
西藏	0.34	30	0.45	30	0.37	30	0.37	30
陕西	20.30	15	23.13	15	16.16	15	19.47	14
甘肃	11.22	20	12.79	20	10.88	21	12.10	21
青海	0.92	29	1.02	29	0.97	28	1.07	28
宁夏	2.63	27	2.88	27	0.94	29	0.96	29
新疆	3.44	26	3.26	26	3.72	26	3.88	26

1-32 总 量 指 标

地区	农作物种植业产值（亿元）				林业产值（亿元）			
	1990年		1991年		1990年		1991年	
	指标值	位次	指标值	位次	指标值	位次	指标值	位次
北京	37.84	24	38.28	24	0.91	26	1.52	25
天津	30.97	25	32.58	25	0.45	28	0.34	29
河北	238.60	8	242.91	7	9.58	14	12.38	14
山西	86.40	21	70.25	22	7.83	18	7.86	18
内蒙古	88.83	20	91.89	21	6.23	21	6.67	21
辽宁	146.15	12	158.26	12	6.56	20	6.94	20
吉林	135.28	15	129.38	16	4.18	22	4.42	22
黑龙江	177.98	10	170.88	11	7.62	19	8.20	17
上海	29.09	26	30.51	26	0.37	29	0.39	28
江苏	321.21	4	316.17	5	7.94	16	7.55	19
浙江	163.92	11	180.00	10	14.81	12	17.42	12
安徽	243.74	7	189.29	9	16.97	9	18.66	11
福建	102.50	19	117.74	17	21.54	4	25.40	3
江西	136.49	13	143.30	14	16.01	11	20.80	8
山东	397.85	1	471.53	1	20.45	6	22.19	5
河南	333.70	3	340.93	3	20.77	5	22.17	6
湖北	252.90	6	247.01	6	14.15	13	16.81	13
湖南	219.17	9	234.74	8	21.89	3	24.59	4
广东	297.97	5	321.84	4	28.46	1	29.64	1
广西	136.18	14	149.37	13	18.05	8	20.87	7
海南	26.84	27	28.72	27	16.81	10	18.93	9
四川	363.19	2	387.01	2	24.08	2	25.48	2
贵州	78.19	22	94.86	20	7.94	17	9.44	16
云南	119.64	16	130.67	15	18.26	7	18.69	10
西藏	7.35	30	8.34	30	0.29	30	0.29	30
陕西	109.20	17	117.11	19	9.02	15	10.54	15
甘肃	67.61	23	69.33	23	3.26	24	3.53	24
青海	11.48	29	11.56	29	0.69	27	0.68	27
宁夏	17.11	28	18.72	28	1.32	25	1.26	26
新疆	104.36	18	117.58	18	3.82	23	4.24	23

1-33 总　量　指　标

地　区	牧业产值（亿元）				副业产值（亿元）			
	1990年		1991年		1990年		1991年	
	指标值	位次	指标值	位次	指标值	位次	指标值	位次
北　京	27.95	23	32.75	22	1.21	28	1.28	26
天　津	14.69	26	16.38	26	3.73	24	4.10	24
河　北	83.28	8	94.79	8	16.27	13	16.46	14
山　西	27.60	24	30.05	24	2.52	25	2.23	25
内蒙古	46.41	17	49.45	17	14.30	16	14.71	17
辽　宁	75.51	11	86.64	9	17.31	10	17.37	9
吉　林	41.40	18	45.15	18	5.41	22	6.37	21
黑龙江	49.18	16	59.14	14	5.87	20	4.25	23
上　海	30.25	21	33.38	21	0.41	29	0.40	30
江　苏	160.48	2	168.09	3	41.55	2	38.46	3
浙　江	79.57	10	82.11	10	37.57	4	37.30	4
安　徽	81.99	9	79.53	12	17.11	11	16.99	11
福　建	53.39	15	57.44	15	15.92	14	15.76	15
江　西	67.34	13	68.69	13	25.05	6	26.15	6
山　东	151.87	3	200.35	2	21.71	8	20.26	8
河　南	104.93	6	122.96	5	38.73	3	40.79	2
湖　北	98.04	7	102.19	7	13.24	18	13.97	18
湖　南	117.22	5	122.57	6	22.04	7	23.45	7
广　东	143.00	4	155.23	4	62.10	1	67.91	1
广　西	75.35	12	81.81	11	13.66	17	15.54	16
海　南	13.69	27	14.93	27	4.02	23	4.44	22
四　川	209.60	1	255.03	1	30.10	5	31.20	5
贵　州	41.30	19	42.66	19	17.10	12	17.24	10
云　南	54.01	14	55.68	16	18.42	9	16.52	12
西　藏	8.25	29	10.99	29	1.33	26	1.26	28
陕　西	35.67	20	40.17	20	15.22	15	16.52	13
甘　肃	26.32	25	28.24	25	5.64	21	6.99	19
青　海	10.96	28	11.65	28	1.33	27	1.27	27
宁　夏	5.40	30	6.04	30	0.40	30	0.41	29
新　疆	29.42	22	32.22	23	6.18	19	6.98	20

1-34 总　量　指　标

地区	渔业产值（亿元）				农业机械总动力（万千瓦）			
	1990年		1991年		1990年		1991年	
	指标值	位次	指标值	位次	指标值	位次	指标值	位次
北京	2.27	20	2.64	20	416.2	24	384.8	24
天津	5.02	16	4.65	17	439.0	23	447.8	23
河北	9.90	12	11.10	12	2 822.2	2	2 849.5	2
山西	0.43	27	0.58	26	1 053.5	12	1 089.0	12
内蒙古	1.15	22	1.36	22	760.5	15	786.4	15
辽宁	28.22	6	33.07	6	1 012.3	13	995.7	13
吉林	2.81	19	3.06	19	629.0	19	587.5	21
黑龙江	4.73	17	5.24	16	1 173.4	10	1 179.5	10
上海	8.04	14	8.97	14	276.5	26	236.3	26
江苏	49.35	3	50.66	4	2 004.8	4	1 966.6	4
浙江	40.90	4	51.81	3	1 217.9	8	1 264.7	9
安徽	11.13	9	12.79	9	1 307.3	5	1 380.2	5
福建	35.34	5	40.40	5	587.1	20	614.4	19
江西	10.35	10	12.61	10	667.7	17	669.3	18
山东	55.61	2	78.71	2	3 215.8	1	3 304.7	1
河南	3.88	18	4.20	18	2 264.0	3	2 330.4	3
湖北	23.88	7	25.06	7	1 099.6	11	1 120.9	11
湖南	17.10	8	20.23	8	1 209.1	9	1 270.5	8
广东	69.18	1	80.20	1	1 278.8	6	1 339.7	6
广西	8.98	13	10.56	13	784.2	14	824.4	14
海南	7.36	15	8.76	15	127.3	28	136.8	29
四川	10.10	11	11.41	11	1 259.9	7	1 323.4	7
贵州	0.96	23	1.14	23	286.2	25	303.2	25
云南	1.39	21	1.37	21	648.8	18	710.0	17
西藏	0.01	30	0.01	30	45.4	30	48.5	30
陕西	0.85	25	1.03	24	712.0	16	724.9	16
甘肃	0.22	28	0.27	28	568.1	21	599.0	20
青海	0.07	29	0.08	29	126.9	29	137.0	28
宁夏	0.46	26	0.52	27	191.1	27	202.7	27
新疆	0.87	24	0.99	25	523.1	22	560.8	22

1-35 总　量　指　标

地　区	机耕面积（万亩）				农村用电量（千瓦小时）			
	1990年		1991年		1990年		1991年	
	指标值	位次	指标值	位次	指标值	位次	指标值	位次
北　京	472.2	25	459.1	25	18.0	16	20.0	17
天　津	598.5	22	602.6	23	16.5	19	18.1	20
河　北	6 374.5	4	6 636.2	4	58.8	4	65.5	5
山　西	2 980.6	9	3 065.8	10	25.9	12	30.1	10
内蒙古	3 873.1	6	4 120.9	6	11.4	24	11.7	25
辽　宁	3 543.9	8	3 777.4	8	47.0	6	54.8	6
吉　林	2 703.7	11	2 791.1	11	16.8	18	18.2	19
黑龙江	10 008.2	1	10 116.6	1	17.6	17	20.3	16
上　海	437.2	26	435.8	26	32.5	9	40.0	9
江　苏	5 448.7	5	5 505.0	5	105.3	1	121.5	1
浙　江	1 621.5	14	1 660.9	15	69.4	3	84.0	3
安　徽	2 918.7	10	3 240.9	9	23.6	13	26.0	13
福　建	627.9	21	625.9	22	20.4	15	23.4	15
江　西	960.9	19	970.4	20	16.0	20	16.8	21
山　东	7 787.1	2	8 043.3	2	75.7	2	84.2	2
河　南	6 614.4	3	6 864.1	3	46.9	7	52.1	7
湖　北	1 645.8	13	1 800.1	13	27.2	11	27.8	12
湖　南	1 552.6	15	1 709.4	14	23.4	14	25.8	14
广　东	1 296.9	17	1 366.3	17	56.9	5	72.8	4
广　西	1 019.0	18	1 102.7	18	12.6	22	15.1	22
海　南	30.8	29	31.3	30	0.9	29	1.1	30
四　川	913.0	20	1 002.3	19	44.0	8	48.0	8
贵　州	39.3	28	64.6	28	6.1	26	4.7	26
云　南	598.0	23	662.9	21	12.2	23	13.9	23
西　藏	25.6	30	34.4	29	0.1	30	1.6	28
陕　西	2 403.6	12	2 459.0	12	29.2	10	28.6	11
甘　肃	1 415.0	16	1 471.1	16	14.2	21	19.1	18
青　海	287.0	27	325.9	27	1.5	28	1.5	29
宁　夏	507.6	24	535.4	24	3.9	27	4.5	27
新　疆	3 677.5	7	3 804.2	7	10.5	25	12.0	24

1-36 总　量　指　标

地区	有效灌溉面积（万亩）				机电灌溉面积（万亩）			
	1990年		1991年		1990年		1991年	
	指标值	位次	指标值	位次	指标值	位次	指标值	位次
北　京	502.6	25	486.4	25	436.0	22	443.1	21
天　津	518.8	24	520.7	24	517.7	19	518.4	19
河　北	5 637.8	3	5 759.2	3	5 120.9	3	5 264.7	2
山　西	1 701.7	16	1 723.5	16	1 255.1	11	1 274.4	11
内蒙古	1 877.3	15	1 983.9	14	1 157.5	12	1 259.0	12
辽　宁	1 589.0	18	1 634.0	18	1 307.0	9	1 315.8	9
吉　林	1 322.8	21	1 385.0	21	876.2	15	919.8	15
黑龙江	1 618.0	17	1 676.7	17	976.0	14	1 034.7	14
上　海	479.5	26	477.9	26	479.5	21	477.9	20
江　苏	5 956.4	2	5 775.3	2	5 277.1	2	5 170.6	3
浙　江	2 215.6	13	2 214.3	13	1 602.8	8	1 599.5	8
安　徽	3 950.0	8	4 079.1	7	2 546.0	5	2 694.3	5
福　建	1 400.4	20	1 409.5	20	220.5	25	240.8	25
江　西	2 755.1	10	2 772.0	10	602.7	17	614.3	17
山　东	6 695.5	1	6 828.5	1	5 879.0	1	6 029.7	1
河　南	5 325.1	4	5 550.7	4	4 044.9	4	4 197.8	4
湖　北	3 486.5	9	3 496.1	9	1 937.5	6	1 754.7	7
湖　南	4 014.3	7	3 919.1	8	1 618.8	7	1 770.8	6
广　东	2 692.7	11	2 523.7	11	657.5	16	683.6	16
广　西	2 235.7	12	2 252.6	12	364.8	23	394.7	23
海　南	213.9	29	302.6	28	30.1	29	30.5	28
四　川	4 208.9	6	4 239.8	6	992.6	13	1 066.2	13
贵　州	825.4	23	768.4	23	95.1	26	80.7	27
云　南	1 581.3	19	1 623.0	19	232.9	24	242.0	24
西　藏	189.6	30	169.9	30	31.0	28	5.0	30
陕　西	1 894.7	14	1 924.6	15	1 303.9	10	1 279.7	10
甘　肃	1 281.7	22	1 301.0	22	507.7	20	404.0	22
青　海	257.3	28	263.0	29	25.7	30	25.3	29
宁　夏	390.4	27	397.8	27	76.1	27	89.2	26
新　疆	4 286.6	5	4 274.8	5	549.9	18	561.5	18

1-37 总　量　指　标

地区	农作物总播种面积（万亩）				粮食作物播种面积（万亩）			
	1990年		1991年		1990年		1991年	
	指标值	位次	指标值	位次	指标值	位次	指标值	位次
北京	885.4	27	885.3	27	726.6	26	724.9	26
天津	859.8	28	872.2	28	686.8	27	686.7	27
河北	13 180.1	4	13 222.2	4	10 241.7	5	10 197.0	5
山西	6 024.5	18	5 956.0	18	4 935.4	17	4 799.2	18
内蒙古	7 083.6	14	7 151.3	14	5 811.7	12	5 817.7	11
辽宁	5 428.4	19	5 457.1	20	4 682.4	19	4 634.8	19
吉林	6 059.7	17	6 098.9	17	5 288.8	16	5 313.0	16
黑龙江	12 837.7	5	12 922.3	5	11 130.0	4	11 140.3	4
上海	946.7	26	939.1	26	625.7	28	623.2	28
江苏	12 388.8	7	12 137.6	7	9 544.5	6	9 304.2	6
浙江	6 577.1	16	6 569.5	16	4 899.0	18	4 901.1	17
安徽	12 470.4	6	12 293.4	6	9 369.1	7	8 931.8	7
福建	4 118.9	23	4 240.3	23	3 120.9	22	3 130.8	22
江西	8 637.2	10	8 744.5	10	5 548.9	13	5 401.0	14
山东	16 323.9	3	16 495.5	3	12 227.9	3	12 132.2	3
河南	17 834.6	2	18 002.8	2	13 974.1	2	13 560.7	2
湖北	11 041.7	9	11 135.9	9	7 800.0	9	7 791.8	9
湖南	11 927.7	8	12 060.3	8	8 048.5	8	8 047.8	8
广东	8 507.3	11	8 489.1	11	5 994.5	11	5 807.2	12
广西	7 711.9	12	7 991.0	12	5 459.9	14	5 351.6	15
海南	1 231.9	25	1 244.2	25	851.2	25	853.7	25
四川	18 713.0	1	19 110.3	1	14 741.6	1	14 910.6	1
贵州	5 368.2	21	5 711.4	19	3 814.8	21	3 937.3	21
云南	6 738.1	15	6 900.5	15	5 433.4	15	5 428.4	13
西藏	320.3	30	323.7	30	287.6	30	287.9	30
陕西	7 289.7	13	7 322.4	13	6 202.0	10	6 132.6	10
甘肃	5 417.0	20	5 380.5	21	4 312.7	20	4 260.1	20
青海	817.1	29	815.2	29	600.5	29	602.9	29
宁夏	1 333.4	24	1 352.1	24	1 085.3	24	1 093.1	24
新疆	4 469.3	22	4 554.1	22	2 753.3	23	2 666.8	23

1-38 总 量 指 标

地区	经济作物播种面积（万亩）				其他农作物播种面积（万亩）			
	1990年		1991年		1990年		1991年	
	指标值	位次	指标值	位次	指标值	位次	指标值	位次
北京	23.6	29	24.9	29	135.2	25	135.5	25
天津	75.8	28	89.3	28	97.2	27	96.2	27
河北	2 253.2	4	2 346.8	5	685.2	11	678.4	13
山西	777.0	16	850.7	17	312.1	22	306.1	22
内蒙古	939.1	15	1 032.8	15	332.8	21	300.8	23
辽宁	307.4	23	386.2	22	438.6	19	436.1	19
吉林	480.8	21	474.5	21	290.1	23	311.4	21
黑龙江	1 135.1	13	1 230.2	13	572.6	14	551.8	16
上海	167.4	27	167.1	27	153.6	24	148.8	24
江苏	1 782.7	7	1 803.7	7	1 061.6	6	1 029.7	7
浙江	632.2	19	639.2	19	1 045.9	7	1 029.2	8
安徽	2 198.0	5	2 478.3	3	903.3	9	883.3	9
福建	351.8	22	383.6	23	646.2	12	725.9	11
江西	1 300.1	10	1 562.5	9	1 788.2	2	1 781.0	3
山东	3 450.6	1	3 662.7	1	645.4	13	700.6	12
河南	3 036.8	2	3 661.2	2	823.7	10	780.9	10
湖北	2 014.9	6	2 121.6	6	1 226.8	4	1 222.5	6
湖南	1 484.8	8	1 656.3	8	2 394.4	1	2 356.2	1
广东	1 338.4	9	1 374.4	11	1 174.4	5	1 307.5	4
广西	1 208.3	11	1 355.6	12	1 043.7	8	1 283.8	5
海南	264.9	24	268.9	24	115.8	26	121.6	26
四川	2 270.0	3	2 412.8	4	1 701.4	3	1 786.9	2
贵州	1 008.0	14	1 110.8	14	545.4	15	663.3	14
云南	777.0	17	910.7	16	527.7	16	561.4	15
西藏	16.1	30	17.5	30	16.6	30	18.3	30
陕西	717.7	18	821.4	18	370.0	20	368.4	20
甘肃	578.2	20	608.2	20	526.1	17	512.2	17
青海	171.6	25	176.1	26	45.0	29	36.2	29
宁夏	171.5	26	186.3	25	76.6	28	72.7	28
新疆	1 192.2	12	1 393.4	10	523.8	18	493.9	18

1-39 总 量 指 标

地 区	粮食产量（万吨）				棉花产量（万吨）			
	1990年		1991年		1990年		1991年	
	指标值	位次	指标值	位次	指标值	位次	指标值	位次
北 京	264.6	24	279.7	24	0.3	18	0.3	18
天 津	188.9	27	198.5	26	1.5	14	2.5	15
河 北	2 276.9	9	2 268.7	6	57.1	3	63.4	4
山 西	969.0	19	742.4	21	11.2	10	11.2	10
内 蒙 古	973.0	18	958.5	18				
辽 宁	1 494.7	14	1 532.4	14	1.4	15	4.2	14
吉 林	2 046.5	10	1 898.9	9				
黑 龙 江	2 312.5	8	2 164.3	8				
上 海	239.5	25	241.6	25	1.2	16	1.6	16
江 苏	3 230.8	4	2 988.9	4	46.4	6	55.7	5
浙 江	1 586.1	13	1 678.8	12	6.4	12	7.5	13
安 徽	2 457.2	7	1 781.5	11	23.6	7	27.1	7
福 建	879.6	20	889.7	19				
江 西	1 658.2	12	1 625.7	13	5.7	13	10.9	11
山 东	3 354.9	2	3 916.8	2	97.5	1	135.1	1
河 南	3 303.7	3	3 010.3	3	67.6	2	94.8	2
湖 北	2 475.0	6	2 244.1	7	51.7	4	49.1	6
湖 南	2 651.4	5	2 682.0	5	12.0	8	14.9	8
广 东	1 896.9	11	1 852.6	10				
广 西	1 363.1	15	1 341.0	15			0.1	19
海 南	169.6	28	177.7	28				
四 川	4 266.8	1	4 330.7	1	11.5	9	14.6	9
贵 州	721.0	21	885.5	20	0.1	19	0.1	20
云 南	1 057.2	17	1 093.0	16			0.1	21
西 藏	55.5	30	58.0	30				
陕 西	1 070.7	16	1 047.0	17	7.8	11	9.0	12
甘 肃	690.7	22	657.6	23	0.8	17	1.2	17
青 海	114.0	29	114.6	29				
宁 夏	190.1	26	198.2	27				
新 疆	666.2	23	670.6	22	46.9	5	63.9	3

1-40 总 量 指 标

地区	油料产量（万吨）				大牲畜年底头数（万头）			
	1990年		1991年		1990年		1991年	
	指标值	位次	指标值	位次	指标值	位次	指标值	位次
北　京	3.1	29	3.3	29	29.4	29	27.9	29
天　津	4.7	27	4.5	28	31.3	28	32.6	28
河　北	74.9	7	72.9	8	525.2	13	528.9	12
山　西	39.4	15	29.8	18	293.2	22	296.1	22
内蒙古	69.4	9	71.8	9	707.5	6	699.9	6
辽　宁	17.5	22	20.3	20	326.1	18	326.0	19
吉　林	46.7	13	43.5	14	309.1	20	318.5	20
黑龙江	17.2	23	15.2	24	348.2	17	378.1	16
上　海	18.2	20	20.0	21	8.1	30	8.4	30
江　苏	112.4	5	114.1	4	92.5	25	93.3	25
浙　江	48.3	12	45.6	13	68.0	27	65.1	27
安　徽	129.1	4	97.1	6	536.3	12	515.2	13
福　建	17.7	21	15.6	23	129.7	23	131.6	23
江　西	54.9	11	62.2	10	323.7	19	334.9	18
山　东	212.1	1	233.1	1	725.8	5	774.9	4
河　南	152.3	3	127.6	3	1 116.3	1	1 102.1	1
湖　北	95.8	6	106.3	5	356.6	16	353.6	17
湖　南	72.2	8	84.3	7	400.6	15	406.3	15
广　东	58.9	10	57.2	12	476.5	14	480.0	14
广　西	25.2	19	24.1	19	730.9	4	755.2	5
海　南	4.5	28	4.7	27	122.3	24	126.2	24
四　川	155.6	2	175.6	2	1 069.2	2	1 087.2	2
贵　州	43.9	14	61.8	11	659.4	7	680.6	7
云　南	13.3	24	17.2	22	929.7	3	931.9	3
西　藏	1.7	30	1.8	30	553.8	11	575.1	10
陕　西	33.4	18	35.4	16	305.4	21	301.9	21
甘　肃	33.7	17	32.5	17	584.0	9	585.2	9
青　海	12.0	25	13.2	25	612.3	8	630.5	8
宁　夏	6.2	26	7.2	26	74.3	26	73.5	26
新　疆	39.0	16	40.5	15	575.9	10	572.2	11

1-41 总 量 指 标

地区	肉猪出栏头数（万头）				猪年底头数（万头）			
	1990年		1991年		1990年		1991年	
	指标值	位次	指标值	位次	指标值	位次	指标值	位次
北京	281.0	24	337.2	24	206.0	25	241.7	24
天津	123.7	26	126.1	26	79.0	28	84.7	28
河北	1 395.5	7	1 480.8	7	1 494.2	11	1 555.8	11
山西	308.6	22	340.8	23	363.1	22	368.2	22
内蒙古	308.6	23	341.1	22	523.0	20	559.8	20
辽宁	797.2	16	865.0	14	1 093.5	15	1 137.7	15
吉林	419.6	20	443.6	20	507.5	21	522.6	21
黑龙江	458.6	19	554.0	18	654.9	18	725.1	18
上海	411.8	21	394.6	21	237.5	24	227.9	25
江苏	2 116.6	3	2 136.2	3	1 851.1	6	1 858.9	7
浙江	1 287.9	9	1 306.1	10	1 330.5	13	1 332.7	13
安徽	1 032.7	12	1 097.3	12	1 284.1	14	1 232.3	14
福建	799.8	15	850.3	15	930.8	16	954.8	16
江西	1 313.2	8	1 417.9	8	1 547.3	10	1 589.6	10
山东	1 936.2	4	2 108.3	4	1 810.9	7	1 923.6	6
河南	1 182.4	10	1 323.1	9	1 750.3	8	1 820.8	8
湖北	1 714.3	6	1 793.3	6	2 063.5	4	2 017.4	5
湖南	3 092.1	2	3 247.9	2	2 798.3	2	2 837.5	2
广东	1 792.9	5	1 942.6	5	2 058.9	5	2 083.0	4
广西	1 063.9	11	1 195.0	11	1 742.5	9	1 808.6	9
海南	134.3	25	143.0	25	279.1	23	282.3	23
四川	6 108.5	1	6 367.3	1	6 539.5	1	6 600.9	1
贵州	800.0	14	846.8	16	1 354.9	12	1 398.1	12
云南	897.4	13	963.9	13	2 064.9	3	2 096.3	3
西藏	7.8	30	8.8	30	16.4	30	17.8	30
陕西	539.4	17	581.5	17	812.2	17	838.3	17
甘肃	467.4	18	484.4	19	594.7	19	597.0	19
青海	61.6	28	62.6	28	96.5	26	93.2	26
宁夏	59.1	29	59.8	29	66.0	29	66.8	29
新疆	78.9	27	77.9	27	89.7	27	91.2	27

1-42 总 量 指 标

地区	羊年底只数（万只）				猪牛羊肉产量（万吨）			
	1990年		1991年		1990年		1991年	
	指标值	位次	指标值	位次	指标值	位次	指标值	位次
北　京	78.4	23	68.9	24	20.4	25	24.8	24
天　津	67.0	24	66.9	25	10.1	28	10.6	28
河　北	1 074.5	8	995.4	8	121.3	8	131.1	8
山　西	709.6	12	679.2	12	29.3	22	33.3	22
内蒙古	3 023.9	1	2 960.9	1	50.1	17	56.6	17
辽　宁	267.2	17	247.9	17	78.8	13	88.8	12
吉　林	233.6	18	228.7	18	43.3	20	46.8	20
黑龙江	283.3	16	304.6	15	46.0	18	55.2	18
上　海	37.2	27	35.4	28	23.6	24	23.3	25
江　苏	850.8	10	832.0	10	158.4	4	163.3	4
浙　江	185.1	19	181.3	19	85.6	12	88.5	13
安　徽	398.0	14	341.7	14	97.6	10	100.3	11
福　建	60.0	26	62.6	26	64.1	16	68.9	16
江　西	14.1	30	15.8	29	102.5	9	113.8	9
山　东	2 076.4	3	2 165.3	3	187.0	3	207.1	2
河　南	1 279.5	6	1 185.9	6	123.7	7	141.3	7
湖　北	163.1	21	132.5	21	137.5	6	147.9	6
湖　南	66.5	25	71.4	23	189.5	2	199.4	3
广　东	14.2	29	14.4	30	148.4	5	162.2	5
广　西	80.6	22	84.0	22	90.6	11	101.5	10
海　南	37.1	28	39.5	27	12.1	27	13.3	27
四　川	945.9	9	947.9	9	407.3	1	433.4	1
贵　州	177.7	20	176.2	20	71.3	15	78.2	15
云　南	722.4	11	685.7	11	74.9	14	81.3	14
西　藏	1 676.9	4	1 723.7	4	8.8	29	9.1	29
陕　西	612.6	13	580.6	13	44.5	19	50.3	19
甘　肃	1 109.8	7	1 019.8	7	37.5	21	41.5	21
青　海	1 608.3	5	1 670.4	5	15.2	26	15.5	26
宁　夏	317.6	15	271.7	16	6.3	30	6.6	30
新　疆	2 830.8	2	2 830.7	2	27.8	23	29.8	23

1-43 总 量 指 标

地区	猪肉产量（万吨）				奶类产量（万吨）			
	1990年		1991年		1990年		1991年	
	指标值	位次	指标值	位次	指标值	位次	指标值	位次
北京	18.6	24	22.8	24	21.8	7	23.9	7
天津	8.9	26	9.1	26	7.7	18	8.9	17
河北	107.7	7	115.6	7	14.3	13	16.3	13
山西	22.5	23	25.5	22	17.9	10	21.0	9
内蒙古	28.8	21	31.0	21	39.6	2	40.3	2
辽宁	74.1	13	82.3	13	15.3	12	17.7	11
吉林	38.9	19	40.9	19	12.1	14	12.7	15
黑龙江	39.5	17	47.0	17	102.7	1	121.2	1
上海	23.3	22	23.0	23	22.7	6	25.6	6
江苏	149.2	4	153.0	5	8.9	16	10.2	16
浙江	84.1	12	86.9	11	11.3	15	12.8	14
安徽	84.8	11	86.8	12	2.6	25	2.5	26
福建	62.9	16	67.6	16	4.9	23	5.1	24
江西	101.2	8	111.9	8	2.2	26	2.6	25
山东	153.7	3	168.8	3	29.6	4	31.6	4
河南	97.5	9	108.7	9	7.4	20	8.2	19
湖北	135.1	6	144.6	6	5.2	22	5.6	22
湖南	187.7	2	197.0	2	1.1	27	1.2	27
广东	145.3	5	158.0	4	5.6	21	6.1	21
广西	87.2	10	97.4	10	0.9	29	0.9	29
海南	11.1	25	12.1	25	0.1	30		
四川	396.7	1	421.2	1	26.8	5	28.0	5
贵州	68.0	15	74.1	15	1.0	28	1.0	28
云南	71.1	14	76.9	14	7.6	19	8.5	18
西藏	0.5	30	0.5	30	15.8	11	17.7	12
陕西	39.1	18	43.6	18	21.2	8	23.7	8
甘肃	30.2	20	32.2	20	8.1	17	8.2	20
青海	4.4	28	4.6	28	21.0	9	19.8	10
宁夏	4.1	29	4.2	29	4.1	24	5.5	23
新疆	4.9	27	5.0	27	35.6	3	37.5	3

1-44 总　量　指　标

地　区	禽蛋产量（万吨）				水产品总产量（吨）			
	1990年		1991年		1990年		1991年	
	指标值	位次	指标值	位次	指标值	位次	指标值	位次
北　京	25.8	11	27.9	11	51 602	20	55 990	20
天　津	18.6	15	21.4	15	108 338	17	108 056	17
河　北	51.3	5	60.6	4	218 553	14	236 885	14
山　西	15.9	18	19.2	17	10 228	26	11 273	27
内蒙古	12.4	21	13.1	21	30 428	22	32 110	22
辽　宁	45.2	7	55.3	6	1 073 558	6	1 140 635	6
吉　林	25.0	12	27.4	12	70 885	19	78 620	19
黑龙江	30.9	9	39.4	8	147 869	16	163 812	16
上　海	15.1	19	17.5	19	273 583	12	290 695	12
江　苏	89.7	2	98.3	2	1 182 549	5	1 174 511	5
浙　江	19.0	13	21.1	16	1 389 791	3	1 511 089	3
安　徽	32.6	8	34.5	9	291 044	11	316 104	11
福　建	12.9	20	15.2	20	1 186 412	4	1 357 108	4
江　西	16.8	17	18.9	18	306 824	10	339 342	10
山　东	124.3	1	156.8	1	1 677 973	2	1 981 169	2
河　南	59.6	3	73.8	3	104 753	18	107 695	18
湖　北	51.9	4	55.4	5	709 840	7	696 279	7
湖　南	27.9	10	29.1	10	530 082	8	531 628	8
广　东	18.8	14	21.9	14	2 076 577	1	2 253 140	1
广　西	6.6	23	8.0	23	323 493	9	368 741	9
海　南	1.2	28	1.2	28	167 464	15	198 787	15
四　川	47.1	6	51.3	7	232 561	13	256 818	13
贵　州	4.5	26	4.7	26	22 440	24	22 889	25
云　南	4.9	25	5.0	25	46 041	21	49 381	21
西　藏	0.1	30	0.1	30	249	30	268	30
陕　西	18.4	16	25.5	13	20 567	25	23 397	24
甘　肃	8.5	22	9.4	22	3 562	28	4 292	28
青　海	1.1	29	1.1	29	3 356	29	3 943	29
宁　夏	2.2	27	2.2	27	10 217	27	11 898	26
新　疆	6.3	24	6.7	24	23 217	23	25 200	23

1-45 总　量　指　标

地区	淡水产品产量（吨）				受灾面积（万公顷）			
	1990年		1991年		1990年		1991年	
	指标值	位次	指标值	位次	指标值	位次	指标值	位次
北　京	51 083	19	55 705	19	17.8	24	16.9	27
天　津	72 068	15	76 753	17	8.6	28	9.5	28
河　北	53 673	18	66 411	18	168.9	8	244.6	10
山　西	10 228	26	11 273	27	104.5	18	265.9	8
内蒙古	30 428	21	32 110	21	120.7	15	157.5	15
辽　宁	66 440	17	76 924	16	69.4	21	91.4	20
吉　林	70 885	16	78 620	15	47.1	22	149.4	17
黑龙江	147 869	10	163 812	10	181.7	7	379.5	4
上　海	103 145	13	108 660	12	6.4	29	6.0	29
江　苏	844 009	1	798 293	2	250.3	5	464.1	3
浙　江	258 049	7	275 808	7	152.9	11	83.3	22
安　徽	291 044	6	316 104	6	218.5	6	502.4	2
福　建	94 769	14	108 372	13	122.3	14	71.5	23
江　西	306 824	5	339 342	5	130.3	13	183.5	13
山　东	155 914	9	201 955	9	284.9	3	241.5	11
河　南	104 753	12	107 695	14	164.8	9	524.6	1
湖　北	709 840	3	696 279	3	264.8	4	368.1	5
湖　南	530 082	4	531 628	4	354.1	2	272.7	7
广　东	831 245	2	902 075	1	116.9	17	202.5	12
广　西	120 821	11	134 543	11	146.7	12	150.4	16
海　南	21 909	24	26 308	22	14.0	27	33.3	25
四　川	232 561	8	256 818	8	400.1	1	347.4	6
贵　州	22 440	23	22 889	25	118.2	16	91.7	19
云　南	46 041	20	49 381	20	70.8	20	97.9	18
西　藏	249	30	268	30	1.7	30	0.3	30
陕　西	20 567	25	23 397	24	153.2	10	258.4	9
甘　肃	3 562	28	4 292	28	101.9	19	176.8	14
青　海	3 356	29	3 943	29	16.1	26	25.1	26
宁　夏	10 217	27	11 898	26	22.1	23	47.1	24
新　疆	23 217	22	25 200	23	17.7	25	83.8	21

1-46 总　量　指　标

地　区	成灾面积（万公顷）				工业企业单位数（万个）			
	1990年		1991年		1990年		1991年	
	指标值	位次	指标值	位次	指标值	位次	指标值	位次
北　京	8.7	23	7.7	27	2.78	26	3.40	25
天　津	4.2	28	3.7	28	2.80	25	3.04	26
河　北	107.4	6	98.0	11	56.86	5	60.76	4
山　西	42.3	19	144.0	8	13.30	20	13.62	19
内蒙古	46.7	17	65.9	16	8.66	21	10.30	21
辽　宁	33.7	20	49.1	18	25.40	12	24.20	13
吉　林	30.7	21	80.5	13	17.86	16	17.40	18
黑龙江	45.3	18	163.3	5	13.95	19	13.42	20
上　海	2.1	29	0.2	29	3.49	24	3.50	24
江　苏	92.9	7	236.5	2	63.02	3	53.29	6
浙　江	61.5	12	25.9	24	33.14	11	34.52	11
安　徽	108.8	5	436.3	1	55.33	6	57.23	5
福　建	56.7	13	31.7	21	17.85	17	18.97	16
江　西	55.0	14	53.7	17	35.81	10	38.04	9
山　东	143.0	3	120.8	10	58.90	4	61.80	3
河　南	78.3	9	221.3	3	81.08	1	85.05	1
湖　北	111.0	4	171.5	4	38.78	9	37.53	10
湖　南	193.8	1	163.1	6	41.94	8	43.01	7
广　东	52.5	15	90.9	12	43.77	7	42.93	8
广　西	91.9	8	80.0	14	24.91	13	26.10	12
海　南	5.8	26	11.4	26	1.67	29	1.44	29
四　川	182.5	2	161.7	7	78.14	2	80.03	2
贵　州	61.8	11	44.7	20	19.39	15	19.40	15
云　南	23.5	22	46.4	19	17.17	18	17.66	17
西　藏	1.1	30			0.48	30	0.75	30
陕　西	70.1	10	121.5	9	22.30	14	23.23	14
甘　肃	49.1	16	79.5	15	8.31	22	9.01	22
青　海	5.7	27	14.9	25	1.87	28	1.51	28
宁　夏	8.2	24	26.1	23	2.63	27	2.64	27
新　疆	7.9	25	31.1	22	4.20	23	4.18	23

1-47 总　量　指　标

地区	乡及乡以上工业企业单位数（个）				工业企业职工人数（万人）			
	1990年		1991年		1990年		1991年	
	指标值	位次	指标值	位次	指标值	位次	指标值	位次
北京	5 409	24	5 409	24	160.20	18	158.89	18
天津	5 432	23	5 540	23	146.50	20	150.03	20
河北	19 133	10	19 204	10	304.00	8	310.32	8
山西	11 365	17	11 127	17	218.10	14	224.48	14
内蒙古	7 482	20	7 582	20	147.50	19	153.89	19
辽宁	21 211	6	21 379	6	540.70	1	547.10	1
吉林	12 221	15	12 101	15	251.50	11	253.51	11
黑龙江	14 684	12	14 507	13	406.30	4	424.38	4
上海	10 109	18	10 203	18	274.60	10	275.04	10
江苏	37 489	2	37 004	2	446.30	2	454.41	2
浙江	40 119	1	40 738	1	237.30	13	243.94	12
安徽	20 901	8	20 877	7	214.90	15	221.84	15
福建	12 556	14	12 635	14	134.40	21	141.46	21
江西	14 230	13	14 534	12	167.90	17	172.25	17
山东	22 489	5	22 752	5	393.50	5	411.01	5
河南	16 082	11	16 118	11	315.30	7	326.80	7
湖北	19 665	9	19 248	9	301.40	9	304.70	9
湖南	21 060	7	20 803	8	238.60	12	243.56	13
广东	24 112	4	25 541	4	331.80	6	352.06	6
广西	8 981	19	9 129	19	113.90	22	116.60	22
海南	844	29	886	29	16.30	29	17.44	29
四川	35 480	3	35 609	3	420.60	3	433.87	3
贵州	5 134	25	5 077	25	90.50	25	93.17	25
云南	5 977	21	5 933	22	99.50	24	102.95	24
西藏	211	30	217	30	1.90	30	1.92	30
陕西	11 801	16	11 725	16	174.50	16	178.20	16
甘肃	5 896	22	6 032	21	105.40	23	110.54	23
青海	1 197	28	1 223	28	23.90	28	23.76	28
宁夏	1 620	27	1 594	27	27.10	27	28.20	27
新疆	4 192	26	4 142	26	73.30	26	74.89	26

1-48 总　量　指　标

地区	轻工业企业职工人数（万人）				重工业企业职工人数（万人）			
	1990年		1991年		1990年		1991年	
	指标值	位次	指标值	位次	指标值	位次	指标值	位次
北京	60.70	18	61.19	18	99.50	19	97.70	19
天津	75.60	16	77.74	16	70.90	21	72.29	21
河北	117.60	11	119.89	11	186.40	7	190.43	7
山西	54.30	20	51.77	21	163.80	9	172.71	8
内蒙古	48.00	22	49.37	22	99.60	18	104.53	16
辽宁	167.60	4	167.16	4	373.10	1	379.94	1
吉林	89.80	14	90.91	14	161.70	10	162.60	10
黑龙江	132.50	8	142.53	6	273.80	2	251.85	3
上海	131.40	9	130.50	9	143.20	12	144.54	12
江苏	226.30	1	229.03	2	220.00	4	225.38	4
浙江	136.50	6	140.16	7	100.80	17	103.79	18
安徽	92.90	13	94.11	12	122.00	13	127.73	13
福建	79.20	15	84.57	15	55.20	25	56.89	25
江西	65.50	17	67.93	17	102.40	16	104.32	17
山东	188.00	3	196.41	3	205.40	5	214.59	5
河南	121.90	10	128.91	10	193.40	6	197.89	6
湖北	136.40	7	137.75	8	165.00	8	166.96	9
湖南	94.60	12	93.96	13	144.00	11	149.60	11
广东	217.40	2	234.15	1	114.40	14	117.91	14
广西	54.10	21	55.10	20	59.80	24	61.49	24
海南	9.30	27	10.25	27	7.00	29	7.19	29
四川	152.50	5	157.68	5	268.10	3	276.19	2
贵州	28.80	25	28.77	26	61.60	23	64.41	23
云南	34.00	23	35.04	23	65.50	22	67.91	22
西藏	0.70	30	1.44	30	1.20	30	0.48	30
陕西	60.70	19	60.85	19	113.80	15	117.35	15
甘肃	28.60	26	32.23	25	76.80	20	78.32	20
青海	7.30	28	7.34	29	16.60	28	16.42	28
宁夏	7.20	29	7.44	28	19.90	27	20.77	27
新疆	32.20	24	33.29	24	41.10	26	41.59	26

1-49 总　量　指　标

地　区	工业总产值（亿元）				轻工业产值（亿元）			
	1990年		1991年		1990年		1991年	
	指标值	位次	指标值	位次	指标值	位次	指标值	位次
北　京	734.68	12	880.79	12	323.53	14	387.63	13
天　津	679.93	14	764.40	15	346.92	12	370.09	14
河　北	1 123.23	8	1 331.96	8	545.24	7	633.01	7
山　西	538.39	17	601.45	18	137.41	22	151.79	22
内蒙古	259.48	24	299.90	24	108.51	24	119.84	24
辽　宁	1 606.93	5	1 860.57	5	524.59	8	574.22	8
吉　林	552.39	16	614.38	17	231.35	17	244.84	17
黑龙江	863.51	11	983.73	11	290.00	16	317.17	16
上　海	1 632.94	4	1 947.18	4	847.11	5	976.34	5
江　苏	2 764.10	1	3 160.33	1	1 511.98	1	1 682.42	1
浙　江	1 432.55	6	1 801.40	6	933.45	4	1 173.69	4
安　徽	670.33	15	765.95	14	347.90	11	392.83	12
福　建	531.48	18	658.86	16	329.71	13	413.29	11
江　西	425.75	20	497.94	20	189.77	19	221.54	19
山　东	2 201.48	2	2 599.17	2	1 118.75	3	1 326.78	3
河　南	1 036.73	9	1 222.68	9	473.13	10	555.03	9
湖　北	1 008.19	10	1 136.03	10	476.76	9	531.26	10
湖　南	712.66	13	803.72	13	316.64	15	354.00	15
广　东	1 902.24	3	2 524.12	3	1 283.54	2	1 658.58	2
广　西	353.43	21	421.47	21	195.33	18	227.05	18
海　南	44.32	29	56.69	29	30.16	27	38.05	27
四　川	1 222.95	7	1 434.15	7	566.17	6	666.75	6
贵　州	218.16	26	246.76	26	92.54	25	104.10	25
云　南	345.25	22	393.63	22	181.15	21	203.85	21
西　藏	3.07	30	3.40	30	0.92	30	1.01	30
陕　西	442.58	19	508.81	19	188.02	20	214.41	20
甘　肃	277.67	23	314.36	23	79.85	26	85.37	26
青　海	55.24	28	60.51	28	15.97	29	17.65	29
宁　夏	64.75	27	73.10	27	17.98	28	19.54	28
新　疆	219.93	25	280.59	25	108.53	23	138.78	23

1-50 总　量　指　标

地区	重工业产值（亿元）				国有工业总产值（亿元）			
	1990年		1991年		1990年		1991年	
	指标值	位次	指标值	位次	指标值	位次	指标值	位次
北　京	411.13	12	493.16	12	464.63	11	527.78	12
天　津	333.01	15	394.31	15	404.28	14	436.43	16
河　北	578.00	7	698.95	7	554.96	10	638.14	10
山　西	400.98	13	449.66	14	321.45	17	367.24	17
内蒙古	150.96	24	180.06	24	200.57	24	232.12	24
辽　宁	1 082.32	3	1 286.35	2	983.92	2	1 121.03	2
吉　林	321.04	17	369.54	17	388.67	16	439.47	14
黑龙江	573.51	8	666.56	9	695.31	7	797.54	7
上　海	785.82	4	970.84	4	1 114.46	1	1 263.13	1
江　苏	1 252.11	1	1 477.91	1	948.56	3	1 043.35	3
浙　江	499.08	11	627.71	10	447.65	13	530.93	11
安　徽	322.42	16	373.12	16	390.42	15	437.42	15
福　建	201.77	20	245.58	20	239.82	22	268.28	22
江　西	235.97	19	276.40	19	277.90	19	313.87	19
山　东	1 082.71	2	1 272.39	3	911.88	4	1 038.69	4
河　南	563.60	9	667.65	8	572.03	9	649.89	9
湖　北	531.44	10	604.76	11	627.79	8	717.56	8
湖　南	396.05	14	449.72	13	455.87	12	504.36	13
广　东	618.71	6	865.54	5	765.43	6	973.59	5
广　西	158.12	23	194.42	22	255.09	21	300.07	21
海　南	14.15	29	18.64	29	33.56	29	40.29	29
四　川	656.78	5	767.41	6	778.70	5	898.21	6
贵　州	125.64	25	142.65	25	168.56	26	188.64	26
云　南	164.12	22	189.78	23	264.87	20	300.45	20
西　藏	2.15	30	2.39	30	2.54	30	2.87	30
陕　西	254.56	18	294.40	18	304.17	18	348.64	18
甘　肃	197.82	21	228.98	21	216.79	23	245.41	23
青　海	39.28	28	42.86	28	46.46	28	50.78	28
宁　夏	46.79	27	53.56	27	50.90	27	57.70	27
新　疆	111.40	26	141.81	26	176.52	25	220.71	25

1-51 总 量 指 标

地 区	集体工业总产值（亿元）				城乡个体及其他经济类型工业总产值（亿元）			
	1990年		1991年		1990年		1991年	
	指标值	位次	指标值	位次	指标值	位次	指标值	位次
北 京	212.48	13	261.93	12	57.56	12	91.08	11
天 津	235.43	11	264.97	11	40.22	15	63.00	14
河 北	443.99	6	532.63	5	124.27	8	161.18	8
山 西	176.78	15	193.27	16	40.16	16	40.94	19
内蒙古	47.84	24	52.20	25	11.08	24	15.58	23
辽 宁	453.74	5	522.40	6	169.28	5	217.14	5
吉 林	124.47	18	133.56	19	39.25	17	41.34	18
黑龙江	142.88	17	155.46	17	25.32	21	30.74	21
上 海	325.20	10	401.60	9	193.28	3	282.45	2
江 苏	1 603.84	1	1 843.73	1	211.70	2	273.26	3
浙 江	860.55	3	1 097.81	3	124.33	7	172.66	7
安 徽	214.15	12	249.39	13	65.76	11	79.14	12
福 建	166.91	16	209.81	15	124.76	6	180.77	6
江 西	115.61	19	139.14	18	32.23	19	44.94	17
山 东	1 116.82	2	1 332.68	2	172.78	4	227.81	4
河 南	358.43	7	412.78	7	106.27	9	160.01	9
湖 北	329.04	9	357.10	10	51.36	14	61.37	15
湖 南	204.72	14	235.04	14	52.07	13	64.32	13
广 东	659.64	4	828.68	4	477.17	1	721.85	1
广 西	72.38	21	87.45	21	25.96	20	33.95	20
海 南	3.59	29	4.99	29	7.18	26	11.41	26
四 川	346.33	8	411.63	8	97.92	10	124.31	10
贵 州	30.55	26	33.08	26	19.05	22	25.04	22
云 南	69.04	22	80.68	22	11.34	23	12.50	25
西 藏	0.45	30	0.40	30	0.08	30	0.13	30
陕 西	102.86	20	114.40	20	35.55	18	45.76	16
甘 肃	49.88	23	55.63	23	11.00	25	13.32	24
青 海	7.42	28	8.28	28	1.36	29	1.45	29
宁 夏	10.99	27	11.77	27	2.86	28	3.63	28
新 疆	36.72	25	52.25	24	6.68	27	7.63	27

1-52 总　量　指　标

地区	独立核算工业企业单位数（个）				独立核算工业企业工业总产值（亿元）			
	1990年		1991年		1990年		1991年	
	指标值	位次	指标值	位次	指标值	位次	指标值	位次
北　京	5 409	24	5 409	24	625.90	12	730.21	12
天　津	5 432	23	5 540	23	524.53	15	578.66	15
河　北	19 133	10	19 204	10	754.96	10	892.38	9
山　西	11 365	17	11 127	17	423.95	17	468.74	18
内蒙古	7 482	20	7 582	20	231.41	24	266.70	24
辽　宁	21 211	6	21 379	6	1 301.68	5	1 493.73	5
吉　林	12 221	15	12 101	15	478.24	16	539.35	16
黑龙江	14 684	12	14 507	13	779.31	9	888.83	10
上　海	10 109	18	10 203	18	1 477.04	3	1 747.59	4
江　苏	37 489	2	37 004	2	2 061.29	1	2 377.85	1
浙　江	40 119	1	40 738	1	1 047.88	6	1 315.16	6
安　徽	20 901	8	20 877	7	528.64	14	602.65	14
福　建	12 556	14	12 635	14	393.65	18	475.03	17
江　西	14 230	13	14 534	12	343.14	20	390.58	20
山　东	22 489	5	22 752	5	1 516.83	2	1 761.82	3
河　南	16 082	11	16 118	11	713.08	11	825.99	11
湖　北	19 665	9	19 248	9	816.49	8	924.96	8
湖　南	21 060	7	20 803	8	586.67	13	654.82	13
广　东	24 112	4	25 541	4	1 379.98	4	2 018.62	2
广　西	8 981	19	9 129	19	298.92	22	354.00	21
海　南	844	29	886	29	36.09	29	45.74	29
四　川	35 480	3	35 609	3	980.58	7	1 137.46	7
贵　州	5 134	25	5 077	25	188.39	25	211.50	26
云　南	5 977	21	5 933	22	307.97	21	350.36	22
西　藏	211	30	217	30	2.63	30	2.91	30
陕　西	11 801	16	11 725	16	359.60	19	414.67	19
甘　肃	5 896	22	6 032	21	248.16	23	281.55	23
青　海	1 197	28	1 223	28	51.14	28	55.56	28
宁　夏	1 620	27	1 594	27	56.87	27	62.63	27
新　疆	4 192	26	4 142	26	174.24	26	218.61	25

1-53 总　量　指　标

地区	独立核算工业企业工业净产值（亿元）				独立核算工业企业产品销售收入（亿元）			
	1990年		1991年		1990年		1991年	
	指标值	位次	指标值	位次	指标值	位次	指标值	位次
北　京	176.97	12	200.48	12	610.40	12	727.15	12
天　津	129.54	16	136.12	18	465.55	15	538.50	15
河　北	191.83	11	223.51	11	675.05	9	819.55	9
山　西	127.82	17	141.92	16	376.34	17	440.00	17
内蒙古	70.53	24	82.03	24	221.24	23	255.39	23
辽　宁	354.70	5	398.53	5	1 172.39	5	1 425.60	5
吉　林	136.78	14	149.13	14	424.13	16	519.20	16
黑龙江	287.68	6	316.94	6	647.24	10	778.66	10
上　海	385.99	3	454.32	3	1 447.39	2	1 762.19	3
江　苏	460.36	1	539.41	1	1 755.80	1	2 150.53	1
浙　江	259.99	8	312.90	7	943.04	6	1 181.11	6
安　徽	132.77	15	143.19	15	483.41	14	568.06	14
福　建	111.27	19	129.10	19	352.56	18	437.36	18
江　西	87.54	22	100.47	22	308.51	20	368.71	20
山　东	387.74	2	450.79	4	1 284.25	4	1 545.11	4
河　南	201.08	10	228.53	10	640.21	11	776.56	11
湖　北	212.48	9	241.54	9	705.97	8	850.01	8
湖　南	167.00	13	189.39	13	545.02	13	632.96	13
广　东	366.39	4	522.21	2	1 287.91	3	1 875.02	2
广　西	89.33	21	102.77	21	282.90	22	337.39	22
海　南	10.45	29	12.74	29	36.54	29	42.89	29
四　川	279.74	7	312.20	8	895.20	7	1 088.91	7
贵　州	67.70	25	73.97	25	169.70	25	201.54	25
云　南	127.37	18	141.39	17	297.15	21	344.77	21
西　藏	1.06	30	1.18	30	2.42	30	2.74	30
陕　西	103.87	20	121.96	20	320.55	19	391.49	19
甘　肃	77.70	23	89.03	23	214.85	24	252.04	24
青　海	15.82	28	16.82	28	45.02	28	51.79	28
宁　夏	17.07	27	18.18	27	48.29	27	58.41	27
新　疆	54.68	26	64.36	26	139.05	26	173.81	26

1-54 总　量　指　标

地　区	独立核算工业企业产品销售成本（亿元）				独立核算工业企业年底固定资产原值（亿元）			
	1990年		1991年		1990年		1991年	
	指标值	位次	指标值	位次	指标值	位次	指标值	位次
北　京	491.93	13	579.19	12	438.25	15	505.23	15
天　津	408.20	16	467.76	15	329.93	18	379.97	18
河　北	603.44	10	714.47	8	689.40	8	829.57	8
山　西	326.69	18	369.72	17	539.32	11	608.98	11
内蒙古	189.22	23	214.93	23	294.94	19	332.53	19
辽　宁	1 026.92	6	1 232.40	5	1 231.01	1	1 440.02	1
吉　林	369.79	17	450.11	16	469.04	13	547.18	13
黑龙江	556.98	11	649.19	11	853.12	4	956.62	7
上　海	1 202.39	3	1 431.58	3	787.54	7	982.42	5
江　苏	1 562.28	2	1 869.63	1	992.65	3	1 199.50	4
浙　江	822.98	7	1 013.30	6	474.74	12	575.49	12
安　徽	419.27	15	487.88	14	389.51	16	448.45	16
福　建	301.20	19	359.84	18	244.56	23	288.96	23
江　西	2 734.19	1	319.44	20	267.83	21	300.18	22
山　东	1 123.46	5	1 315.75	4	1 148.62	2	1 342.53	2
河　南	554.24	12	660.28	10	645.61	10	792.51	9
湖　北	606.47	9	708.99	9	660.22	9	747.40	10
湖　南	461.00	14	528.58	13	455.41	14	517.29	14
广　东	1 128.89	4	1 571.32	2	843.88	6	1 339.04	3
广　西	234.25	21	275.29	21	228.49	25	272.82	25
海　南	32.43	29	37.06	29	43.15	29	49.84	29
四　川	770.89	8	921.31	7	849.31	5	980.66	6
贵　州	129.60	25	154.58	25	198.89	26	220.85	26
云　南	203.37	22	237.17	22	263.31	22	301.25	21
西　藏	1.97	30	2.11	30	6.65	30	8.28	30
陕　西	273.71	20	335.38	19	352.30	17	403.71	17
甘　肃	179.04	24	210.05	24	292.49	20	328.91	20
青　海	35.94	28	43.59	28	93.39	27	96.18	27
宁　夏	41.98	27	50.17	27	72.53	28	81.27	28
新　疆	119.52	26	145.54	26	233.86	24	278.64	24

1-55 总　量　指　标

地区	独立核算工业企业年底固定资产净值（亿元）				独立核算工业企业定额流动资金年平均余额（亿元）			
	1990年		1991年		1990年		1991年	
	指标值	位次	指标值	位次	指标值	位次	指标值	位次
北京	284.51	15	331.13	15	213.76	12	236.16	12
天津	217.17	18	252.86	18	148.83	17	173.89	16
河北	491.02	8	603.11	8	245.04	10	287.66	10
山西	378.93	11	415.07	11	150.40	16	166.99	18
内蒙古	214.68	19	242.30	19	95.71	21	108.97	21
辽宁	808.89	2	967.27	2	427.50	2	490.61	3
吉林	330.44	13	388.07	13	179.77	14	209.75	14
黑龙江	601.03	5	672.87	6	260.96	9	306.70	8
上海	550.70	7	698.11	5	413.22	3	479.77	5
江苏	725.84	3	874.77	4	540.15	1	623.90	1
浙江	338.39	12	412.61	12	309.91	7	350.36	7
安徽	278.88	16	317.69	16	147.24	18	169.26	17
福建	180.75	23	211.52	22	106.37	20	122.86	20
江西	181.89	22	204.18	23	117.71	19	132.22	19
山东	876.32	1	1 025.09	1	406.43	4	501.45	2
河南	459.07	9	577.97	9	236.06	11	274.38	11
湖北	455.71	10	511.11	10	265.35	8	298.14	9
湖南	307.78	14	347.63	14	190.28	13	215.35	13
广东	633.35	4	879.13	3	350.64	6	484.45	4
广西	166.76	25	199.46	25	92.30	23	102.80	24
海南	34.43	29	38.78	29	13.56	29	14.58	29
四川	563.08	6	652.29	7	372.58	5	423.74	6
贵州	138.45	26	154.53	26	73.07	25	85.08	25
云南	188.72	21	214.95	20	94.56	22	107.35	22
西藏	4.77	30	5.51	30	1.17	30	1.30	30
陕西	241.27	17	279.45	17	163.75	15	188.00	15
甘肃	190.44	20	214.13	21	91.49	24	104.66	23
青海	74.16	27	65.67	27	24.80	27	27.50	27
宁夏	52.55	28	58.29	28	22.43	28	26.53	28
新疆	168.91	24	204.16	24	59.46	26	69.58	26

1-56 总 量 指 标

地区	独立核算工业企业利润总额（亿元）				独立核算工业企业利税总额（亿元）			
	1990年		1991年		1990年		1991年	
	指标值	位次	指标值	位次	指标值	位次	指标值	位次
北京	53.76	2	58.34	3	100.56	7	110.60	8
天津	17.11	11	20.30	10	47.89	16	52.10	17
河北	11.03	18	13.21	15	60.66	14	69.98	14
山西	13.32	14	15.56	14	40.39	20	46.72	19
内蒙古	5.58	24	4.84	23	23.72	25	25.17	25
辽宁	17.35	9	16.95	12	112.71	5	127.69	5
吉林	12.83	16	9.07	19	46.78	17	47.42	18
黑龙江	13.06	15	24.83	9	67.94	12	88.42	11
上海	96.56	1	102.55	1	202.02	1	228.83	1
江苏	50.12	3	49.15	4	161.30	2	172.74	3
浙江	39.20	4	48.81	5	103.54	6	119.27	6
安徽	8.46	22	2.37	26	56.00	15	54.24	15
福建	16.10	12	19.89	11	44.97	18	52.95	16
江西	4.11	25	6.52	22	25.62	24	31.93	23
山东	35.59	5	47.05	6	132.97	3	158.98	4
河南	15.26	13	12.12	16	77.57	11	87.63	12
湖北	26.73	7	31.79	7	88.40	10	103.46	9
湖南	9.33	20	10.27	18	65.37	13	74.98	13
广东	28.54	6	71.83	2	121.49	4	188.08	2
广西	11.24	17	11.91	17	41.68	19	44.48	20
海南	1.11	29	0.72	27	3.47	29	3.67	29
四川	24.96	8	26.54	8	97.72	8	111.03	7
贵州	5.95	23	2.96	25	35.77	22	36.34	22
云南	17.34	10	15.57	13	89.39	9	95.53	10
西藏	0.33	30	0.32	29	0.42	30	0.40	30
陕西	9.15	21	7.06	21	39.06	21	39.70	21
甘肃	9.57	19	7.52	20	31.13	23	31.72	24
青海	1.82	27	0.17	30	6.29	27	4.79	28
宁夏	1.17	28	0.72	28	5.32	28	5.51	27
新疆	3.13	26	3.85	24	15.73	26	18.95	26

1-57 总　量　指　标

地区	化学纤维产量（万吨）				纱产量（万吨）			
	1990年		1991年		1990年		1991年	
	指标值	位次	指标值	位次	指标值	位次	指标值	位次
北京	3.98	10	4.00	11	7.67	18	7.66	18
天津	7.47	7	7.81	7	11.69	14	11.23	15
河北	2.59	15	2.93	15	33.55	5	34.04	5
山西	1.98	18	2.45	17	9.42	16	9.70	16
内蒙古	0.74	24	0.75	24	2.40	25	2.41	25
辽宁	15.59	3	15.77	3	19.71	8	19.76	8
吉林	3.03	14	3.17	14	4.97	22	5.38	22
黑龙江	9.64	5	11.08	6	7.15	19	7.57	19
上海	25.74	2	26.59	2	34.07	4	35.25	4
江苏	40.76	1	48.15	1	69.46	1	56.20	2
浙江	8.53	6	12.07	5	20.13	7	20.31	7
安徽	1.23	23	1.59	23	17.52	9	18.56	9
福建	3.13	13	3.40	13	5.48	21	5.77	21
江西	2.00	17	2.37	18	8.07	17	8.67	17
山东	4.08	9	5.29	10	64.28	2	60.42	1
河南	6.37	8	6.83	8	31.45	6	31.95	6
湖北	2.48	16	2.89	16	34.85	3	36.93	3
湖南	3.51	12	3.99	12	11.73	13	14.45	12
广东	11.58	4	15.18	4	12.11	12	11.79	14
广西	1.37	21	1.61	22	6.48	20	6.96	20
海南	1.54	19	1.65	21	0.32	29	0.30	29
四川	3.80	11	5.92	9	15.13	11	16.75	10
贵州	0.31	27	0.42	26	2.47	24	2.48	24
云南	0.51	25	0.58	25	4.03	23	4.17	23
西藏								
陕西	1.50	20	2.14	19	15.46	10	15.65	11
甘肃	1.34	22	1.78	20	1.81	26	1.87	26
青海					0.51	27	0.54	27
宁夏	0.34	26	0.36	27	0.47	28	0.48	28
新疆	0.28	28	0.26	28	10.19	15	13.58	13

1-58 总 量 指 标

地区	布产量（亿米）				呢绒产量（万米）			
	1990年		1991年		1990年		1991年	
	指标值	位次	指标值	位次	指标值	位次	指标值	位次
北京	3.13	16	3.15	16	1 435.20	6	1 425.80	6
天津	4.92	12	4.68	13	1 322.30	7	1 253.00	8
河北	12.69	6	12.52	6	696.81	13	778.07	12
山西	4.29	15	4.25	15	230.90	20	267.71	19
内蒙古	1.08	24	1.08	24	1 041.85	10	1 119.27	9
辽宁	6.48	11	6.37	11	1 839.58	5	1 781.07	5
吉林	1.97	21	1.93	21	668.45	14	639.35	13
黑龙江	2.47	19	2.58	19	703.33	12	558.79	15
上海	14.90	4	14.63	3	3 274.82	2	3 049.81	3
江苏	28.91	1	27.01	1	7 316.00	1	8 719.00	1
浙江	15.66	3	13.53	5	2 749.00	3	3 166.00	2
安徽	6.73	10	6.66	10	290.42	19	276.46	18
福建	2.26	20	2.11	20	104.37	23	109.67	25
江西	3.06	17	2.79	17	149.00	22	221.00	22
山东	21.63	2	21.13	2	1 960.00	4	2 069.00	4
河南	11.17	7	10.62	7	1 046.34	9	1 077.61	10
湖北	14.09	5	14.12	4	552.17	15	446.77	17
湖南	4.65	13	4.29	14	45.00	27	54.73	26
广东	4.59	14	4.80	12	430.80	18	264.05	20
广西	1.77	23	1.80	22	98.58	25	110.43	24
海南	0.02	29	0.04	29				
四川	8.15	8	8.43	8	508.40	16	533.59	16
贵州	1.02	25	0.89	25	16.74	28	32.04	28
云南	1.80	22	1.73	23	52.17	26	51.00	27
西藏					13.63	29	15.52	29
陕西	7.29	9	6.98	9	477.04	17	566.54	14
甘肃	0.68	26	0.52	26	978.62	11	942.58	11
青海	0.22	27	0.21	27	169.72	21	231.50	21
宁夏	0.12	28	0.11	28	103.23	24	112.88	23
新疆	3.00	18	2.79	18	1 230.37	8	1 267.50	7

1-59 总 量 指 标

地 区	机制纸及纸板产量（万吨）				自行车产量（万辆）			
	1990年		1991年		1990年		1991年	
	指标值	位次	指标值	位次	指标值	位次	指标值	位次
北 京	25.41	21	27.20	19				
天 津	26.75	19	27.18	20	536.69	2	474.23	3
河 北	88.75	4	101.69	4	43.94	14	68.05	13
山 西	35.44	17	33.91	18	17.80	20	33.24	17
内蒙古	13.59	23	15.05	23	1.91	24	0.77	24
辽 宁	77.50	6	75.10	8	97.21	8	85.48	12
吉 林	57.02	10	60.30	10	28.68	16	26.53	18
黑龙江	53.53	11	50.56	12	21.34	19	26.49	19
上 海	46.49	13	47.08	13	760.63	1	764.21	1
江 苏	74.82	8	80.62	7	400.21	3	472.73	4
浙 江	78.52	5	92.48	5	197.00	5	254.35	5
安 徽	38.36	16	42.65	16	70.52	11	113.18	8
福 建	52.09	12	55.06	11	44.07	13	66.85	14
江 西	25.59	20	26.36	21	27.74	17	52.33	15
山 东	116.11	2	129.26	2	175.68	6	193.81	6
河 南	148.41	1	168.28	1	75.72	9	104.10	10
湖 北	43.03	14	46.29	14	125.41	7	167.58	7
湖 南	64.89	9	61.32	9	72.00	10	90.86	11
广 东	104.13	3	115.33	3	296.30	4	477.62	2
广 西	33.50	18	42.21	17	63.21	12	107.72	9
海 南	0.37	29	0.63	29				
四 川	77.44	7	81.28	6	26.40	18	22.99	20
贵 州	6.21	27	6.45	27				
云 南	15.43	22	17.46	22	34.03	15	44.02	16
西 藏								
陕 西	41.75	15	44.65	15	4.43	23	14.99	21
甘 肃	10.23	24	11.06	24	8.65	22	1.68	23
青 海	0.71	28	0.78	28				
宁 夏	6.68	26	8.35	26				
新 疆	9.09	25	10.17	25	12.00	21	13.00	22

1-60 总　量　指　标

地区	合成洗涤剂产量（万吨）				食用植物油产量（万吨）			
	1990年		1991年		1990年		1991年	
	指标值	位次	指标值	位次	指标值	位次	指标值	位次
北京	6.40	11	5.65	11	2.62	25	2.75	26
天津	8.54	8	9.34	6	2.31	27	2.71	27
河北	3.77	15	3.81	15	22.91	8	21.92	12
山西	6.90	10	5.79	10	5.38	21	6.54	21
内蒙古	1.19	24	0.95	25	16.65	13	13.64	16
辽宁	5.35	12	4.25	14	19.82	11	27.88	8
吉林	3.53	16	2.03	20	21.60	9	23.97	10
黑龙江	2.45	20	2.01	21	36.87	5	39.43	6
上海	10.51	4	11.50	4	13.42	15	14.71	14
江苏	14.39	1	15.44	1	53.47	2	59.57	2
浙江	2.54	19	2.73	17	18.77	12	24.59	9
安徽	7.47	9	7.88	9	41.46	4	43.34	5
福建	0.13	27	0.21	27	2.46	26	2.90	25
江西	1.71	23	2.17	19	12.55	16	12.88	17
山东	12.89	2	12.01	3	72.81	1	105.42	1
河南	9.23	6	8.93	7	31.93	7	35.79	7
湖北	12.14	3	9.64	5	34.52	6	49.90	4
湖南	4.50	14	4.45	13	20.86	10	22.35	11
广东	10.51	5	12.25	2	9.79	18	14.32	15
广西	3.42	17	3.76	16	4.55	22	5.78	22
海南	0.10	28	0.12	28	0.14	30	0.26	29
四川	8.88	7	8.31	8	48.17	3	55.00	3
贵州			0.11	29	10.73	17	11.61	18
云南	4.96	13	4.88	12	2.64	24	3.24	23
西藏					0.19	29	0.16	30
陕西	3.04	18	2.63	18	8.65	20	10.28	19
甘肃	2.38	21	1.62	23	8.68	19	8.63	20
青海	1.19	25	0.83	26	2.65	23	3.01	24
宁夏	1.13	26	0.99	24	2.19	28	2.43	28
新疆	2.16	22	1.88	22	15.33	14	19.31	13

1-61 总 量 指 标

地区	罐头产量（万吨）				饮料酒产量（万吨）			
	1990年		1991年		1990年		1991年	
	指标值	位次	指标值	位次	指标值	位次	指标值	位次
北京	1.17	24	1.03	25	34.56	14	43.81	14
天津	2.07	20	2.52	19	9.28	25	10.75	25
河北	8.78	6	9.94	6	73.16	7	84.70	7
山西	2.31	19	2.19	20	14.19	23	15.24	23
内蒙古	0.78	26	0.69	26	25.78	19	28.63	17
辽宁	5.79	9	7.55	8	77.07	6	85.27	6
吉林	1.87	21	1.95	21	54.45	11	62.42	11
黑龙江	2.85	17	3.11	18	85.62	5	86.77	5
上海	4.97	11	4.86	14	26.18	17	27.13	18
江苏	8.42	7	8.52	7	94.29	4	100.63	4
浙江	19.51	1	25.65	1	141.62	2	151.84	2
安徽	4.93	12	6.81	9	54.16	12	59.05	12
福建	14.41	5	18.97	4	39.11	13	46.13	13
江西	3.01	16	3.83	17	31.39	16	34.29	15
山东	18.08	2	14.91	5	178.51	1	209.78	1
河南	4.06	13	5.15	13	63.41	9	67.57	9
湖北	3.25	14	6.78	11	61.89	10	66.10	10
湖南	3.20	15	5.47	12	33.08	15	29.89	16
广东	5.07	10	6.80	10	65.73	8	80.72	8
广西	14.44	4	20.06	3	26.14	18	26.80	19
海南	2.46	18	4.82	15	1.07	29	1.22	29
四川	15.20	3	22.35	2	112.22	3	122.39	3
贵州	0.09	28	0.26	28	20.80	20	26.38	20
云南	1.07	25	1.19	23	17.01	22	18.87	22
西藏					0.05	30	0.16	30
陕西	1.32	23	1.45	22	19.26	21	21.89	21
甘肃	1.57	22	1.05	24	9.26	26	10.59	26
青海	0.08	29	0.11	29	1.75	28	2.67	28
宁夏	0.38	27	0.31	27	2.63	27	2.92	27
新疆	6.00	8	4.62	16	11.86	24	14.30	24

1-62 总 量 指 标

地区	卷烟产量（万箱）				电视机产量（万台）			
	1990年		1991年		1990年		1991年	
	指标值	位次	指标值	位次	指标值	位次	指标值	位次
北京	15.76	25	16.52	25	76.07	11	91.55	10
天津	28.00	22	20.00	24	143.93	5	140.27	6
河北	118.53	11	117.00	11	17.78	22	25.75	19
山西	24.17	24	21.79	23	11.46	27	4.51	27
内蒙古	29.02	21	28.20	21	38.45	16	28.61	17
辽宁	50.64	19	42.84	20	115.06	8	59.62	12
吉林	63.94	18	62.64	18	28.71	19	21.43	20
黑龙江	70.63	17	66.43	17	12.45	26	13.11	24
上海	82.00	14	82.00	13	465.50	2	458.92	2
江苏	89.45	13	79.00	14	490.61	1	510.53	1
浙江	81.88	15	76.43	16	125.38	7	166.91	4
安徽	216.05	6	207.93	6	72.58	12	101.35	9
福建	76.41	16	76.93	15	135.52	6	135.63	7
江西	47.02	20	49.58	19	43.88	14	48.90	13
山东	236.12	4	221.27	5	76.29	10	75.47	11
河南	291.49	2	293.68	2	35.49	17	29.94	16
湖北	216.19	5	221.44	4	41.10	15	27.33	18
湖南	264.85	3	260.93	3	52.93	13	35.23	15
广东	150.58	9	150.97	9	327.60	3	360.96	3
广西	108.45	12	100.65	12	18.01	21	17.66	22
海南	7.07	27	8.00	27	14.43	23	11.50	25
四川	178.16	8	196.00	7	150.46	4	142.65	5
贵州	207.99	7	194.00	8	32.95	18	37.33	14
云南	448.25	1	437.49	1	13.04	24	14.97	23
西藏								
陕西	147.79	10	147.34	10	106.67	9	102.43	8
甘肃	27.96	23	28.00	22	25.46	20	17.71	21
青海	2.32	29	2.51	29				
宁夏	4.47	28	4.53	28	0.07	28	0.31	28
新疆	12.34	26	12.39	26	12.82	25	10.83	26

1-63 总　量　指　标

地区	原煤产量(亿吨)				发电量(亿千瓦小时)			
	1990年		1991年		1990年		1991年	
	指标值	位次	指标值	位次	指标值	位次	指标值	位次
北　京	0.10	20	0.10	20	125.36	22	131.78	22
天　津					95.03	25	90.27	25
河　北	0.62	5	0.61	5	368.97	4	410.66	4
山　西	2.86	1	2.92	1	314.16	9	341.38	9
内蒙古	0.48	8	0.49	8	169.54	17	189.04	16
辽　宁	0.51	7	0.52	7	435.83	2	446.51	2
吉　林	0.26	13	0.26	13	174.46	15	199.80	15
黑龙江	0.83	3	0.85	3	295.16	10	316.34	10
上　海					284.10	11	304.82	11
江　苏	0.24	14	0.25	14	404.47	3	441.20	3
浙　江	0.01	26	0.01	26	208.66	12	242.32	12
安　徽	0.32	12	0.31	12	194.21	14	215.52	14
福　建	0.09	22	0.09	22	136.65	19	151.76	19
江　西	0.20	17	0.21	16	121.41	23	129.96	23
山　东	0.60	6	0.61	6	446.37	1	496.40	1
河　南	0.91	2	0.90	2	319.14	8	356.49	7
湖　北	0.09	23	0.08	24	340.39	7	349.49	8
湖　南	0.34	10	0.33	10	201.40	13	221.25	13
广　东	0.09	24	0.09	23	343.98	5	394.93	5
广　西	0.10	21	0.10	21	125.62	21	135.55	21
海　南					13.96	29	16.47	29
四　川	0.68	4	0.69	4	342.64	6	379.58	6
贵　州	0.37	9	0.37	9	103.87	24	116.03	24
云　南	0.22	15	0.22	15	125.78	20	140.85	20
西　藏					3.30	30	3.45	30
陕　西	0.33	11	0.33	11	149.74	18	164.31	18
甘　肃	0.16	18	0.15	18	171.39	16	188.05	17
青　海	0.03	25	0.03	25	70.63	26	59.81	28
宁　夏	0.14	19	0.14	19	55.96	28	63.11	27
新　疆	0.21	16	0.21	17	69.79	27	78.34	26

1-64 总量指标

地区	生铁产量（万吨）				钢产量（万吨）			
	1990年		1991年		1990年		1991年	
	指标值	位次	指标值	位次	指标值	位次	指标值	位次
北京	359.95	7	389.34	7	443.70	5	499.66	5
天津	139.52	14	152.13	14	166.74	13	175.43	13
河北	521.25	3	590.03	3	383.69	6	420.38	6
山西	454.88	5	492.80	6	238.58	9	252.00	10
内蒙古	280.66	10	271.27	10	273.01	7	269.32	7
辽宁	1 145.52	1	1 227.82	1	1 216.27	1	1 262.51	1
吉林	71.21	18	73.73	20	74.60	20	83.64	21
黑龙江	59.62	22	59.20	24	95.19	17	99.65	17
上海	526.90	2	664.04	2	914.62	2	1 006.92	2
江苏	154.35	12	156.23	13	190.18	11	216.03	11
浙江	59.72	21	59.30	23	85.90	18	94.95	18
安徽	285.55	9	296.66	8	248.05	8	254.81	8
福建	62.60	20	63.66	22	51.66	23	56.47	23
江西	89.03	16	84.05	17	112.09	16	109.68	16
山东	287.70	8	293.50	9	226.98	10	252.12	9
河南	171.33	11	176.79	11	168.98	12	186.12	12
湖北	505.36	4	503.01	5	629.25	3	618.84	3
湖南	153.52	13	161.31	12	136.01	14	150.95	14
广东	80.64	17	82.78	18	116.96	15	128.07	15
广西	58.98	23	64.88	21	52.41	22	59.14	22
海南	2.35	28	2.24	28	0.10	29	0.19	29
四川	453.46	6	504.83	4	495.29	4	540.00	4
贵州	63.26	19	81.30	19	47.11	25	52.71	24
云南	119.81	15	123.98	15	80.15	19	93.62	19
西藏								
陕西	36.11	26	48.51	25	49.05	24	50.67	25
甘肃	48.93	24	95.57	16	66.93	21	85.46	20
青海					32.25	27	36.28	27
宁夏	5.54	27	5.00	27	2.59	28	3.78	28
新疆	40.57	25	41.31	26	36.49	26	40.57	26

1-65 总　量　指　标

地区	成品钢材产量（万吨）				水泥产量（万吨）			
	1990年		1991年		1990年		1991年	
	指标值	位次	指标值	位次	指标值	位次	指标值	位次
北　京	374.97	4	402.91	4	338.98	21	377.62	21
天　津	178.73	9	204.68	8	122.14	26	137.24	26
河　北	281.27	6	318.48	6	1 310.13	6	1 596.97	6
山　西	128.78	14	125.03	15	612.47	13	675.23	13
内蒙古	175.48	10	179.69	10	227.97	25	270.60	25
辽　宁	939.89	1	978.84	1	1 091.98	8	1 312.20	8
吉　林	61.97	20	67.45	20	374.54	19	473.16	19
黑龙江	79.35	18	87.69	18	472.74	16	553.57	18
上　海	609.59	2	738.08	2	230.30	24	297.85	24
江　苏	203.01	7	247.76	7	1 532.89	3	1 823.18	3
浙　江	81.35	17	92.63	17	1 340.26	5	1 622.00	5
安　徽	188.30	8	199.81	9	885.63	11	1 011.11	11
福　建	56.28	21	59.29	21	540.04	14	646.87	14
江　西	92.32	16	95.27	16	469.13	18	566.91	16
山　东	154.06	11	173.27	11	1 940.30	2	2 405.42	2
河　南	134.01	12	149.32	12	1 178.91	7	1 401.82	7
湖　北	533.07	3	536.33	3	987.00	10	1 122.80	10
湖　南	120.37	15	136.60	14	1 001.77	9	1 199.40	9
广　东	133.74	13	148.37	13	2 070.91	1	2 703.03	1
广　西	45.48	22	54.49	22	765.28	12	961.52	12
海　南	0.09	29	0.14	29	42.80	29	62.75	28
四　川	355.45	5	375.10	5	1 351.90	4	1 669.00	4
贵　州	25.36	27	31.87	26	278.29	23	308.13	23
云　南	68.97	19	83.77	19	470.73	17	565.19	17
西　藏					13.23	30	13.66	30
陕　西	31.36	24	32.56	25	530.25	15	591.66	15
甘　肃	38.60	23	50.66	23	358.38	20	409.14	20
青　海	28.31	26	29.48	27	51.42	28	57.77	29
宁　夏	4.75	28	4.87	28	95.74	27	97.29	27
新　疆	28.48	25	33.81	24	284.97	22	327.83	22

1-66 总 量 指 标

地区	木材产量（万立方米）				化肥产量（万吨）			
	1990年		1991年		1990年		1991年	
	指标值	位次	指标值	位次	指标值	位次	指标值	位次
北京	2.30	28	5.98	28	9.22	26	6.94	28
天津					7.22	27	7.85	27
河北	29.84	20	50.23	19	128.51	6	130.24	6
山西	26.01	22	21.90	25	71.94	10	80.11	10
内蒙古	525.96	3	483.87	4	13.48	25	12.50	25
辽宁	85.58	14	91.12	15	63.37	13	60.32	13
吉林	598.04	2	563.15	2	30.15	20	29.05	23
黑龙江	1 498.81	1	1 357.64	1	35.99	18	39.37	18
上海		30		30	28.85	21	27.84	24
江苏	8.57	26	44.32	20	145.90	2	147.33	3
浙江	154.99	11	189.39	12	68.85	11	74.88	11
安徽	50.76	18	53.98	18	106.63	8	113.97	8
福建	465.15	4	487.95	3	43.64	16	44.09	17
江西	262.45	6	247.34	8	31.07	19	32.49	21
山东	143.18	12	146.48	13	142.93	3	143.78	4
河南	19.81	25	190.40	11	140.58	4	156.50	2
湖北	93.49	13	135.09	14	132.07	5	135.98	5
湖南	247.71	7	264.33	6	119.91	7	125.71	7
广东	211.56	10	233.62	10	67.58	12	69.90	12
广西	234.63	9	237.96	9	41.35	17	44.34	16
海南	22.50	23	37.09	22	0.73	29	0.73	29
四川	376.12	5	430.81	5	179.40	1	187.20	1
贵州	51.92	17	64.33	17	44.25	15	51.50	15
云南	244.86	8	262.21	7	90.32	9	95.72	9
西藏	20.82	24	20.57	26				
陕西	73.04	15	72.20	16	47.85	14	53.92	14
甘肃	53.91	16	42.21	21	26.67	24	33.12	20
青海	7.07	27	7.47	27	4.73	28	9.89	26
宁夏	27.65	21	29.97	24	27.74	23	31.09	22
新疆	34.27	19	35.72	23	28.76	22	33.17	19

1-67 总 量 指 标

地区	塑料产量（万吨）				金属切削机床产量（万台）			
	1990年		1991年		1990年		1991年	
	指标值	位次	指标值	位次	指标值	位次	指标值	位次
北京	40.57	1	42.79	1	0.55	7	0.62	7
天津	11.67	7	13.08	7	0.09	24	0.09	24
河北	5.11	9	6.54	10	0.17	16	0.25	15
山西	1.82	19	1.97	20	0.17	17	0.20	18
内蒙古	0.45	24	0.59	26	0.04	26	0.08	25
辽宁	13.99	6	24.26	6	1.57	3	1.77	3
吉林	5.00	10	6.81	9	0.10	23	0.11	22
黑龙江	23.90	5	29.20	5	0.15	18	0.23	16
上海	25.35	4	33.91	4	1.38	5	1.46	4
江苏	30.23	2	36.09	2	1.59	2	2.12	2
浙江	4.76	11	6.07	11	2.03	1	3.25	1
安徽	2.95	15	3.28	17	0.37	12	0.42	12
福建	4.41	12	4.96	12	0.13	19	0.15	20
江西	1.15	22	1.98	19	0.47	9	0.47	11
山东	28.69	3	34.29	3	1.41	4	1.43	5
河南	2.93	16	3.86	15	0.12	22	0.20	19
湖北	3.03	14	3.69	16	0.51	8	0.53	9
湖南	2.93	17	4.14	14	0.19	15	0.22	17
广东	3.27	13	4.83	13	0.67	6	0.69	6
广西	1.28	20	1.61	23	0.20	14	0.36	13
海南								
四川	2.59	18	3.17	18	0.39	11	0.60	8
贵州	0.11	26	0.23	28	0.04	27	0.05	27
云南	0.85	23	0.87	25	0.45	10	0.51	10
西藏								
陕西	1.26	21	1.36	24	0.32	13	0.29	14
甘肃	8.17	8	9.64	8	0.05	25	0.06	26
青海	0.07	27	1.66	21	0.13	20	0.11	23
宁夏	0.44	25	0.45	27	0.13	21	0.12	21
新疆	0.01	28	1.66	22	0.02	28	0.02	28

1-68 总　量　指　标

地　区	汽车产量（万辆）				工业部门能源消费总量（万吨标准煤）			
	1990年		1991年		1989年		1990年	
	指标值	位次	指标值	位次	指标值	位次	指标值	位次
北　京	8.82	2	10.97	2	1 700	16	1 686	16
天　津	2.70	7	4.47	5	1 325	20	1 356	20
河　北	0.85	13	1.68	11	4 182	5	4 170	4
山　西	0.04	24	0.08	23	3 475	6	3 485	6
内蒙古			0.01	26	1 427	17	1 562	17
辽　宁	2.44	8	4.20	7	5 895	1	5 879	1
吉　林	7.33	3	9.23	3	2 201	13	2 282	13
黑龙江	0.54	15	1.04	14	3 155	8	3 180	8
上　海	2.81	5	4.44	6	2 380	12	2 445	12
江　苏	4.63	4	6.40	4	4 235	4	4 165	5
浙　江	0.53	16	0.80	17	1 870	15	1 897	15
安　徽	0.28	19	0.53	18	1 998	14	2 070	14
福　建	0.07	22	0.18	22	941	26	970	26
江　西	0.97	12	1.44	12	1 281	21	1 264	22
山　东	0.99	11	1.20	13	4 583	2	4 854	2
河　南	0.33	18	0.36	21	3 203	7	3 325	7
湖　北	11.38	1	12.95	1	3 013	9	2 983	9
湖　南	0.35	17	0.90	16	2 719	11	2 752	11
广　东	1.12	10	2.15	10	2 868	10	2 855	10
广　西	1.45	9	2.38	9	944	25	1 000	25
海　南			0.02	25			52	29
四　川	2.75	6	4.04	8	4 276	3	4 216	3
贵　州	0.16	21	0.42	20	1 183	22	1 220	23
云　南	0.61	14	0.96	15	1 149	23	1 346	21
西　藏								
陕　西	0.18	20	0.49	19	1 374	19	1 429	19
甘　肃			0.01	27	1 406	18	1 440	18
青　海	0.05	23	0.05	24	363	28	372	28
宁　夏					448	27	516	27
新　疆					1 013	24	1 154	24

1-69 总 量 指 标

地区	工业部门电力消费量（亿千瓦小时）				物资系统职工人数（万人）			
	1989年		1990年		1990年		1991年	
	指标值	位次	指标值	位次	指标值	位次	指标值	位次
北京	112.59	18	122.40	18	1.57	19	1.57	20
天津	94.54	20	97.78	20	2.97	16	2.92	16
河北	265.85	4	270.06	5	6.12	6	6.54	6
山西	205.35	11	210.33	11	2.55	18	2.84	18
内蒙古	88.79	22	95.28	24	3.57	11	3.78	11
辽宁	372.97	1	385.56	1	10.63	1	11.11	1
吉林	145.08	14	150.59	14	5.32	7	5.49	7
黑龙江	217.19	8	217.64	10	8.73	3	9.13	3
上海	207.36	10	220.97	9	3.54	12	3.53	14
江苏	308.07	3	320.17	3	10.28	2	10.70	2
浙江	168.98	13	179.01	13	4.59	9	4.94	9
安徽	139.52	15	145.58	15	3.41	14	3.70	12
福建	92.48	21	97.71	21	1.22	23	1.27	22
江西	97.06	19	99.05	19	1.43	20	1.58	19
山东	329.93	2	353.30	2	7.57	5	8.16	5
河南	264.96	6	269.50	6	7.79	4	8.23	4
湖北	216.31	9	223.84	8	5.23	8	5.48	8
湖南	176.03	12	180.55	12	2.69	17	2.86	17
广东	231.15	7	266.66	7	3.44	13	3.64	13
广西	85.68	24	96.30	23	1.30	21	1.10	24
海南	4.38	29	8.18	29	0.31	29	0.32	29
四川	265.09	5	273.82	4	3.62	10	3.84	10
贵州	83.14	25	83.40	25	1.11	24	1.09	25
云南	86.03	23	97.14	22	1.06	25	1.15	23
西藏	0.36	30	0.34	30	0.09	30	0.09	30
陕西	122.03	17	126.07	17	3.04	15	3.29	15
甘肃	138.07	16	142.67	16	1.26	22	1.56	21
青海	35.53	28	37.80	28	0.43	27	0.44	27
宁夏	42.41	27	46.08	27	0.40	28	0.43	28
新疆	44.20	26	49.06	26	0.70	26	0.77	26

1-70 总 量 指 标

地区	物资系统销售网点（个）				物资系统购进额（亿元）			
	1990年		1991年		1990年		1991年	
	指标值	位次	指标值	位次	指标值	位次	指标值	位次
北京	433	25	454	25	41.92	15	50.80	16
天津	678	21	715	22	27.21	22	34.84	21
河北	2 909	4	3 141	4	120.25	6	159.66	6
山西	1 167	17	1 264	17	50.24	12	54.10	15
内蒙古	1 239	16	1 489	16	24.93	23	29.31	23
辽宁	3 380	3	3 398	3	135.07	5	176.93	4
吉林	1 617	13	1 760	13	36.62	17	42.52	18
黑龙江	2 563	6	2 662	7	47.20	13	59.87	13
上海	2 156	8	2 177	10	145.13	4	172.29	5
江苏	4 060	1	4 260	2	359.22	1	422.96	1
浙江	2 073	9	2 439	8	156.28	3	230.55	3
安徽	1 624	12	1 911	11	44.23	14	61.85	12
福建	550	24	609	24	33.41	19	44.44	17
江西	645	22	825	21	28.85	20	37.29	20
山东	3 989	2	4 395	1	224.36	2	303.89	2
河南	2 715	5	3 052	5	73.67	10	93.15	10
湖北	1 932	10	2 185	9	102.13	8	128.42	8
湖南	1 314	15	1 606	15	53.80	11	69.05	11
广东	1 715	11	1 877	12	103.84	7	148.02	7
广西	768	19	1 120	18	38.30	16	54.14	14
海南	204	28	193	28	3.69	29	4.96	29
四川	2 225	7	2 797	6	87.31	9	106.72	9
贵州	708	20	845	19	14.12	26	16.94	26
云南	588	23	646	23	27.88	21	34.20	22
西藏	20	30	20	30	2.35	30	2.35	30
陕西	1 437	14	1 671	14	35.94	18	41.13	19
甘肃	787	18	837	20	20.67	24	23.71	24
青海	105	29	134	29	5.52	28	5.88	28
宁夏	231	27	257	27	6.71	27	7.56	27
新疆	369	26	399	26	16.66	25	22.11	25

1-71 总 量 指 标

地区	物资系统销售额（亿元）				物资系统库存额（亿元）			
	1990年		1991年		1990年		1991年	
	指标值	位次	指标值	位次	指标值	位次	指标值	位次
北京	45.01	15	53.78	16	8.99	13	8.11	14
天津	30.82	22	40.45	20	6.69	17	5.94	18
河北	130.98	6	171.70	6	17.94	5	18.42	6
山西	54.00	12	58.98	14	10.69	11	10.61	13
内蒙古	28.19	23	34.19	23	6.00	19	5.85	20
辽宁	148.93	5	193.33	4	19.01	4	18.74	5
吉林	40.50	17	47.08	18	7.09	15	11.06	11
黑龙江	52.87	13	66.55	13	10.17	12	10.97	12
上海	168.95	3	192.85	5	23.80	2	22.78	2
江苏	381.43	1	448.13	1	31.81	1	32.50	1
浙江	166.85	4	238.28	3	17.40	6	21.23	3
安徽	50.67	14	67.80	12	6.53	18	7.49	15
福建	36.26	19	47.32	17	4.91	22	5.18	21
江西	31.30	20	40.17	21	4.17	24	4.15	25
山东	243.26	2	323.14	2	21.20	3	21.01	4
河南	81.00	10	100.96	10	13.85	9	15.13	8
湖北	110.80	8	138.80	8	14.56	8	14.23	9
湖南	58.47	11	74.43	11	7.31	14	6.82	16
广东	113.82	7	158.12	7	16.51	7	16.82	7
广西	42.12	16	57.90	15	5.94	20	5.88	19
海南	4.47	29	6.31	29	1.96	27	1.46	29
四川	92.20	9	115.34	9	12.76	10	12.03	10
贵州	15.45	26	18.31	26	2.52	26	2.39	26
云南	30.99	21	37.26	22	4.62	23	5.08	22
西藏	2.82	30	2.82	30	1.35	30	1.35	30
陕西	39.82	18	45.96	19	6.76	16	6.53	17
甘肃	21.79	24	26.00	24	5.67	21	5.01	23
青海	6.38	28	6.86	28	1.83	29	1.56	28
宁夏	7.27	27	8.54	27	1.95	28	1.57	27
新疆	18.56	25	23.61	25	3.85	25	4.25	24

1-72 总 量 指 标

地区	物资系统周转天数（天/年）				全民所有制单位交通运输邮电通讯业职工人数（万人）			
	1990年		1991年		1990年		1991年	
	指标值	位次	指标值	位次	指标值	位次	指标值	位次
北京	73	9	55	11	17.00	19	17.86	19
天津	79	6	54	13	11.50	25	11.64	25
河北	50	21	39	20	28.10	9	29.20	9
山西	72	10	66	7	21.40	12	21.94	12
内蒙古	78	7	62	9	18.90	14	19.58	14
辽宁	47	25	35	26	36.90	2	37.79	3
吉林	64	12	86	2	19.90	13	21.00	13
黑龙江	70	11	60	10	32.00	4	33.42	4
上海	51	18	43	17	25.30	10	25.25	10
江苏	30	30	26	29	31.70	5	32.77	5
浙江	38	28	33	27	17.90	17	18.77	16
安徽	47	26	40	18	18.60	15	18.89	15
福建	49	22	40	19	14.90	23	14.70	23
江西	49	23	38	22	15.10	21	15.81	21
山东	32	29	24	30	30.00	8	30.81	8
河南	62	13	55	12	30.20	7	31.63	6
湖北	48	24	37	24	30.40	6	31.40	7
湖南	46	27	33	28	24.00	11	24.35	11
广东	53	17	39	21	36.50	3	38.24	2
广西	51	19	37	25	16.80	20	17.76	20
海南	160	2	84	3	3.60	28	3.67	28
四川	51	20	38	23	40.60	1	41.37	1
贵州	60	15	48	16	11.40	26	11.33	26
云南	54	16	50	15	18.00	16	18.12	17
西藏	175	1	175	1	2.00	30	2.02	29
陕西	62	14	52	14	17.50	18	18.06	18
甘肃	95	5	70	5	13.10	24	13.61	24
青海	105	3	83	4	4.50	27	4.53	27
宁夏	98	4	67	6	3.10	29	2.00	30
新疆	76	8	66	8	15.10	22	15.80	22

1-73 总 量 指 标

地区	中央铁路营业里程（公里）				中央铁路正线延展里程（公里）			
	1990年		1991年		1990年		1991年	
	指标值	位次	指标值	位次	指标值	位次	指标值	位次
北京	1 009.2	22	1 011.4	22	1 596.0	18	1 586.4	18
天津	456.3	26	470.4	26	785.9	26	802.2	26
河北	2 967.3	5	2 977.2	5	4 791.8	4	4 812.8	4
山西	2 329.6	7	2 332.0	7	3 400.0	7	3 395.8	7
内蒙古	5 081.6	1	5 081.5	1	5 697.6	2	5 745.3	2
辽宁	3 562.9	3	3 562.6	3	4 934.4	3	4 940.3	3
吉林	3 472.1	4	3 472.7	4	3 770.4	5	3 799.0	5
黑龙江	4 994.0	2	4 997.2	2	6 483.1	1	6 520.1	1
上海	259.0	28	259.0	28	355.8	28	388.9	28
江苏	748.4	24	748.4	24	1 249.5	21	1 292.3	21
浙江	868.1	23	871.3	23	1 100.1	24	1 149.7	23
安徽	1 543.9	17	1 544.5	17	2 095.7	14	2 101.5	14
福建	1 021.2	21	1 015.2	21	1 033.6	25	1 028.0	25
江西	1 581.3	16	1 581.6	16	1 794.2	16	1 847.0	15
山东	2 040.8	11	2 042.1	11	3 033.0	8	3 034.0	8
河南	2 087.8	10	2 084.9	10	3 695.9	6	3 798.0	6
湖北	1 673.1	13	1 690.1	13	2 139.6	13	2 153.0	13
湖南	2 272.8	8	2 271.3	8	2 897.5	9	2 900.0	9
广东	679.6	25	684.4	25	1 185.8	22	1 188.0	22
广西	1 665.7	14	1 665.8	14	1 808.8	15	1 809.0	16
海南	219.0	29	219.0	29	238.2	29	238.0	29
四川	2 876.6	6	2 876.6	6	2 877.7	10	2 878.0	10
贵州	1 420.0	18	1 419.4	18	1 480.7	19	1 481.0	19
云南	1 635.3	15	1 625.2	15	1 633.4	17	1 640.0	17
西藏								
陕西	1 845.2	12	1 826.1	12	2 189.8	12	2 184.0	12
甘肃	2 201.3	9	2 219.4	9	2 332.2	11	2 352.0	11
青海	1 094.7	20	1 094.7	20	1 104.2	23	1 105.0	24
宁夏	428.4	27	428.5	27	446.4	27	447.0	27
新疆	1 342.5	19	1 342.5	19	1 397.9	20	1 399.0	20

1-74 总 量 指 标

地 区	公路里程（公里）				公路有路面里程（公里）			
	1990年		1991年		1990年		1991年	
	指标值	位次	指标值	位次	指标值	位次	指标值	位次
北 京	9 648	27	10 259	27	9 302	25	9 982	25
天 津	4 007	29	4 068	29	3 571	29	3 632	29
河 北	43 640	7	45 464	7	32 486	14	36 429	10
山 西	30 784	18	31 040	18	23 144	21	23 478	21
内蒙古	43 274	8	43 396	9	33 209	12	33 427	13
辽 宁	40 109	12	40 195	12	37 869	6	38 308	7
吉 林	26 468	21	27 110	21	18 417	23	20 545	23
黑龙江	47 204	6	47 188	6	42 017	5	42 419	5
上 海	3 050	30	3 165	30	3 050	30	3 165	30
江 苏	24 772	23	24 929	23	23 715	20	24 026	20
浙 江	28 561	20	29 218	20	28 561	17	29 218	16
安 徽	30 126	19	30 448	19	28 652	16	29 015	17
福 建	41 011	10	41 745	11	36 630	9	37 411	9
江 西	33 203	16	33 222	16	33 162	13	33 181	14
山 东	40 772	11	41 937	10	37 128	8	39 212	6
河 南	43 150	9	44 199	8	34 236	11	35 665	11
湖 北	47 511	5	47 661	5	37 614	7	38 172	8
湖 南	57 460	2	57 693	3	56 301	2	56 724	2
广 东	54 671	4	55 307	4	46 850	4	47 161	4
广 西	36 214	14	36 660	14	35 100	10	35 532	12
海 南	12 893	26	12 922	26	6 064	28	6 099	28
四 川	97 234	1	98 122	1	90 424	1	91 407	1
贵 州	31 157	17	31 588	17	30 860	15	31 588	15
云 南	56 536	3	58 123	2	52 319	3	53 939	3
西 藏	21 842	24	21 842	24	6 240	27	7 685	27
陕 西	37 986	13	38 193	13	26 435	19	26 806	19
甘 肃	34 708	15	34 776	15	27 441	18	27 668	18
青 海	16 732	25	16 769	25	14 212	24	14 249	24
宁 夏	8 200	28	8 200	28	6 900	26	7 744	26
新 疆	25 425	22	25 697	22	21 555	22	22 046	22

1-75 总　量　指　标

地　区	全社会铁路货运量（万吨）				全社会公路货运量（万吨）			
	1990年		1991年		1990年		1991年	
	指标值	位次	指标值	位次	指标值	位次	指标值	位次
北　京	3 118	15	3 048	15	30 095	9	30 185	8
天　津	2 228	21	2 290	21	17 157	20	17 902	20
河　北	11 694	4	11 623	4	44 261	4	44 890	4
山　西	23 284	1	23 503	1	40 577	5	36 150	7
内蒙古	6 953	7	7 100	7	19 767	19	18 215	19
辽　宁	14 277	2	14 623	2	56 105	2	55 553	2
吉　林	6 152	9	6 373	9	21 568	18	23 485	16
黑龙江	13 235	3	13 479	3	24 594	14	21 635	18
上　海	1 257	27	1 311	27	24 240	15	25 171	14
江　苏	4 235	13	4 078	14	27 547	12	26 404	13
浙　江	1 691	24	1 733	24	22 867	17	23 889	15
安　徽	4 375	12	4 501	12	25 364	13	28 734	11
福　建	1 902	23	1 988	23	23 574	16	22 289	17
江　西	2 605	18	2 607	18	13 863	22	10 637	24
山　东	8 213	6	8 399	6	31 346	8	37 158	6
河　南	9 108	5	9 289	5	28 824	10	29 319	10
湖　北	4 058	14	4 110	13	35 429	6	38 736	5
湖　南	4 781	10	4 787	10	28 773	11	29 903	9
广　东	4 437	11	4 734	11	63 767	1	69 784	1
广　西	2 681	17	2 730	17	14 162	21	14 134	21
海　南	423	29	356	29	5 783	27	6 699	27
四　川	6 384	8	6 592	8	45 363	3	46 417	3
贵　州	2 315	20	2 365	20	12 917	23	12 515	22
云　南	2 157	22	2 149	22	32 710	7	28 160	12
西　藏					689	30	540	30
陕　西	3 106	16	2 995	16	9 706	25	10 103	25
甘　肃	2 536	19	2 544	19	10 819	24	10 707	23
青　海	454	28	502	28	2 429	28	2 462	28
宁　夏	1 465	26	1 420	26	2 168	29	2 316	29
新　疆	1 558	25	1 663	25	7 386	26	10 053	26

1-76 总 量 指 标

地区	全社会铁路货物周转量（亿吨公里）				全社会公路货物周转量（亿吨公里）			
	1990年		1991年		1990年		1991年	
	指标值	位次	指标值	位次	指标值	位次	指标值	位次
北京	242.0	17	251.6	17	61.3	22	60.5	20
天津	234.1	18	240.5	18	62.1	21	45.8	25
河北	1 283.1	1	1 318.5	1	225.5	2	248.7	2
山西	479.4	8	488.8	8	201.7	4	201.8	5
内蒙古	517.8	7	515.7	7	102.6	15	94.9	17
辽宁	943.2	3	980.1	3	159.4	7	161.8	8
吉林	378.7	12	387.6	12	89.9	19	82.7	19
黑龙江	722.5	4	730.6	4	115.3	14	95.8	16
上海	38.6	27	38.8	27	37.3	26	39.1	26
江苏	297.4	15	301.7	15	154.3	8	166.2	7
浙江	144.4	22	150.0	22	100.7	16	116.4	13
安徽	434.3	10	446.4	10	133.0	10	148.0	10
福建	104.0	24	113.0	24	118.7	13	100.0	14
江西	204.5	19	211.4	19	74.3	20	56.4	22
山东	586.8	5	597.1	6	182.9	5	215.0	3
河南	1 043.8	2	1 065.1	2	164.2	6	169.5	6
湖北	437.6	9	455.7	9	132.9	11	133.4	12
湖南	577.2	6	610.4	5	132.0	12	148.7	9
广东	176.8	21	198.5	20	346.3	1	386.5	1
广西	242.1	16	255.2	16	97.7	17	93.2	18
海南	2.2	29	1.9	29	12.3	29	22.4	27
四川	380.6	11	397.6	11	212.7	3	207.5	4
贵州	179.7	20	187.0	21	51.5	25	46.6	24
云南	93.8	25	96.5	25	143.8	9	136.2	11
西藏					8.2	30	6.3	30
陕西	336.8	14	351.8	14	59.7	23	58.9	21
甘肃	338.6	13	361.8	13	54.1	24	55.1	23
青海	29.9	28	33.0	28	19.2	27	18.5	28
宁夏	63.9	26	59.3	26	12.6	28	12.8	29
新疆	108.7	23	126.4	23	90.3	18	97.4	15

1-77 总　量　指　标

地区	民用汽车拥有量（辆）				民用载客汽车拥有量（辆）			
	1990年		1991年		1990年		1991年	
	指标值	位次	指标值	位次	指标值	位次	指标值	位次
北　京	270 655	8	296 985	8	104 422	3	123 777	3
天　津	124 292	21	140 484	21	30 180	24	36 390	23
河　北	355 487	4	398 152	4	91 557	6	105 629	6
山　西	232 665	10	259 157	10	46 390	14	53 122	14
内蒙古	127 260	20	141 239	20	35 763	21	41 081	21
辽　宁	370 494	3	407 621	3	104 558	2	124 813	2
吉　林	162 738	13	157 714	17	46 192	15	49 479	15
黑龙江	257 759	9	273 279	9	70 480	9	77 845	9
上　海	147 692	17	158 227	16	54 586	11	62 180	11
江　苏	276 813	7	304 931	7	95 549	5	108 515	5
浙　江	155 611	14	171 971	13	52 104	12	54 650	13
安　徽	153 655	15	168 866	14	45 680	16	48 250	16
福　建	110 208	24	121 247	23	37 351	20	42 267	20
江　西	110 432	23	113 032	25	29 473	25	32 617	25
山　东	373 210	2	426 608	2	102 707	4	119 706	4
河　南	307 914	6	333 841	6	82 262	7	93 477	8
湖　北	203 177	11	215 218	11	60 849	10	70 375	10
湖　南	187 524	12	203 538	12	50 402	13	57 546	12
广　东	402 086	1	476 170	1	148 023	1	167 132	1
广　西	124 223	22	132 645	22	39 365	17	43 345	19
海　南	31 945	28	36 600	28	14 958	27	18 239	27
四　川	310 498	5	342 008	5	82 184	8	98 148	7
贵　州	94 505	26	101 943	26	27 752	26	31 550	26
云　南	150 734	16	167 501	15	38 896	19	44 062	18
西　藏	24 821	30	24 821	30	7 002	30	7 002	30
陕　西	140 248	18	150 067	18	39 299	18	46 799	17
甘　肃	105 084	25	115 292	24	31 463	23	35 091	24
青　海	40 771	27	43 195	27	11 208	28	11 600	28
宁　夏	30 982	29	33 363	29	8 744	29	9 510	29
新　疆	130 097	19	145 434	19	32 505	22	38 210	22

1-78 总 量 指 标

地区	民用载货汽车拥有量（辆）				民用私人汽车拥有量（辆）			
	1990年		1991年		1990年		1991年	
	指标值	位次	指标值	位次	指标值	位次	指标值	位次
北京	157 776	10	164 407	10	27 890	9	34 857	9
天津	89 299	19	98 986	18	3 134	30	4 936	29
河北	254 609	2	282 806	3	76 726	2	89 588	2
山西	177 637	8	196 157	7	46 540	5	53 313	5
内蒙古	87 161	20	95 489	19	18 106	18	22 054	18
辽宁	249 301	3	265 424	4	58 682	4	70 769	4
吉林	110 695	13	102 576	16	26 336	12	25 839	17
黑龙江	182 775	7	188 783	8	44 184	6	49 313	6
上海	79 192	21	83 623	21	3 755	29	3 814	30
江苏	169 665	9	185 657	9	13 952	21	15 657	22
浙江	98 385	16	111 602	15	21 266	17	27 216	16
安徽	103 387	15	114 398	14	27 101	10	32 888	10
福建	68 192	24	73 997	25	26 786	11	28 004	15
江西	74 424	23	74 060	24	13 967	20	15 850	21
山东	257 050	1	290 459	2	25 882	13	29 213	13
河南	215 590	6	230 569	6	76 456	3	81 243	3
湖北	134 564	11	136 090	12	12 578	23	13 573	23
湖南	131 929	12	140 256	11	37 095	7	42 053	8
广东	247 790	4	299 456	1	78 163	1	109 513	1
广西	78 965	22	82 935	22	25 614	14	30 361	11
海南	16 284	30	17 770	29	9 232	25	13 281	25
四川	217 521	5	233 090	5	36 947	8	43 399	7
贵州	62 598	26	66 210	26	14 996	19	16 888	19
云南	106 072	14	116 702	13	23 504	16	28 628	14
西藏	17 142	29	17 142	30	5 214	28	5 214	28
陕西	90 251	18	93 476	20	23 951	15	29 450	12
甘肃	67 945	25	74 197	23	11 591	24	13 320	24
青海	27 117	27	27 895	27	7 298	26	7 342	26
宁夏	21 041	28	22 570	28	6 024	27	6 695	27
新疆	90 427	17	99 390	17	13 203	22	16 128	20

1-79 总　量　指　标

地　区	私人载客汽车拥有量（辆）				私人载货汽车拥有量（辆）			
	1990年		1991年		1990年		1991年	
	指标值	位次	指标值	位次	指标值	位次	指标值	位次
北　京	15 511	6	20 331	5	12 379	18	14 526	17
天　津	1 788	26	3 041	24	1 336	30	1 885	30
河　北	26 129	1	31 225	1	50 485	3	58 251	2
山　西	10 450	8	13 738	8	35 863	5	39 330	5
内蒙古	3 780	20	5 271	18	14 269	17	16 712	15
辽　宁	21 679	3	31 088	2	36 937	4	39 601	4
吉　林	11 413	7	13 938	7	14 877	16	11 845	20
黑龙江	17 488	5	19 648	6	26 135	8	28 990	8
上　海	1 583	27	1 556	27	2 172	29	2 258	29
江　苏	7 891	11	8 449	13	6 058	24	7 199	25
浙　江	6 146	15	11 931	9	15 104	15	15 266	16
安　徽	5 537	17	7 920	16	21 548	9	24 924	9
福　建	8 826	9	8 336	14	17 940	12	19 554	13
江　西	2 895	23	3 902	22	11 052	20	11 941	19
山　东	8 033	10	10 879	10	17 376	13	18 309	14
河　南	19 681	4	23 747	4	56 775	1	57 496	3
湖　北	2 791	24	3 720	23	9 768	22	9 823	24
湖　南	7 133	12	8 965	12	29 932	7	33 063	7
广　东	23 288	2	29 142	3	54 864	2	80 241	1
广　西	6 335	14	7 527	17	19 168	11	22 719	11
海　南	3 925	19	2 515	26	5 100	26	10 766	22
四　川	5 865	16	8 123	15	30 849	6	34 851	6
贵　州	3 372	21	4 065	21	11 624	19	12 791	18
云　南	4 116	18	5 234	19	19 376	10	23 377	10
西　藏	307	30	307	30	4 894	27	4 894	28
陕　西	6 588	13	9 121	11	17 363	14	20 329	12
甘　肃	2 277	25	2 666	25	9 182	23	10 522	23
青　海	1 564	28	1 434	28	5 694	25	5 877	26
宁　夏	1 184	29	1 343	29	4 835	28	5 346	27
新　疆	3 109	22	4 439	20	10 047	21	11 480	21

1-80 总　量　指　标

地　区	邮电局所数（处）				邮路及农村投递路线总长度（公里）			
	1990年		1991年		1990年		1991年	
	指标值	位次	指标值	位次	指标值	位次	指标值	位次
北　京	479	25	485	25	69 273	27	70 671	26
天　津	281	27	280	27	49 805	28	44 935	28
河　北	2 443	9	2 411	9	177 595	13	176 635	14
山　西	1 813	13	1 817	13	146 251	21	147 487	21
内蒙古	1 638	16	1 645	16	174 421	14	175 279	15
辽　宁	1 608	17	1 610	18	166 139	17	181 930	11
吉　林	1 053	23	1 057	23	137 020	22	128 864	22
黑龙江	1 598	18	1 618	17	187 465	10	196 658	9
上　海	535	24	528	24	184 042	11	181 476	12
江　苏	2 983	3	2 991	3	290 254	2	291 476	2
浙　江	3 426	2	3 393	2	164 144	19	165 549	18
安　徽	2 541	8	2 608	7	178 575	12	179 809	13
福　建	2 070	11	2 180	11	173 321	15	167 587	17
江　西	1 876	12	1 888	12	168 564	16	169 648	16
山　东	2 647	5	2 672	5	266 547	4	269 308	4
河　南	2 810	4	2 830	4	230 244	7	227 068	7
湖　北	2 288	10	2 309	10	256 983	5	257 629	5
湖　南	2 612	6	2 585	8	284 366	3	286 053	3
广　东	2 573	7	2 619	6	239 059	6	242 223	6
广　西	1 416	19	1 428	19	165 212	18	163 222	19
海　南	406	26	412	26	72 395	25	71 927	25
四　川	6 707	1	6 750	1	443 295	1	443 119	1
贵　州	1 332	20	1 339	20	114 452	24	113 611	24
云　南	1 700	15	1 710	15	227 720	8	226 378	8
西　藏	119	30	120	30	71 403	26	70 160	27
陕　西	1 759	14	1 774	14	189 448	9	189 996	10
甘　肃	1 116	22	1 122	22	152 669	20	154 723	20
青　海	237	29	240	29	24 567	29	25 978	29
宁　夏	246	28	248	28	16 315	30	15 846	30
新　疆	1 317	21	1 337	21	119 616	23	116 836	23

1-81 总　量　指　标

地　区	长话电路（路）				电报电路（路）			
	1990年		1991年		1990年		1991年	
	指标值	位次	指标值	位次	指标值	位次	指标值	位次
北　京	8 189	5	11 057	6	348	19	341	21
天　津	3 127	17	3 248	19	114	27	111	27
河　北	5 177	9	7 362	8	560	6	551	7
山　西	2 488	20	2 874	20	462	10	465	10
内蒙古	1 736	23	2 349	22	413	12	403	13
辽　宁	7 669	6	9 566	7	357	18	350	18
吉　林	4 259	12	5 986	12	315	23	328	23
黑龙江	4 073	14	4 792	15	376	15	384	15
上　海	9 588	3	12 807	3	221	25	233	24
江　苏	10 375	2	16 058	2	923	1	1 041	1
浙　江	8 638	4	11 844	5	850	3	887	3
安　徽	3 306	16	5 135	14	441	11	445	11
福　建	5 436	8	7 068	10	395	14	389	14
江　西	2 887	19	4 078	16	325	22	330	22
山　东	7 436	7	12 675	4	544	7	562	6
河　南	4 103	13	5 551	13	489	8	508	8
湖　北	4 684	11	6 593	11	376	16	378	16
湖　南	3 114	18	3 997	18	472	9	477	9
广　东	20 845	1	27 220	1	712	4	733	4
广　西	2 079	21	2 408	21	367	17	367	17
海　南	744	27	1 247	27	95	29	99	29
四　川	5 168	10	7 259	9	914	2	934	2
贵　州	1 228	26	1 400	26	233	24	225	25
云　南	1 841	22	2 061	23	596	5	613	5
西　藏	129	30	144	30	101	28	100	28
陕　西	3 337	15	4 064	17	396	13	405	12
甘　肃	1 564	24	1 945	24	348	20	343	20
青　海	584	28	650	28	142	26	150	26
宁　夏	473	29	555	29	93	30	95	30
新　疆	1 324	25	1 501	25	348	21	345	19

1-82 总 量 指 标

地区	电话机拥有量（部）				电话交换机容量（门）			
	1990年		1991年		1990年		1991年	
	指标值	位次	指标值	位次	指标值	位次	指标值	位次
北京	841 621	3	1 020 709	3	539 780	8	639 000	8
天津	317 824	17	351 281	18	261 516	20	304 038	18
河北	543 192	9	624 457	9	568 228	7	680 607	7
山西	328 930	15	363 962	16	330 383	17	331 572	17
内蒙古	296 601	20	329 689	20	274 095	18	291 155	19
辽宁	758 207	5	878 908	5	660 859	6	782 958	6
吉林	421 494	13	491 839	13	391 408	14	465 365	15
黑龙江	515 886	10	594 727	10	467 648	10	492 854	12
上海	790 267	4	925 854	4	741 660	4	833 970	5
江苏	899 433	2	1 081 331	2	814 512	3	1 102 152	2
浙江	692 327	7	803 674	7	848 631	2	1 007 554	3
安徽	299 319	19	348 935	19	334 073	16	386 303	16
福建	312 600	18	396 060	15	416 928	11	549 780	10
江西	224 414	21	259 165	21	269 379	19	283 350	20
山东	734 705	6	843 741	6	703 247	5	893 934	4
河南	439 421	12	511 537	12	407 945	13	536 522	11
湖北	464 353	11	518 922	11	410 148	12	483 331	13
湖南	338 844	14	402 061	14	374 961	15	473 148	14
广东	1 554 259	1	2 014 435	1	1 807 395	1	2 183 885	1
广西	203 640	22	244 204	22	219 132	22	255 030	22
海南	60 260	28	85 573	27	81 574	27	104 288	26
四川	567 188	8	647 295	8	480 603	9	582 627	9
贵州	134 823	26	146 391	26	122 120	26	103 698	27
云南	177 758	25	200 572	25	182 269	23	244 237	23
西藏	14 722	30	16 214	30	16 770	30	12 940	30
陕西	323 709	16	352 472	17	225 782	21	264 182	21
甘肃	186 984	23	207 881	23	139 669	25	140 504	25
青海	61 339	27	64 314	28	38 876	28	38 162	29
宁夏	53 059	29	58 935	29	36 320	29	40 578	28
新疆	178 237	24	204 649	24	152 288	24	164 548	24

1-83 总　量　指　标

地　区	邮电业务总量（万元）				国有建筑施工企业施工产值（万元）			
	1990年		1991年		1990年		1991年	
	指标值	位次	指标值	位次	指标值	位次	指标值	位次
北　京	58 331.6	2	157 417.7	2	498 018	1	521 329	3
天　津	16 083.6	18	44 527.4	16	167 372	10	194 644	11
河　北	27 877.1	10	72 836.5	10	224 412	7	253 324	8
山　西	13 595.8	21	32 285.0	21	160 649	12	189 886	13
内蒙古	11 728.5	23	25 096.3	23	118 111	17	151 391	17
辽　宁	43 536.6	6	108 122.3	6	490 225	2	549 096	1
吉　林	21 381.1	15	51 394.5	15	214 908	8	275 541	7
黑龙江	25 561.8	14	58 227.9	13	273 281	6	353 174	6
上　海	47 563.8	4	131 623.0	4	344 673	4	395 326	5
江　苏	50 516.1	3	134 774.2	3	201 969	9	248 925	9
浙　江	45 396.1	5	114 607.3	5	142 180	14	155 415	16
安　徽	18 286.2	16	42 824.6	17	103 174	22	110 790	24
福　建	30 700.8	9	95 134.6	8	95 350	23	119 711	20
江　西	14 911.8	19	36 299.7	19	82 850	25	91 201	25
山　东	39 400.8	7	103 321.9	7	155 788	13	197 443	10
河　南	27 872.2	11	59 323.9	12	140 450	15	175 134	14
湖　北	26 928.2	12	61 904.6	11	163 409	11	191 647	12
湖　南	25 714.3	13	57 066.5	14	114 172	18	133 268	19
广　东	148 460.6	1	388 894.5	1	448 386	3	539 796	2
广　西	14 235.2	20	33 253.7	20	109 687	19	138 338	18
海　南	5 073.3	27	15 810.0	27	31 782	29	41 537	29
四　川	35 355.5	8	79 591.2	9	343 778	5	429 902	4
贵　州	7 862.6	26	15 814.0	26	50 308	27	51 244	28
云　南	12 746.8	22	26 266.8	22	129 003	16	160 936	15
西　藏	1 013.8	30	2 120.7	30	14 496	30	17 899	30
陕　西	16 936.3	17	37 812.5	18	109 164	20	118 724	21
甘　肃	10 193.0	25	20 849.3	25	106 449	21	115 433	23
青　海	3 456.8	28	6 223.4	28	49 762	28	53 922	27
宁　夏	2 482.3	29	5 278.5	29	51 547	26	57 533	26
新　疆	10 263.1	24	21 445.0	24	93 051	24	118 117	22

注：国有建筑施工企业施工产值为地方所属单位，以下至90表同。

1-84 总量指标

地区	城镇集体建筑施工企业施工产值（万元）				建筑施工企业房屋建筑施工面积（万平方米）			
	1990年		1991年		1990年		1991年	
	指标值	位次	指标值	位次	指标值	位次	指标值	位次
北京	298 499	3	327 349	3	2 688.3	4	2 494.8	4
天津	18 605	28	23 810	28	675.5	25	582.7	26
河北	168 592	9	210 149	9	1 917.6	5	2 152.2	5
山西	44 599	23	48 776	24	876.6	17	1 016.6	17
内蒙古	110 855	11	143 871	11	747.6	21	853.7	22
辽宁	521 386	2	615 385	2	2 821.9	3	2 996.9	3
吉林	98 969	14	133 185	14	913.8	16	1 120.8	16
黑龙江	226 641	6	274 500	6	1 355.0	11	1 511.3	11
上海	165 623	10	209 163	10	1 639.5	8	1 704.0	8
江苏	276 684	4	325 086	4	1 769.4	6	1 921.8	6
浙江	214 642	7	262 483	7	1 413.7	10	1 453.7	12
安徽	80 768	16	95 374	18	1 075.6	14	1 214.2	14
福建	84 852	15	103 454	17	862.2	18	916.1	19
江西	77 661	17	103 533	16	997.3	15	1 166.4	15
山东	173 940	8	227 304	8	1 545.6	9	1 651.7	9
河南	72 257	18	113 300	15	1 264.5	12	1 614.7	10
湖北	103 805	13	133 658	13	1 685.0	7	1 839.9	7
湖南	107 605	12	143 392	12	1 159.1	13	1 282.7	13
广东	539 844	1	676 726	1	4 477.3	1	4 813.0	1
广西	52 514	20	70 080	19	744.2	22	859.9	21
海南	30 158	26	32 935	26	202.8	28	210.3	27
四川	229 584	5	302 161	5	2 993.8	2	3 289.2	2
贵州	51 394	21	62 369	21	698.7	23	739.0	23
云南	39 598	24	49 683	23	697.3	24	735.2	24
西藏	1 794	30	2 037	30	33.0	30	31.1	30
陕西	46 676	22	54 676	22	850.8	19	865.2	20
甘肃	35 586	25	45 324	25	639.7	26	662.4	25
青海	14 263	29	11 367	29	214.2	27	183.5	29
宁夏	18 971	27	27 312	27	174.0	29	209.7	28
新疆	53 319	19	68 840	20	789.0	20	961.2	18

1-85 总 量 指 标

地区	建筑施工企业房屋建筑竣工面积（万平方米）				国有建筑施工企业职工人数（万人）			
	1990年		1991年		1990年		1991年	
	指标值	位次	指标值	位次	指标值	位次	指标值	位次
北京	1 236.3	4	1 187.3	4	28.13	3	27.59	3
天津	333.6	24	295.4	26	9.85	17	10.28	18
河北	1 046.7	5	1 071.2	5	17.28	6	17.69	6
山西	376.8	21	404.2	21	12.44	12	13.16	12
内蒙古	433.3	17	462.8	18	10.08	16	10.45	16
辽宁	1 669.3	2	1 634.0	3	30.32	2	31.30	2
吉林	546.2	14	644.2	14	15.20	7	16.59	7
黑龙江	895.4	7	905.7	7	23.51	4	25.11	4
上海	747.9	11	775.6	10	14.21	10	13.99	11
江苏	971.4	6	979.8	6	15.19	8	15.80	9
浙江	791.6	8	732.2	11	8.52	22	8.39	23
安徽	511.3	15	549.8	16	9.58	19	10.03	19
福建	405.2	19	421.1	20	6.66	25	6.95	25
江西	468.2	16	545.5	17	8.10	23	8.43	22
山东	753.2	10	804.3	9	10.15	15	10.74	14
河南	609.6	12	701.3	12	13.31	11	14.86	10
湖北	785.9	9	852.4	8	15.02	9	16.15	8
湖南	558.7	13	653.2	13	11.37	13	10.62	15
广东	2 345.4	1	2 200.1	1	21.31	5	23.30	5
广西	375.0	22	421.6	19	8.89	20	9.86	20
海南	112.9	29	130.5	28	2.70	29	2.73	29
四川	1 532.9	3	1 653.7	2	31.01	1	34.43	1
贵州	327.8	25	334.9	24	5.15	26	5.52	26
云南	377.1	20	375.9	22	10.95	14	12.09	13
西藏	25.2	30	23.4	30	0.92	30	0.79	30
陕西	358.1	23	360.9	23	9.84	18	10.35	17
甘肃	282.8	26	316.9	25	8.69	21	8.62	21
青海	127.9	27	100.3	29	2.97	28	3.12	28
宁夏	114.0	28	140.0	27	3.85	27	4.23	27
新疆	432.8	18	577.5	15	7.74	24	8.01	24

1-86 总 量 指 标

地区	城镇集体建筑施工企业职工人数（万人）				国有建筑施工企业净产值（万元）			
	1990年		1991年		1990年		1991年	
	指标值	位次	指标值	位次	指标值	位次	指标值	位次
北京	23.63	6	24.92	5	138 652	2	154 969	3
天津	1.38	29	1.44	28	33 895	20	42 149	19
河北	16.63	8	19.19	8	59 201	9	70 925	9
山西	4.54	22	4.97	22	48 304	12	60 340	12
内蒙古	11.50	12	11.58	16	37 313	17	47 262	16
辽宁	52.26	1	52.07	1	140 993	1	170 963	1
吉林	9.96	17	10.43	17	66 822	7	83 103	7
黑龙江	23.94	5	23.79	6	84 790	5	114 852	5
上海	11.40	13	12.45	13	83 861	6	83 803	6
江苏	25.41	4	28.81	4	59 630	8	77 995	8
浙江	19.00	7	20.32	7	39 788	14	41 776	20
安徽	11.13	14	11.66	14	27 631	24	32 643	24
福建	7.81	19	8.01	19	32 729	22	39 591	23
江西	10.09	15	11.59	15	26 519	25	30 548	25
山东	15.16	9	16.67	9	52 354	10	65 671	11
河南	9.98	16	13.41	12	45 675	13	55 030	13
湖北	12.82	10	14.27	10	48 320	11	66 706	10
湖南	12.56	11	13.43	11	39 041	15	48 216	15
广东	40.46	2	44.98	2	120 979	3	159 293	2
广西	6.08	20	6.72	20	35 591	18	46 548	17
海南	3.38	26	3.44	26	7 454	29	12 500	29
四川	29.87	3	33.17	3	111 648	4	142 444	4
贵州	8.43	18	8.29	18	13 631	28	17 974	26
云南	4.54	23	4.89	23	37 727	16	49 106	14
西藏	0.26	30	0.32	30	4 159	30	4 880	30
陕西	5.50	21	5.84	21	34 487	19	41 706	21
甘肃	4.35	25	4.71	25	33 005	21	41 036	22
青海	1.59	27	1.25	29	15 066	27	17 282	27
宁夏	1.54	28	1.96	27	15 319	26	17 095	28
新疆	4.50	24	4.81	24	32 209	23	44 573	18

1-87 总量指标

地区	城镇集体建筑施工企业净产值（万元）				国有建筑施工企业年底自有机械设备总功率（万千瓦）			
	1990年		1991年		1990年		1991年	
	指标值	位次	指标值	位次	指标值	位次	指标值	位次
北京	93 092	3	99 780	4	99.6	2	103.2	3
天津	4 097	29	4 925	28	41.7	16	41.9	16
河北	44 993	10	56 878	10	67.6	8	81.6	6
山西	11 993	22	13 746	24	55.0	10	56.9	11
内蒙古	31 639	11	41 350	12	42.7	15	45.4	14
辽宁	170 800	1	202 463	1	125.7	1	137.4	1
吉林	29 440	13	38 852	13	70.2	6	76.1	7
黑龙江	64 634	6	78 398	6	89.9	4	103.0	4
上海	51 990	9	65 525	9	67.8	7	66.3	9
江苏	84 418	4	105 555	3	60.8	9	64.0	10
浙江	62 205	7	73 675	7	38.1	20	43.8	15
安徽	21 997	15	26 530	18	32.2	23	34.3	23
福建	21 173	16	29 385	16	26.4	25	26.4	24
江西	20 352	17	26 967	17	26.5	24	24.9	25
山东	53 876	8	69 027	8	45.9	12	40.6	18
河南	18 531	18	29 521	15	43.1	14	72.8	8
湖北	27 008	14	34 854	14	50.3	11	54.9	12
湖南	31 588	12	41 768	11	37.5	22	36.4	22
广东	146 004	2	194 572	2	85.5	5	96.0	5
广西	13 581	21	19 049	20	37.7	21	39.8	19
海南	8 537	26	9 379	26	7.9	29	7.7	29
四川	66 407	5	89 932	5	92.7	3	112.7	2
贵州	14 492	20	17 918	21	16.9	27	16.4	28
云南	10 953	24	13 327	25	45.0	13	46.6	13
西藏	731	30	1 108	30	7.9	30	6.7	30
陕西	11 622	23	15 249	22	38.4	18	39.0	20
甘肃	10 707	25	14 176	23	38.2	19	38.9	21
青海	4 815	28	3 924	29	17.5	26	18.1	27
宁夏	5 102	27	6 864	27	15.9	28	18.7	26
新疆	16 904	19	20 780	19	39.3	17	41.6	17

1-88 总 量 指 标

地区	城镇集体建筑施工企业年底自有机械设备总功率（万千瓦）				国有建筑施工企业固定资产原值（万元）			
	1990年		1991年		1990年		1991年	
	指标值	位次	指标值	位次	指标值	位次	指标值	位次
北京	34.8	10	38.8	9	187 911	2	208 039	2
天津	5.5	28	4.3	28	106 251	9	135 879	8
河北	55.6	5	53.8	6	100 731	10	112 602	10
山西	13.6	21	12.3	23	86 374	12	99 484	11
内蒙古	30.5	12	33.3	11	69 371	16	75 834	17
辽宁	151.9	1	157.1	1	225 964	1	256 806	1
吉林	27.0	13	26.8	14	116 940	7	137 395	7
黑龙江	60.0	3	65.0	4	138 958	4	156 656	5
上海	23.4	14	22.7	15	132 780	6	139 538	6
江苏	48.2	6	71.4	3	113 177	8	129 828	9
浙江	39.7	8	40.1	8	67 913	17	80 150	16
安徽	17.4	19	18.8	19	55 012	22	59 680	22
福建	18.4	16	19.8	17	45 882	24	46 923	24
江西	17.7	17	20.9	16	36 823	25	35 319	26
山东	45.6	7	40.7	7	86 871	11	97 163	12
河南	21.5	15	29.3	12	73 382	15	86 731	14
湖北	30.7	11	34.4	10	86 009	13	90 430	13
湖南	35.4	9	28.9	13	62 708	19	71 259	19
广东	101.9	2	119.9	2	138 904	5	169 537	4
广西	12.9	23	13.4	22	54 911	23	58 780	23
海南	9.5	26	10.2	25	13 430	29	16 368	29
四川	57.1	4	60.2	5	159 531	3	195 765	3
贵州	11.2	24	10.4	24	24 599	28	26 457	28
云南	9.8	25	10.2	26	67 825	18	75 223	18
西藏	0.5	30	0.3	30	10 213	30	9 806	30
陕西	16.7	20	15.5	21	62 158	20	66 365	21
甘肃	13.5	22	15.9	20	58 754	21	70 584	20
青海	4.9	29	3.6	29	27 893	27	29 671	27
宁夏	5.6	27	4.5	27	30 010	26	35 741	25
新疆	17.7	18	18.9	18	74 342	14	86 246	15

1-89 总　量　指　标

地　区	城镇集体建筑施工企业固定资产原值（万元）				国有建筑施工企业固定资产净值（万元）			
	1990年		1991年		1990年		1991年	
	指标值	位次	指标值	位次	指标值	位次	指标值	位次
北　京	49 973	8	59 547	8	122 551	2	134 505	3
天　津	5 322	29	5 940	29	81 266	9	107 786	6
河　北	49 015	9	57 274	9	72 166	10	80 181	10
山　西	14 289	22	14 835	23	61 147	13	68 647	12
内蒙古	35 325	13	38 629	13	50 839	16	54 368	17
辽　宁	174 402	1	187 416	1	160 343	1	181 610	1
吉　林	32 240	14	35 452	15	82 017	7	98 152	7
黑龙江	78 207	4	86 364	4	99 251	5	109 460	5
上　海	36 777	11	39 250	12	89 038	6	89 026	9
江　苏	78 406	3	93 008	3	81 321	8	92 425	8
浙　江	70 801	6	75 460	6	50 594	17	59 045	16
安　徽	26 146	16	27 384	17	37 067	23	39 157	23
福　建	21 255	18	23 258	18	32 147	24	32 756	24
江　西	25 693	17	30 303	16	25 923	25	24 228	26
山　东	64 187	7	73 471	7	65 539	11	71 572	11
河　南	27 706	15	36 397	14	53 021	15	63 010	13
湖　北	35 855	12	44 795	11	61 557	12	62 980	14
湖　南	38 745	10	45 896	10	42 890	19	48 422	20
广　东	159 300	2	174 446	2	99 464	4	117 019	4
广　西	17 738	19	20 250	19	38 970	22	41 112	22
海　南	11 525	26	12 763	26	10 408	29	12 243	29
四　川	73 588	5	85 361	5	109 515	3	136 821	2
贵　州	14 017	23	14 762	24	17 547	28	18 447	28
云　南	12 814	24	13 941	25	45 143	18	49 312	19
西　藏	740	30	1 400	30	6 656	30	6 143	30
陕　西	17 237	21	18 805	21	41 391	20	43 827	21
甘　肃	11 735	25	15 703	22	41 284	21	49 895	18
青　海	5 505	27	8 653	27	19 235	27	19 579	27
宁　夏	5 503	28	7 110	28	22 017	26	27 321	25
新　疆	17 604	20	18 888	20	54 117	14	61 064	15

1-90 总　量　指　标

地区	城镇集体建筑施工企业固定资产净值（万元）				国有建筑施工企业利润总额（万元）			
	1990年		1991年		1990年		1991年	
	指标值	位次	指标值	位次	指标值	位次	指标值	位次
北京	33 388	9	39 047	9	13 914	2	7 567	5
天津	3 165	29	3 506	28	-4934	29	-1848	27
河北	38 587	8	42 696	8	3 499	11	3 409	10
山西	10 018	23	10 058	25	734	19	423	22
内蒙古	25 138	11	27 191	12	922	16	544	21
辽宁	124 157	1	130 376	1	9 979	3	9 105	3
吉林	23 542	14	25 362	14	7 053	4	10 089	2
黑龙江	57 072	3	61 336	4	5 095	8	8 660	4
上海	24 183	13	24 829	15	6 370	6	-15532	30
江苏	56 301	4	65 367	3	5 058	9	5 825	7
浙江	53 392	5	56 692	6	6 092	7	1 951	13
安徽	18 770	15	19 418	17	-999	24	-2002	28
福建	15 298	18	16 501	18	2 784	12	3 366	11
江西	17 734	17	20 661	16	1 225	15	1 987	12
山东	44 577	7	50 842	7	6 758	5	6 599	6
河南	18 625	16	25 996	13	746	18	1 853	14
湖北	25 784	10	30 730	10	-3437	27	-138	23
湖南	24 538	12	27 363	11	476	20	1 019	17
广东	110 393	2	126 242	2	13 963	1	21 373	1
广西	12 679	19	14 210	19	4 507	10	4 317	8
海南	9 329	24	10 192	24	848	17	1 227	15
四川	52 067	6	60 327	5	1 803	14	3 515	9
贵州	10 819	22	10 968	23	-1125	25	-522	25
云南	8 466	25	9 198	26	-1429	26	967	18
西藏	503	30	1 161	30	-157	22	562	20
陕西	11 959	21	13 268	20	-4598	28	-4049	29
甘肃	8 191	26	10 969	22	2 074	13	1 111	16
青海	3 691	28	2 635	29	413	21	-311	24
宁夏	4 051	27	5 442	27	-253	23	660	19
新疆	12 338	20	12 530	21	-7564	30	-1804	26

1-91 总　量　指　标

<table>
<tr><th rowspan="3">地　区</th><th colspan="4">城镇集体建筑施工企业利润总额
（万元）</th><th colspan="4">社 会 商 业 机 构 数
（个）</th></tr>
<tr><th colspan="2">1990年</th><th colspan="2">1991年</th><th colspan="2">1990年</th><th colspan="2">1991年</th></tr>
<tr><th>指标值</th><th>位次</th><th>指标值</th><th>位次</th><th>指标值</th><th>位次</th><th>指标值</th><th>位次</th></tr>
<tr><td>北　京</td><td>14 856</td><td>2</td><td>15 340</td><td>3</td><td>84 425</td><td>25</td><td>91 254</td><td>25</td></tr>
<tr><td>天　津</td><td>74</td><td>28</td><td>135</td><td>28</td><td>72 837</td><td>27</td><td>74 717</td><td>27</td></tr>
<tr><td>河　北</td><td>3 746</td><td>8</td><td>4 724</td><td>10</td><td>492 128</td><td>6</td><td>512 356</td><td>7</td></tr>
<tr><td>山　西</td><td>651</td><td>19</td><td>512</td><td>25</td><td>194 605</td><td>20</td><td>210 699</td><td>19</td></tr>
<tr><td>内蒙古</td><td>1 709</td><td>11</td><td>1 790</td><td>17</td><td>142 570</td><td>21</td><td>148 699</td><td>21</td></tr>
<tr><td>辽　宁</td><td>18 210</td><td>1</td><td>22 443</td><td>1</td><td>355 200</td><td>12</td><td>378 816</td><td>12</td></tr>
<tr><td>吉　林</td><td>1 384</td><td>15</td><td>2 752</td><td>13</td><td>195 877</td><td>19</td><td>212 764</td><td>18</td></tr>
<tr><td>黑龙江</td><td>3 027</td><td>9</td><td>5 062</td><td>9</td><td>236 735</td><td>15</td><td>249 522</td><td>15</td></tr>
<tr><td>上　海</td><td>6 470</td><td>4</td><td>7 162</td><td>5</td><td>88 320</td><td>24</td><td>92 306</td><td>24</td></tr>
<tr><td>江　苏</td><td>5 312</td><td>7</td><td>6 735</td><td>6</td><td>568 988</td><td>5</td><td>592 401</td><td>4</td></tr>
<tr><td>浙　江</td><td>5 839</td><td>6</td><td>5 930</td><td>8</td><td>570 633</td><td>4</td><td>580 679</td><td>5</td></tr>
<tr><td>安　徽</td><td>392</td><td>24</td><td>518</td><td>23</td><td>384 408</td><td>11</td><td>407 930</td><td>11</td></tr>
<tr><td>福　建</td><td>1 204</td><td>17</td><td>2 148</td><td>15</td><td>268 171</td><td>14</td><td>276 733</td><td>14</td></tr>
<tr><td>江　西</td><td>630</td><td>20</td><td>1 022</td><td>20</td><td>270 715</td><td>13</td><td>282 051</td><td>13</td></tr>
<tr><td>山　东</td><td>6 010</td><td>5</td><td>8 548</td><td>4</td><td>783 612</td><td>2</td><td>850 530</td><td>2</td></tr>
<tr><td>河　南</td><td>1 066</td><td>18</td><td>3 115</td><td>12</td><td>469 798</td><td>8</td><td>524 490</td><td>6</td></tr>
<tr><td>湖　北</td><td>2 090</td><td>10</td><td>2 604</td><td>14</td><td>405 338</td><td>9</td><td>413 634</td><td>9</td></tr>
<tr><td>湖　南</td><td>1 429</td><td>13</td><td>3 466</td><td>11</td><td>484 827</td><td>7</td><td>505 321</td><td>8</td></tr>
<tr><td>广　东</td><td>12 012</td><td>3</td><td>18 001</td><td>2</td><td>743 557</td><td>3</td><td>809 962</td><td>3</td></tr>
<tr><td>广　西</td><td>1 216</td><td>16</td><td>1 571</td><td>18</td><td>385 796</td><td>10</td><td>409 806</td><td>10</td></tr>
<tr><td>海　南</td><td>433</td><td>22</td><td>1 524</td><td>19</td><td>73 052</td><td>26</td><td>79 713</td><td>26</td></tr>
<tr><td>四　川</td><td>1 639</td><td>12</td><td>6 489</td><td>7</td><td>1 019 090</td><td>1</td><td>1 076 726</td><td>1</td></tr>
<tr><td>贵　州</td><td>360</td><td>25</td><td>654</td><td>22</td><td>203 778</td><td>17</td><td>206 684</td><td>20</td></tr>
<tr><td>云　南</td><td>416</td><td>23</td><td>707</td><td>21</td><td>234 563</td><td>16</td><td>247 310</td><td>16</td></tr>
<tr><td>西　藏</td><td>98</td><td>27</td><td>242</td><td>27</td><td>21 207</td><td>30</td><td>23 786</td><td>30</td></tr>
<tr><td>陕　西</td><td>-1040</td><td>30</td><td>-476</td><td>30</td><td>201 392</td><td>18</td><td>215 442</td><td>17</td></tr>
<tr><td>甘　肃</td><td>305</td><td>26</td><td>424</td><td>26</td><td>126 510</td><td>22</td><td>137 472</td><td>22</td></tr>
<tr><td>青　海</td><td>-185</td><td>29</td><td>-63</td><td>29</td><td>30 098</td><td>28</td><td>29 622</td><td>29</td></tr>
<tr><td>宁　夏</td><td>519</td><td>21</td><td>513</td><td>24</td><td>29 739</td><td>29</td><td>31 860</td><td>28</td></tr>
<tr><td>新　疆</td><td>1 392</td><td>14</td><td>1 990</td><td>16</td><td>114 671</td><td>23</td><td>124 423</td><td>23</td></tr>
</table>

1-92 总 量 指 标

地区	国有单位社会商业机构数（个）				集体单位社会商业机构数（个）			
	1990年		1991年		1990年		1991年	
	指标值	位次	指标值	位次	指标值	位次	指标值	位次
北京	8 027	25	8 060	25	12 816	25	12 338	25
天津	5 422	26	5 459	26	9 698	26	10 173	26
河北	17 851	10	18 338	10	53 594	10	52 400	10
山西	12 865	19	13 257	19	39 729	15	39 515	15
内蒙古	10 726	20	11 004	21	29 439	19	29 789	19
辽宁	17 544	11	18 100	11	42 327	13	43 692	11
吉林	10 652	22	10 814	22	29 375	20	28 690	20
黑龙江	14 910	16	13 789	18	38 501	17	37 062	17
上海	10 530	23	10 472	24	23 512	21	24 249	21
江苏	21 904	8	23 090	7	112 736	2	111 292	2
浙江	15 875	13	16 606	13	63 703	9	63 936	9
安徽	22 822	7	22 828	8	70 019	8	70 672	8
福建	14 227	18	14 766	17	43 695	11	42 041	14
江西	16 126	12	17 233	12	42 623	12	42 799	12
山东	25 180	6	27 094	5	98 688	4	96 542	4
河南	30 632	4	32 028	4	92 180	5	90 122	5
湖北	34 462	3	37 915	3	72 000	7	73 275	7
湖南	26 073	5	26 958	6	78 662	6	74 844	6
广东	46 053	2	47 471	2	102 925	3	99 459	3
广西	15 802	14	16 228	14	38 562	16	37 436	16
海南	4 432	27	4 460	27	6 960	27	7 324	27
四川	57 188	1	59 778	1	221 360	1	211 694	1
贵州	15 452	15	15 315	15	22 710	22	22 214	22
云南	19 096	9	19 887	9	34 097	18	34 601	18
西藏	3 867	28	1 595	30	499	30	947	30
陕西	14 746	17	15 032	16	40 898	14	42 643	13
甘肃	10 699	21	11 060	20	21 630	23	22 212	23
青海	2 556	29	2 528	28	2 942	29	3 021	29
宁夏	2 303	30	2 497	29	3 663	28	3 859	28
新疆	10 031	24	10 483	23	14 894	24	14 776	24

1-93 总　量　指　标

地区	供销合作社机构数（个）				个体商业机构数（个）			
	1990年		1991年		1990年		1991年	
	指标值	位次	指标值	位次	指标值	位次	指标值	位次
北京	4 440	26	4 451	26	63 500	24	70 794	24
天津	3 993	27	3 803	27	57 669	26	59 035	26
河北	30 520	8	31 566	8	420 657	6	441 598	6
山西	24 074	14	24 826	14	142 010	20	157 922	19
内蒙古	16 492	19	16 890	19	102 404	21	107 906	21
辽宁	18 348	16	18 423	16	295 314	11	317 005	10
吉林	12 294	22	12 117	21	155 847	18	173 256	17
黑龙江	12 319	20	11 602	22	183 321	15	198 667	15
上海	6 654	24	6 491	24	53 663	27	56 939	27
江苏	36 534	7	32 752	7	434 317	5	457 981	5
浙江	29 972	10	29 868	10	490 992	4	500 086	4
安徽	30 008	9	30 963	9	291 351	12	314 265	11
福建	22 808	15	21 931	15	209 974	14	219 656	14
江西	26 369	11	26 510	12	211 945	13	221 985	13
山东	40 027	6	41 661	5	659 702	2	726 862	2
河南	46 306	2	45 533	2	346 965	8	402 339	8
湖北	43 837	3	44 288	3	298 875	10	302 443	12
湖南	40 941	5	41 008	6	380 079	7	403 514	7
广东	43 320	4	43 965	4	593 767	3	662 188	3
广西	25 559	13	25 796	13	331 406	9	356 102	9
海南	5 377	25	5 377	25	61 637	25	67 894	25
四川	77 079	1	78 330	1	740 490	1	805 220	1
贵州	17 424	17	16 989	18	165 602	17	169 137	18
云南	26 113	12	26 527	11	181 363	16	192 821	16
西藏	392	30	710	30	16 839	30	21 237	30
陕西	17 311	18	17 712	17	145 682	19	157 679	20
甘肃	12 305	21	13 130	20	94 180	22	104 200	22
青海	1 378	29	1 393	29	24 592	28	24 065	29
宁夏	2 174	28	2 391	28	23 773	29	25 504	28
新疆	9 607	23	9 707	23	89 735	23	99 154	23

1-94 总 量 指 标

地区	社会商业人员数（人）				国有单位社会商业人员数（人）			
	1990年		1991年		1990年		1991年	
	指标值	位次	指标值	位次	指标值	位次	指标值	位次
北京	508 092	22	517 481	22	257 208	13	261 528	13
天津	361 402	25	368 138	25	147 726	23	139 654	23
河北	1 489 176	6	1 558 886	6	340 783	11	360 842	11
山西	663 314	18	678 770	18	207 230	19	220 713	19
内蒙古	616 993	19	632 492	19	238 813	14	249 173	15
辽宁	1 463 536	7	1 553 204	7	569 388	3	582 905	3
吉林	933 675	13	978 313	13	384 124	9	390 524	9
黑龙江	1 239 136	10	1 264 124	11	526 230	4	538 241	4
上海	576 530	20	612 641	20	234 404	16	249 692	14
江苏	1 742 896	4	1 819 070	4	429 822	8	443 624	8
浙江	1 227 770	11	1 264 991	10	226 836	17	238 587	17
安徽	1 202 864	12	1 222 947	12	319 183	12	321 197	12
福建	676 620	17	699 004	17	167 947	22	172 857	22
江西	856 540	14	902 891	14	216 301	18	228 528	18
山东	2 275 513	1	2 477 691	1	459 205	7	510 188	6
河南	1 566 161	5	1 682 670	5	502 773	5	537 510	5
湖北	1 357 604	8	1 387 787	8	470 770	6	499 338	7
湖南	1 311 610	9	1 369 116	9	350 120	10	376 970	10
广东	2 263 873	2	2 410 736	2	660 897	1	696 321	1
广西	825 576	15	856 936	15	205 990	20	205 100	20
海南	184 025	27	197 048	27	59 245	27	61 272	27
四川	2 170 620	3	2 267 916	3	577 255	2	603 270	2
贵州	436 877	23	436 823	23	132 827	24	133 596	24
云南	548 891	21	572 123	21	168 440	21	175 190	21
西藏	47 247	30	46 112	30	25 792	30	17 834	30
陕西	715 395	16	760 235	16	237 783	15	245 194	16
甘肃	362 912	24	394 011	24	120 821	26	126 253	26
青海	82 074	29	83 439	29	32 842	28	33 181	28
宁夏	82 978	28	88 390	28	28 139	29	30 689	29
新疆	325 930	26	344 982	26	122 871	25	127 315	25

1-95 总　量　指　标

地区	集体单位社会商业人员数（人）				供销合作社人员数（人）			
	1990年		1991年		1990年		1991年	
	指标值	位次	指标值	位次	指标值	位次	指标值	位次
北　京	169 734	21	162 874	21	54 980	23	55 137	23
天　津	140 447	22	153 327	22	53 268	24	54 917	24
河　北	437 895	8	439 060	8	251 327	6	261 304	6
山　西	255 853	15	232 217	18	115 810	15	119 187	14
内蒙古	242 459	16	237 229	17	106 307	16	108 559	16
辽　宁	507 420	6	551 220	6	226 667	8	231 524	8
吉　林	346 054	12	357 209	12	124 812	13	136 922	13
黑龙江	481 144	7	468 074	7	148 279	12	141 951	12
上　海	267 653	14	279 550	14	83 214	20	82 903	21
江　苏	722 278	1	754 067	1	290 224	2	304 620	2
浙　江	342 240	13	350 493	13	171 161	10	172 240	10
安　徽	428 917	9	430 576	9	161 723	11	167 526	11
福　建	184 777	19	182 593	19	88 563	18	88 972	19
江　西	242 410	17	245 084	16	115 980	14	118 273	15
山　东	713 977	2	714 163	2	330 153	1	338 547	1
河　南	566 787	5	567 934	5	278 511	4	273 670	4
湖　北	422 262	10	426 292	10	259 498	5	264 796	5
湖　南	395 849	11	387 837	11	211 367	9	213 071	9
广　东	664 616	4	664 563	4	245 975	7	248 277	7
广　西	183 370	20	180 493	20	105 976	17	107 966	17
海　南	35 768	27	34 414	27	25 018	27	23 466	27
四　川	691 081	3	684 337	3	279 662	3	282 177	3
贵　州	82 084	25	85 161	25	49 708	25	51 696	25
云　南	124 349	23	128 857	23	79 441	21	83 846	20
西　藏	1 848	30	1 922	30	1 657	30	1 432	30
陕　西	241 492	18	261 219	15	87 724	19	89 399	18
甘　肃	108 069	24	117 902	24	56 240	22	58 036	22
青　海	16 239	29	18 421	29	7 803	29	7 766	29
宁　夏	24 007	28	25 181	28	12 343	28	12 764	28
新　疆	77 580	26	81 757	26	42 615	26	48 646	26

1-96 总 量 指 标

地区	个体商业人员数（人）				社会零售商业机构数（个）			
	1990年		1991年		1990年		1991年	
	指标值	位次	指标值	位次	指标值	位次	指标值	位次
北京	79 447	25	91 570	25	81 693	25	88 525	24
天津	72 362	26	74 532	26	69 525	27	70 918	27
河北	709 296	4	757 736	4	469 538	6	489 344	7
山西	200 194	20	225 766	19	180 895	20	196 953	19
内蒙古	135 711	21	146 090	22	132 644	21	138 348	21
辽宁	386 070	13	418 353	13	339 254	12	362 901	12
吉林	203 420	19	228 489	18	186 264	19	203 185	17
黑龙江	231 725	17	257 754	16	225 783	15	239 743	15
上海	67 263	27	71 359	27	83 296	24	87 223	25
江苏	589 691	6	620 023	6	507 009	5	524 430	5
浙江	655 538	5	672 512	5	550 645	4	560 267	4
安徽	451 694	10	468 684	10	358 077	11	381 152	10
福建	319 322	14	339 083	14	253 610	14	261 678	14
江西	397 570	12	428 903	12	253 834	13	263 759	13
山东	1 101 882	1	1 252 829	1	754 701	2	818 916	2
河南	496 368	8	577 202	8	434 975	8	489 423	6
湖北	464 569	9	462 049	11	368 334	10	374 948	11
湖南	564 719	7	603 779	7	452 641	7	474 828	8
广东	926 343	2	1 037 869	2	710 718	3	776 476	3
广西	435 620	11	470 335	9	370 222	9	394 528	9
海南	88 709	24	100 966	24	69 791	26	76 500	26
四川	901 363	3	979 865	3	956 900	1	1 014 885	1
贵州	218 858	18	217 890	20	190 065	17	193 716	20
云南	256 069	15	268 067	15	217 745	16	229 931	16
西藏	19 582	30	26 326	30	20 586	30	22 388	30
陕西	233 127	16	250 288	17	188 468	18	201 978	18
甘肃	133 985	22	149 856	21	117 415	22	127 622	22
青海	32 898	28	31 735	29	28 733	28	28 339	29
宁夏	30 832	29	32 520	28	28 102	29	30 087	28
新疆	125 327	23	135 772	23	108 298	23	117 977	23

1-97 总 量 指 标

地区	社会零售商业人员数（人）				社会饮食业机构数（个）			
	1990年		1991年		1990年		1991年	
	指标值	位次	指标值	位次	指标值	位次	指标值	位次
北　京	374 943	22	383 177	22	13 661	26	16 309	26
天　津	239 321	25	246 913	25	16 661	25	17 693	25
河　北	1 145 654	5	1 196 011	5	79 001	6	82 798	6
山　西	490 498	18	499 144	18	31 859	19	36 015	18
内蒙古	440 778	19	448 543	19	21 655	23	23 406	23
辽　宁	1 000 232	7	1 081 669	7	54 189	12	55 555	12
吉　林	639 740	15	676 385	15	28 100	22	30 046	22
黑龙江	878 636	12	897 344	12	34 874	17	35 145	19
上　海	422 228	20	438 371	20	18 273	24	19 881	24
江　苏	1 291 456	4	1 338 567	4	91 135	4	91 607	4
浙　江	990 199	8	1 020 203	9	81 136	5	87 624	5
安　徽	911 980	11	926 023	11	75 410	8	73 562	9
福　建	524 538	17	544 324	17	34 389	18	36 458	17
江　西	669 933	13	705 876	13	42 915	15	46 083	15
山　东	1 798 164	1	1 962 482	1	124 004	2	134 576	2
河　南	1 069 958	6	1 179 434	6	96 325	3	107 108	3
湖　北	928 823	10	944 287	10	76 729	7	76 447	8
湖　南	981 576	9	1 032 302	8	56 999	11	58 932	11
广　东	1 788 155	2	1 919 035	2	71 244	9	79 814	7
广　西	654 226	14	689 307	14	58 303	10	65 685	10
海　南	142 266	27	154 653	27	8 160	29	8 406	29
四　川	1 592 724	3	1 675 449	3	179 024	1	189 191	1
贵　州	321 893	23	319 455	23	30 705	20	31 719	21
云　南	397 278	21	411 229	21	46 738	14	49 670	14
西　藏	33 670	30	35 252	30	3 121	30	2 125	30
陕　西	558 219	16	589 083	16	52 859	13	55 545	13
甘　肃	269 688	24	297 083	24	28 396	21	32 060	20
青　海	62 704	29	63 669	29	8 257	28	8 959	27
宁　夏	63 844	28	68 076	28	8 330	27	8 813	28
新　疆	231 213	26	243 840	26	38 968	16	43 443	16

1-98 总 量 指 标

地 区	社会饮食业人员数（人）				社会服务业机构数（个）			
	1990年		1991年		1990年		1991年	
	指标值	位次	指标值	位次	指标值	位次	指标值	位次
北　京	79 751	21	83 055	23	23 676	23	23 579	24
天　津	57 195	25	59 390	25	13 574	26	14 100	26
河　北	226 186	6	240 312	6	69 997	10	74 033	10
山　西	81 911	19	92 675	19	25 276	21	29 186	20
内蒙古	78 977	23	87 588	21	35 565	17	37 005	18
辽　宁	187 981	8	196 377	7	71 735	9	74 485	9
吉　林	113 093	15	113 981	16	36 723	15	37 017	17
黑龙江	170 955	10	171 814	11	30 130	19	50 262	14
上　海	93 274	18	107 056	17	24 810	22	25 258	23
江　苏	260 422	4	264 253	4	125 593	3	126 088	3
浙　江	167 195	11	178 075	10	111 845	4	111 068	5
安　徽	187 185	9	183 926	9	60 726	11	65 275	11
福　建	79 281	22	85 031	22	36 675	16	40 714	16
江　西	127 310	13	144 081	13	60 339	12	63 128	12
山　东	370 532	1	410 096	1	129 387	2	142 312	2
河　南	229 985	5	253 764	5	84 346	6	83 973	6
湖　北	190 790	7	189 353	8	73 446	8	77 136	7
湖　南	141 067	12	146 386	12	75 184	7	77 123	8
广　东	337 381	3	360 811	3	101 720	5	113 730	4
广　西	113 048	16	122 440	15	49 025	13	57 399	13
海　南	30 798	27	35 586	27	6 713	28	7 645	28
四　川	353 219	2	364 814	2	235 036	1	255 494	1
贵　州	56 732	26	54 690	26	26 469	20	26 829	22
云　南	102 451	17	105 555	18	32 274	18	34 808	19
西　藏	5 910	30	4 657	30	937	30	1 291	30
陕　西	124 695	14	131 932	14	41 026	14	46 808	15
甘　肃	62 881	24	70 223	24	19 767	25	21 679	25
青　海	17 599	29	18 596	29	5 907	29	6 532	29
宁　夏	18 825	28	19 880	28	8 353	27	9 032	27
新　疆	81 793	20	88 819	20	22 695	24	27 185	21

1-99 总 量 指 标

地区	社会服务业人员数（人）				社会商业商品国内纯购进总额（亿元）			
	1990年		1991年		1990年		1991年	
	指标值	位次	指标值	位次	指标值	位次	指标值	位次
北京	171 020	9	153 311	12	269.4	13	314.4	13
天津	56 869	23	58 669	23	214.8	16	210.0	18
河北	158 345	12	162 721	11	330.7	10	384.1	9
山西	72 601	21	77 986	21	139.9	21	164.3	21
内蒙古	91 023	19	90 426	19	109.1	24	112.6	25
辽宁	184 096	7	194 399	8	474.3	5	517.2	7
吉林	106 147	17	103 068	18	226.2	15	229.1	15
黑龙江	174 861	8	201 058	5	322.4	11	372.8	10
上海	149 367	14	122 284	17	597.7	3	666.7	4
江苏	267 509	4	274 325	4	761.9	1	888.6	1
浙江	196 586	5	198 856	7	456.0	6	549.4	5
安徽	165 365	11	180 580	9	268.3	14	266.8	14
福建	79 915	20	86 244	20	198.0	18	219.2	17
江西	132 943	15	144 543	14	137.5	22	156.2	22
山东	292 777	3	324 615	3	579.8	4	719.0	3
河南	189 341	6	198 899	6	408.0	8	459.4	8
湖北	168 602	10	175 053	10	371.8	9	369.7	11
湖南	151 271	13	152 679	13	286.6	12	335.2	12
广东	346 979	2	367 897	2	702.9	2	826.6	2
广西	127 810	16	135 843	15	170.5	19	192.6	19
海南	18 660	27	20 942	27	31.4	27	27.3	27
四川	382 754	1	454 034	1	433.1	7	539.8	6
贵州	54 202	24	51 588	24	94.7	25	116.1	24
云南	67 281	22	75 044	22	206.9	17	228.7	16
西藏	2 515	30	2 361	30	6.2	30	4.0	30
陕西	104 069	18	126 010	16	155.4	20	176.5	20
甘肃	42 919	25	49 512	26	89.8	26	105.1	26
青海	11 557	29	12 357	29	25.5	28	20.2	29
宁夏	16 287	28	18 291	28	23.5	29	25.6	28
新疆	42 855	26	49 672	25	128.9	23	150.5	23

1-100 总 量 指 标

地区	社会商业商品国内纯销售总额（亿元）				社会商业商品年末库存总额（亿元）			
	1990年		1991年		1990年		1991年	
	指标值	位次	指标值	位次	指标值	位次	指标值	位次
北京	293.7	13	372.1	12	140.0	15	134.0	15
天津	181.7	19	208.2	18	107.6	16	106.3	19
河北	350.2	10	393.2	9	168.6	12	182.8	10
山西	171.4	20	192.2	19	98.5	19	106.7	18
内蒙古	146.3	23	155.9	23	93.0	22	93.3	22
辽宁	465.8	5	509.6	5	199.5	7	203.7	7
吉林	204.6	16	233.2	15	171.0	11	149.3	13
黑龙江	333.0	11	379.3	11	172.5	10	184.9	9
上海	445.5	6	496.1	7	231.0	5	230.1	5
江苏	687.2	2	762.4	2	299.6	1	312.2	1
浙江	433.2	7	504.9	6	184.2	9	181.4	11
安徽	256.5	14	277.4	14	141.0	14	143.3	14
福建	236.1	15	232.5	16	69.3	24	70.7	24
江西	149.4	22	168.0	22	98.7	18	115.1	17
山东	654.4	3	675.8	3	271.7	2	296.1	2
河南	362.6	8	421.4	8	208.7	6	217.9	6
湖北	357.6	9	383.5	10	198.2	8	200.2	8
湖南	316.5	12	354.0	13	162.2	13	170.0	12
广东	780.4	1	807.4	1	258.8	3	278.1	3
广西	203.2	17	220.2	17	88.9	23	88.2	23
海南	40.3	27	34.4	27	14.0	30	13.9	30
四川	516.6	4	585.7	4	248.9	4	263.1	4
贵州	113.1	25	117.6	25	54.7	26	57.2	26
云南	194.0	18	192.0	20	93.6	21	101.1	21
西藏	17.3	30	14.2	30	17.9	28	14.3	29
陕西	169.2	21	182.5	21	95.4	20	105.9	20
甘肃	99.3	26	110.6	26	63.7	25	64.2	25
青海	30.4	28	32.4	28	19.5	27	20.1	27
宁夏	26.7	29	29.9	29	16.5	29	17.9	28
新疆	121.9	24	147.5	24	100.4	17	115.5	16

1-101 总　量　指　标

地区	社会农副产品收购总额（亿元）				社会商品零售总额（亿元）			
	1990年		1991年		1990年		1991年	
	指标值	位次	指标值	位次	指标值	位次	指标值	位次
北　京	52.2	23	62.3	23	307.7	13	357.8	13
天　津	31.5	26	32.4	27	149.4	22	169.2	22
河　北	152.0	11	169.9	9	380.8	8	434.4	8
山　西	58.4	21	63.1	22	184.2	19	206.6	18
内蒙古	63.7	20	66.7	21	146.2	23	163.2	23
辽　宁	154.6	8	166.3	10	460.0	5	511.1	5
吉　林	135.1	13	127.8	13	225.5	16	255.4	16
黑龙江	135.9	12	145.7	11	341.0	12	388.5	12
上　海	56.5	22	98.8	18	353.1	10	402.2	10
江　苏	239.0	3	252.0	4	599.1	2	665.6	2
浙　江	174.6	7	203.0	6	408.9	6	468.8	6
安　徽	153.3	9	139.2	12	277.1	14	299.5	14
福　建	95.3	15	111.2	14	232.0	15	258.8	15
江　西	95.6	14	104.6	16	181.8	20	201.5	20
山　东	254.5	2	321.4	2	570.4	3	663.4	3
河　南	213.6	5	229.2	5	397.4	7	442.1	7
湖　北	189.2	6	191.7	7	375.1	9	413.2	9
湖　南	152.7	10	172.9	8	344.3	11	389.7	11
广　东	285.7	1	334.5	1	732.3	1	857.6	1
广　西	91.0	16	105.1	15	206.5	17	236.3	17
海　南	21.3	27	33.4	26	40.0	27	45.0	27
四　川	225.3	4	269.1	3	545.3	4	621.8	4
贵　州	39.4	24	49.1	24	96.4	26	105.4	26
云　南	71.8	18	79.9	19	165.3	21	187.8	21
西　藏	2.8	30	2.5	30	14.8	30	15.1	30
陕　西	64.7	19	73.2	20	184.4	18	203.4	19
甘　肃	38.4	25	41.6	25	109.6	25	120.9	25
青　海	9.7	29	9.5	29	30.7	28	34.1	28
宁　夏	12.7	28	13.6	28	30.0	29	33.6	29
新　疆	90.8	17	99.9	17	115.9	24	137.1	24

1-102 总 量 指 标

地区	社会消费品零售总额(亿元)				售给居民消费品零售总额(亿元)			
	1990年		1991年		1990年		1991年	
	指标值	位次	指标值	位次	指标值	位次	指标值	位次
北京	293.03	13	339.92	12	247.66	13	286.26	13
天津	139.88	22	159.44	22	121.11	22	138.06	22
河北	308.04	11	351.35	11	279.83	9	316.32	9
山西	158.04	19	179.42	18	138.14	20	158.12	18
内蒙古	130.58	23	145.52	23	116.65	23	130.83	23
辽宁	421.09	5	467.33	5	366.28	5	402.56	5
吉林	198.95	16	223.69	16	179.25	16	199.90	16
黑龙江	310.06	10	352.24	10	274.88	11	311.11	11
上海	333.86	7	382.06	7	274.93	10	315.92	10
江苏	515.43	2	578.12	2	464.79	2	515.35	2
浙江	353.75	6	404.01	6	321.89	6	365.01	6
安徽	226.53	14	247.50	14	208.52	14	226.53	14
福建	207.74	15	230.99	15	197.83	15	219.85	15
江西	151.94	20	169.19	20	139.38	18	155.42	19
山东	460.13	4	536.03	4	416.78	4	485.95	3
河南	314.31	9	352.51	9	285.22	8	317.46	8
湖北	326.36	8	362.26	8	296.63	7	328.06	7
湖南	294.92	12	334.95	13	271.28	12	307.52	12
广东	667.36	1	786.64	1	619.42	1	728.12	1
广西	175.44	17	200.23	17	165.39	17	188.12	17
海南	37.19	27	41.97	27	34.65	27	39.19	27
四川	472.03	3	538.50	3	430.50	3	484.29	4
贵州	85.90	26	92.92	26	78.73	26	84.30	26
云南	145.59	21	163.75	21	133.89	21	148.90	21
西藏	12.87	30	13.85	30	8.87	30	9.57	30
陕西	159.67	18	176.60	19	139.36	19	152.68	20
甘肃	96.16	25	106.17	25	83.62	25	90.42	25
青海	28.72	28	31.99	28	25.74	28	28.69	28
宁夏	25.30	29	28.15	29	22.54	29	24.71	29
新疆	104.30	24	121.52	24	92.16	24	107.80	24

1-103 总量指标

地区	售给社会集团消费品零售总额（亿元）				农业生产资料零售总额（亿元）			
	1990年		1991年		1990年		1991年	
	指标值	位次	指标值	位次	指标值	位次	指标值	位次
北京	45.37	5	53.66	6	14.63	22	17.83	21
天津	18.77	17	21.38	16	9.47	26	9.75	26
河北	28.21	12	35.03	11	72.79	5	83.01	5
山西	19.91	15	21.30	17	26.18	16	27.17	17
内蒙古	13.92	19	14.69	21	15.64	21	17.65	22
辽宁	54.81	2	64.77	2	38.88	11	43.78	11
吉林	19.70	16	23.79	15	26.51	15	31.66	15
黑龙江	35.18	8	41.13	8	30.96	13	36.30	12
上海	58.93	1	66.14	1	19.25	20	20.09	20
江苏	50.64	3	62.77	3	83.62	2	87.52	3
浙江	31.86	9	39.00	9	55.19	7	64.77	7
安徽	18.00	18	21.00	18	50.56	8	51.97	9
福建	9.90	25	11.14	25	24.23	18	27.79	16
江西	12.55	20	13.77	22	29.81	14	32.26	14
山东	43.34	6	50.08	7	110.24	1	127.37	1
河南	29.09	11	35.05	10	83.12	3	89.57	2
湖北	29.73	10	34.20	12	48.75	10	50.92	10
湖南	23.64	13	27.43	13	49.35	9	54.75	8
广东	47.94	4	58.52	4	64.89	6	70.94	6
广西	10.05	24	12.10	24	31.02	12	36.08	13
海南	2.54	30	2.78	30	2.81	28	3.00	28
四川	41.54	7	54.21	5	73.31	4	83.34	4
贵州	7.17	26	8.62	26	10.49	25	12.50	25
云南	11.71	23	14.85	20	19.72	19	24.02	19
西藏	4.00	27	4.28	27	1.93	30	1.26	30
陕西	20.31	14	23.92	14	24.76	17	26.77	18
甘肃	12.54	21	15.75	19	13.42	23	14.68	24
青海	2.98	28	3.30	29	1.97	29	2.14	29
宁夏	2.76	29	3.44	28	4.67	27	5.41	27
新疆	12.14	22	13.72	23	11.64	24	15.59	23

1-104 总 量 指 标

地区	国有单位社会商品零售总额（亿元）				集体单位社会商品零售总额（亿元）			
	1990年		1991年		1990年		1991年	
	指标值	位次	指标值	位次	指标值	位次	指标值	位次
北京	162.90	9	191.80	8	108.85	12	122.87	10
天津	65.50	22	74.87	22	43.21	23	45.47	23
河北	162.41	10	187.52	9	118.96	9	128.60	9
山西	87.29	16	98.15	16	57.57	19	59.04	19
内蒙古	71.09	20	79.42	21	46.36	22	49.64	22
辽宁	198.44	4	225.81	4	126.02	8	129.43	8
吉林	91.44	15	106.28	15	70.22	15	70.96	15
黑龙江	164.88	7	192.59	7	88.95	14	98.45	14
上海	185.15	5	206.29	6	129.06	7	149.36	5
江苏	200.66	3	234.36	3	267.88	1	286.04	1
浙江	126.46	12	149.07	12	136.63	6	147.18	6
安徽	94.90	14	110.41	14	102.59	13	102.34	13
福建	72.12	19	81.38	20	58.69	17	60.95	17
江西	65.23	23	74.56	23	56.06	20	57.46	20
山东	211.79	2	253.32	2	227.81	2	252.19	2
河南	164.24	8	186.46	10	139.92	5	146.91	7
湖北	149.15	11	172.47	11	116.68	10	121.97	11
湖南	119.78	13	135.37	13	109.45	11	114.00	12
广东	291.49	1	329.94	1	153.21	4	170.20	4
广西	69.31	21	84.33	19	58.49	18	60.53	18
海南	13.83	29	15.57	29	5.42	29	5.70	29
四川	173.94	6	206.77	5	189.62	3	207.27	3
贵州	35.72	26	39.73	26	24.47	26	25.98	26
云南	73.05	18	85.53	17	52.24	21	56.16	21
西藏	11.75	30	9.33	30	1.00	30	1.87	30
陕西	79.52	17	85.09	18	63.85	16	69.00	16
甘肃	49.48	25	57.47	25	30.58	24	32.18	24
青海	17.66	27	19.13	27	5.85	28	6.22	28
宁夏	14.37	28	16.25	28	8.14	27	8.93	27
新疆	62.72	24	74.47	24	25.79	25	31.11	25

1-105 总　量　指　标

地　区	供销合作社社会商品零售总额（亿元）				合营社会商品零售总额（亿元）			
	1990年		1991年		1990年		1991年	
	指标值	位次	指标值	位次	指标值	位次	指标值	位次
北　京	23.68	22	25.43	22	2.21	3	2.63	5
天　津	14.21	26	15.08	26	0.92	10	0.65	13
河　北	71.20	6	76.27	6	0.61	13	1.09	11
山　西	30.41	18	31.44	18			0.01	25
内蒙古	23.84	21	26.18	21	0.03	25	0.00	26
辽　宁	50.17	10	51.21	11	1.02	9	1.33	9
吉　林	36.16	14	37.47	15	0.86	11	1.63	7
黑龙江	36.06	15	40.96	14	0.08	22	0.15	19
上　海	43.13	12	54.66	10	2.06	4	2.72	4
江　苏	120.07	1	124.56	2	1.16	7	1.95	6
浙　江	67.18	7	73.87	7	1.97	5	3.38	3
安　徽	46.37	11	44.45	12	0.72	12	0.69	12
福　建	28.11	20	29.23	20	4.59	2	5.00	2
江　西	34.74	17	36.13	17	0.13	19	0.13	20
山　东	116.33	2	130.13	1	0.21	16	0.49	14
河　南	74.28	5	77.51	5	0.11	20	0.26	17
湖　北	65.69	8	68.05	8	0.01	26	0.02	24
湖　南	62.34	9	65.48	9	0.38	14	0.31	16
广　东	75.15	4	79.89	4	19.94	1	25.49	1
广　西	39.50	13	42.55	13	0.38	15	0.45	15
海　南	3.60	28	3.77	28	1.19	6	1.23	10
四　川	94.83	3	99.24	3	1.12	8	1.46	8
贵　州	16.09	24	17.06	25	0.10	21	0.18	18
云　南	34.83	16	37.39	16	0.01	27	0.00	27
西　藏	0.58	30	0.63	30	0.06	23	0.00	28
陕　西	29.04	19	29.68	19	0.20	17	0.11	22
甘　肃	19.72	23	21.07	23				
青　海	2.68	29	2.79	29	0.04	24	0.04	23
宁　夏	5.16	27	5.72	27				
新　疆	15.51	25	18.67	24	0.14	18	0.12	21

1-106 总 量 指 标

地区	个体社会商品零售总额（亿元）				农民对非农业居民零售总额（亿元）			
	1990年		1991年		1990年		1991年	
	指标值	位次	指标值	位次	指标值	位次	指标值	位次
北京	17.56	24	20.45	25	16.14	18	20.00	18
天津	31.01	17	36.05	17	8.72	26	12.15	23
河北	72.57	8	84.19	9	26.28	11	32.96	9
山西	25.21	18	31.71	18	14.16	21	17.68	20
内蒙古	19.42	23	22.93	22	9.33	25	11.18	24
辽宁	95.82	5	108.78	5	38.67	7	45.76	7
吉林	41.39	15	50.45	15	21.84	14	26.03	13
黑龙江	67.95	10	75.54	11	19.17	17	21.81	17
上海	16.17	26	18.69	26	20.68	16	25.09	15
江苏	81.51	6	89.20	6	47.84	4	54.09	4
浙江	97.50	4	113.93	4	46.38	5	55.22	3
安徽	48.48	14	53.51	14	30.39	9	32.52	10
福建	74.09	7	86.31	8	22.47	13	25.14	14
江西	33.13	16	38.45	16	27.20	10	30.85	11
山东	100.13	3	121.92	3	30.41	8	35.48	8
河南	67.82	11	78.51	10	25.36	12	29.94	12
湖北	60.96	12	65.35	13	48.31	3	53.37	6
湖南	69.61	9	86.33	7	45.05	6	53.69	5
广东	187.61	1	235.39	1	79.98	1	96.56	1
广西	57.32	13	67.07	12	20.93	15	23.93	16
海南	13.39	27	15.88	27	6.17	27	6.59	27
四川	125.44	2	140.12	2	55.24	2	66.22	2
贵州	24.09	21	26.84	21	12.02	22	12.69	22
云南	24.98	19	28.81	20	15.03	20	17.27	21
西藏	1.70	30	3.61	30	0.30	30	0.30	30
陕西	24.74	20	29.45	19	16.12	19	19.72	19
甘肃	19.96	22	21.39	23	9.54	24	9.81	26
青海	5.29	28	6.82	28	1.84	29	1.92	29
宁夏	4.37	29	4.78	29	3.10	28	3.60	28
新疆	17.52	25	20.83	24	9.77	23	10.58	25

1-107 总　量　指　标

地区	粮食零售量（万吨）				食用植物油零售量（万吨）			
	1990年		1991年		1990年		1991年	
	指标值	位次	指标值	位次	指标值	位次	指标值	位次
北京	157.3	23	252.2	16	11.8	14	12.6	15
天津	104.9	26	106.2	26	10.1	16	11.5	17
河北	314.0	10	320.4	11	18.9	8	19.2	9
山西	258.6	14	252.1	17	9.9	17	14.5	12
内蒙古	239.3	17	235.4	20	6.6	22	6.7	22
辽宁	639.0	1	589.3	5	18.3	9	21.8	8
吉林	374.4	9	441.6	8	13.8	11	16.2	10
黑龙江	494.1	5	596.9	4	20.1	7	24.0	6
上海	280.0	13	284.4	14	16.0	10	14.2	13
江苏	459.1	7	506.9	7	24.0	5	24.8	5
浙江	241.2	15	290.6	13	12.5	13	13.8	14
安徽	312.7	11	432.5	9	13.7	12	15.6	11
福建	241.2	16	228.2	21	8.7	20	9.2	21
江西	219.2	19	239.6	19	9.5	19	9.7	19
山东	529.7	4	727.8	1	31.8	1	38.1	1
河南	567.0	2	624.0	2	28.8	2	30.2	2
湖北	407.3	8	426.3	10	21.1	6	22.3	7
湖南	295.8	12	306.9	12	9.6	18	10.2	18
广东	565.1	3	557.8	6	24.9	3	26.5	3
广西	228.5	18	244.5	18	4.8	23	5.3	23
海南	45.5	27	32.6	29	0.8	29	0.9	29
四川	493.5	6	599.3	3	24.6	4	26.2	4
贵州	126.8	25	133.2	25	4.4	25	5.2	24
云南	179.8	22	150.9	23	4.8	24	3.2	26
西藏	20.3	30	16.2	30	0.7	30	0.3	30
陕西	208.4	20	255.1	15	11.0	15	11.6	16
甘肃	147.8	24	149.8	24	4.1	26	4.8	25
青海	43.8	28	44.1	27	1.5	27	1.8	27
宁夏	32.8	29	36.9	28	1.2	28	1.3	28
新疆	180.7	21	184.2	22	8.2	21	9.5	20

1-108 总 量 指 标

地区	肉猪零售量（万头）				鲜蛋零售量（万吨）			
	1990年		1991年		1990年		1991年	
	指标值	位次	指标值	位次	指标值	位次	指标值	位次
北京	364.5	16	394.3	16	10.7	7	10.6	8
天津	212.6	21	231.0	20	7.7	11	7.8	13
河北	393.4	15	415.6	14	4.6	17	5.5	16
山西	166.2	23	205.6	22	2.4	23	5.1	18
内蒙古	140.5	25	137.4	26	1.3	25	1.3	25
辽宁	547.2	10	553.6	11	13.2	4	15.4	3
吉林	215.7	20	253.9	19	4.5	19	4.6	19
黑龙江	314.5	18	266.8	18	16.0	1	15.8	2
上海	623.0	9	632.5	9	11.5	5	12.2	5
江苏	1 005.6	4	1 146.1	3	14.1	3	14.0	4
浙江	769.6	6	835.3	6	6.9	13	7.9	12
安徽	495.2	11	571.4	10	6.9	14	7.0	14
福建	429.9	14	405.8	15	4.9	16	5.2	17
江西	449.8	12	493.6	13	5.2	15	6.1	15
山东	443.6	13	493.7	12	8.8	10	9.1	10
河南	696.7	7	738.8	8	9.5	9	11.3	7
湖北	848.3	5	933.6	5	10.0	8	10.4	9
湖南	1 027.6	3	1 144.9	4	7.2	12	8.5	11
广东	1 508.1	2	1 823.4	2	15.7	2	19.8	1
广西	680.3	8	782.2	7	2.9	20	3.5	21
海南	112.2	26	158.2	25	0.6	28	0.8	27
四川	1 835.9	1	1 920.5	1	11.3	6	12.1	6
贵州	260.2	19	208.9	21	2.7	21	2.1	24
云南	352.5	17	342.5	17	2.5	22	2.3	23
西藏	19.9	30	19.2	30	0.3	30	0.0	30
陕西	169.5	22	168.6	24	4.6	18	4.5	20
甘肃	154.4	24	177.9	23	1.3	26	1.1	26
青海	35.1	28	33.6	28	0.5	29	0.4	29
宁夏	24.2	29	26.2	29	0.8	27	0.8	28
新疆	70.1	27	80.0	27	1.8	24	2.4	22

1-109 总 量 指 标

地区	水产品零售量（万吨）				食糖零售量（万吨）			
	1990年		1991年		1990年		1991年	
	指标值	位次	指标值	位次	指标值	位次	指标值	位次
北京	5.2	18	5.2	19	5.3	21	2.8	22
天津	6.1	17	5.9	18	2.7	27	1.9	26
河北	8.6	15	8.7	15	14.9	11	15.0	7
山西	1.5	25	1.6	24	6.7	19	3.9	20
内蒙古	2.7	21	3.5	21	5.2	22	3.4	21
辽宁	28.0	4	28.9	4	13.8	13	9.9	13
吉林	9.6	13	10.8	12	4.6	23	2.7	23
黑龙江	12.7	10	12.3	11	9.7	16	5.1	19
上海	20.6	7	20.0	8	7.0	18	5.5	17
江苏	36.4	3	35.4	3	25.3	3	15.5	6
浙江	39.2	2	39.8	2	16.6	9	16.0	5
安徽	13.9	9	14.7	9	14.7	12	11.3	11
福建	20.6	8	23.4	7	11.2	14	10.4	12
江西	9.7	12	10.6	13	10.5	15	8.4	14
山东	24.3	5	24.0	5	24.1	4	23.1	2
河南	4.7	20	5.1	20	20.7	6	16.5	4
湖北	23.5	6	23.9	6	15.9	10	11.5	10
湖南	12.3	11	14.7	10	17.6	7	15.0	8
广东	60.7	1	72.0	1	39.4	1	23.2	1
广西	6.5	16	6.8	16	21.7	5	14.6	9
海南	4.8	19	6.3	17	3.6	26	2.0	25
四川	9.2	14	9.7	14	30.1	2	21.6	3
贵州	1.1	27	1.5	26	3.7	25	2.2	24
云南	2.0	23	1.6	25	16.9	8	8.1	16
西藏					1.2	30	0.2	30
陕西	2.0	24	3.3	22	8.6	17	8.3	15
甘肃	1.2	26	1.4	27	4.5	24	1.6	27
青海	0.4	29	0.3	29	1.5	28	0.7	29
宁夏	0.7	28	0.8	28	1.5	29	1.0	28
新疆	2.4	22	2.8	23	5.5	20	5.4	18

1-110 总 量 指 标

地区	卷烟零售量（万箱）				酒零售量（万吨）			
	1990年		1991年		1990年		1991年	
	指标值	位次	指标值	位次	指标值	位次	指标值	位次
北京	41.2	22	27.3	22	17.6	16	12.3	18
天津	13.1	26	13.9	26	7.3	24	7.8	23
河北	102.5	10	103.6	7	29.6	8	26.6	8
山西	61.3	18	49.6	19	7.3	25	5.2	25
内蒙古	40.8	23	33.0	20	16.7	17	15.1	17
辽宁	93.1	13	84.7	9	38.8	6	35.7	6
吉林	47.1	21	32.1	21	20.7	15	22.3	14
黑龙江	66.0	16	71.3	13	49.1	5	64.9	3
上海	54.6	20	52.7	18	28.4	9	23.1	12
江苏	194.2	3	115.0	6	50.3	4	50.0	5
浙江	106.7	8	84.4	10	70.7	2	80.0	1
安徽	100.2	11	83.9	11	23.3	14	25.8	9
福建	75.0	14	66.8	14	24.3	13	24.7	10
江西	55.2	19	25.1	23	15.3	18	18.4	15
山东	150.7	4	171.2	3	77.1	1	65.1	2
河南	202.3	2	224.5	2	31.7	7	33.4	
湖北	139.4	6	118.5	5	27.9	10	24.5	11
湖南	149.9	5	125.3	4	24.8	12	22.5	13
广东	93.9	12	66.7	15	25.8	11	17.5	16
广西	65.7	17	62.1	16	12.4	21	10.2	19
海南	5.6	29	4.0	30	1.9	27	1.7	27
四川	202.9	1	227.9	1	57.3	3	60.5	4
贵州	71.4	15	71.5	12	13.0	20	9.6	20
云南	105.1	9	58.5	17	13.4	19	8.3	22
西藏	3.6	30	4.6	29	0.2	30	0.1	30
陕西	106.8	7	87.5	8	11.1	22	8.6	21
甘肃	20.0	24	18.8	24	5.4	26	3.5	26
青海	8.5	28	8.9	28	1.5	28	1.4	28
宁夏	8.7	27	9.5	27	1.0	29	1.0	29
新疆	19.2	25	15.7	25	7.4	23	6.9	24

1-111 总　量　指　标

地区	棉布零售量（万米）				化纤布零售量（万米）			
	1990年		1991年		1990年		1991年	
	指标值	位次	指标值	位次	指标值	位次	指标值	位次
北京	7 483.1	16	4 795.3	16	9 706.8	8	6 560.8	11
天津	4 945.0	22	4 459.2	20	4 903.1	17	4 697.2	16
河北	16 821.7	5	11 476.7	6	10 698.0	6	8 321.4	7
山西	7 902.8	15	5 355.4	14	3 316.6	21	3 031.0	20
内蒙古	4 863.7	23	3 587.7	22	3 091.9	22	2 197.4	24
辽宁	9 318.9	13	6 833.4	13	6 044.7	13	4 691.0	17
吉林	6 704.5	18	5 077.9	15	2 637.9	25	2 616.6	21
黑龙江	9 697.4	11	7 339.1	11	5 702.1	16	5 894.9	12
上海	4 062.8	25	3 202.1	25	3 941.5	20	2 486.4	22
江苏	19 473.7	2	14 176.0	3	16 253.5	1	17 238.8	1
浙江	11 179.8	8	9 994.7	8	14 683.2	2	13 720.5	2
安徽	12 420.5	7	11 614.7	5	7 764.6	11	7 730.6	10
福建	4 465.9	24	3 225.6	24	4 662.9	19	3 527.4	18
江西	5 464.7	21	4 330.9	21	5 881.0	15	4 896.7	15
山东	25 949.1	1	19 010.5	1	11 893.2	4	10 396.4	4
河南	17 296.6	4	13 542.7	4	9 013.8	10	8 517.1	6
湖北	10 084.5	10	7 399.9	10	9 628.9	9	7 995.1	9
湖南	10 791.8	9	7 959.1	9	10 571.6	7	9 544.2	5
广东	12 743.6	6	10 897.5	7	11 076.9	5	8 248.4	8
广西	5 608.4	19	4 556.5	19	6 413.4	12	4 982.7	14
海南	667.2	29	451.3	29	789.5	27	645.0	27
四川	18 932.0	3	15 923.2	2	14 249.4	3	12 620.2	3
贵州	5 586.8	20	3 345.5	23	4 773.7	18	3 400.0	19
云南	7 946.2	14	4 693.0	18	2 939.1	24	1 619.6	26
西藏	488.0	30	410.0	30	90.3	30	43.9	30
陕西	9 418.8	12	7 166.4	12	6 005.8	14	5 157.7	13
甘肃	3 680.1	26	2 954.0	26	2 953.1	23	2 445.5	23
青海	1 785.9	27	1 059.5	27	175.4	29	617.3	28
宁夏	1 101.0	28	776.5	28	642.8	28	586.6	29
新疆	7 230.4	17	4 735.4	17	2 402.2	26	1 890.0	25

1-112 总　量　指　标

地区	皮鞋零售量（万双）				手表零售量（万只）			
	1990年		1991年		1990年		1991年	
	指标值	位次	指标值	位次	指标值	位次	指标值	位次
北京	877.4	8	934.4	8	134.4	11	138.6	10
天津	521.4	14	511.4	16	56.8	23	63.7	19
河北	505.6	15	452.4	18	162.1	7	125.4	12
山西	493.4	17	561.9	15	82.3	17	73.3	17
内蒙古	443.1	18	511.1	17	44.9	26	43.4	25
辽宁	1 655.0	2	1 806.5	2	160.5	8	193.9	3
吉林	778.6	9	703.8	12	92.8	16	78.4	16
黑龙江	1 504.2	4	1 528.6	6	117.3	13	101.8	13
上海	1 813.5	1	1 783.6	3	133.0	12	126.3	11
江苏	1 372.5	6	1 704.3	4	191.2	5	192.8	4
浙江	623.4	12	774.4	9	135.0	10	141.4	9
安徽	356.1	20	415.1	19	117.2	14	85.9	14
福建	369.5	19	377.6	20	69.9	20	65.0	18
江西	336.3	22	372.9	21	70.0	19	63.4	20
山东	1 539.5	3	1 682.5	5	196.2	3	171.9	6
河南	494.1	16	718.5	10	193.0	4	187.1	5
湖北	750.5	10	654.8	13	136.0	9	167.8	7
湖南	1 173.0	7	1 287.0	7	187.8	6	142.8	8
广东	705.0	11	706.6	11	265.7	2	214.2	2
广西	284.5	25	318.8	24	98.6	15	81.0	15
海南	17.0	29	18.2	29	9.2	28	9.9	27
四川	1 464.7	5	1 907.3	1	286.8	1	252.7	1
贵州	317.1	24	267.0	25	63.3	21	36.7	26
云南	343.6	21	341.3	23	60.3	22	59.6	22
西藏	11.7	30	10.4	30	3.0	30	7.9	30
陕西	326.0	23	346.3	22	75.4	18	60.9	21
甘肃	184.9	26	184.6	26	56.2	24	47.3	23
青海	93.9	28	95.4	28	9.2	29	9.0	28
宁夏	109.0	27	97.3	27	10.5	27	8.8	29
新疆	613.7	13	616.9	14	47.2	25	44.5	24

1-113 总　量　指　标

地区	自行车零售量（万辆）				洗衣机零售量（万台）			
	1990年		1991年		1990年		1991年	
	指标值	位次	指标值	位次	指标值	位次	指标值	位次
北京	40.3	22	42.5	21	11.4	19	12.3	17
天津	32.7	24	34.0	24	6.2	26	7.3	24
河北	132.6	5	125.1	6	34.9	2	30.6	4
山西	49.8	18	50.4	17	17.1	12	18.1	11
内蒙古	41.1	21	42.7	20	10.5	20	10.0	19
辽宁	115.3	8	103.9	7	30.5	6	28.8	6
吉林	62.0	16	59.1	15	21.0	10	16.1	13
黑龙江	62.6	15	67.6	13	22.1	8	24.2	8
上海	63.5	14	54.4	16	13.8	13	15.6	14
江苏	180.1	3	206.4	1	44.4	1	48.2	1
浙江	119.0	6	137.2	5	13.6	14	16.7	12
安徽	77.4	12	75.3	12	12.6	17	14.3	15
福建	56.3	17	44.7	19	11.6	18	10.5	18
江西	64.2	13	64.6	14	6.4	24	7.6	23
山东	197.2	2	200.7	2	20.7	11	22.5	9
河南	141.1	4	148.7	4	30.9	5	29.9	5
湖北	109.4	9	98.7	9	24.3	7	24.6	7
湖南	92.0	11	84.4	11	21.8	9	20.7	10
广东	236.9	1	198.8	3	34.0	3	34.9	2
广西	93.3	10	95.5	10	7.5	22	8.8	22
海南	7.7	28	6.0	28	1.3	29	0.9	29
四川	115.6	7	102.5	8	33.2	4	31.2	3
贵州	11.1	27	7.7	27	13.5	16	9.3	21
云南	46.2	20	41.6	22	9.0	21	9.5	20
西藏	0.8	30	0.8	30	0.1	30	0.0	30
陕西	48.4	19	44.9	18	13.6	15	14.1	16
甘肃	32.0	25	25.5	25	6.4	25	5.5	26
青海	4.7	29	4.9	29	1.9	28	1.9	28
宁夏	11.3	26	10.5	26	3.0	27	2.6	27
新疆	33.5	23	34.5	23	7.5	23	7.0	25

1-114 总 量 指 标

地区	电视机零售量（万台）				外贸部门出口总额（万美元）			
	1990年		1991年		1990年		1991年	
	指标值	位次	指标值	位次	指标值	位次	指标值	位次
北京	20.1	23	22.2	21	134 404	10	137 053	11
天津	22.0	22	18.2	23	190 911	8	160 636	9
河北	82.2	4	74.6	5	167 830	9	173 117	8
山西	33.3	18	40.9	13	45 503	23	50 944	23
内蒙古	23.1	21	25.2	20	32 324	24	41 865	24
辽宁	63.4	9	66.9	8	558 804	2	575 894	2
吉林	35.9	14	36.0	16	73 229	16	100 594	16
黑龙江	45.1	12	59.2	10	111 412	12	137 750	10
上海	35.9	15	34.4	17	552 365	3	573 983	3
江苏	109.4	2	109.3	2	287 280	5	341 147	5
浙江	64.8	8	72.6	6	221 121	7	284 950	6
安徽	53.9	11	52.0	11	63 701	18	69 961	18
福建	41.7	13	21.3	22	222 405	6	282 195	7
江西	35.6	16	40.9	14	56 199	20	60 988	20
山东	119.9	1	124.0	1	341 719	4	378 365	4
河南	80.8	5	103.6	3	83 076	14	103 334	14
湖北	71.1	7	62.4	9	104 445	13	116 204	13
湖南	76.6	6	67.7	7	79 047	15	100 930	15
广东	56.7	10	45.0	12	1 101 518	1	1 368 787	1
广西	33.9	17	39.1	15	73 056	17	83 248	17
海南	2.4	29	2.0	29	50 139	21	66 573	19
四川	99.1	3	98.5	4	112 655	11	131 728	12
贵州	10.8	26	9.8	26	15 328	27	18 684	27
云南	24.9	20	27.8	19	56 307	19	52 470	22
西藏	0.2	30	0.2	30	989	30	1 363	30
陕西	31.8	19	32.9	18	46 179	22	60 406	21
甘肃	15.6	25	12.1	25	18 167	26	25 293	26
青海	3.9	28	3.9	28	6 766	29	7 552	29
宁夏	4.9	27	4.6	27	7 459	28	8 865	28
新疆	19.1	24	18.2	24	31 205	25	36 158	25

1-115 总　量　指　标

地　区	实际利用外资总额（万美元）				外商直接投资额（万美元）			
	1990年		1991年		1990年		1991年	
	指标值	位次	指标值	位次	指标值	位次	指标值	位次
北　京	39 202	4	29 960	7	27 695	3	24 482	4
天　津	9 856	11	26 089	8	3 493	12	13 216	9
河　北	9 780	12	9 628	14	3 935	11	4 437	12
山　西	777	26	3 076	21	340	25	380	23
内蒙古	1 064	25	242	28	1 064	19	110	25
辽　宁	72 739	2	64 518	2	24 373	4	34 888	3
吉　林	3 085	21	5 449	18	1 760	16	1 800	19
黑龙江	4 695	17	2 953	22	2 449	15	943	21
上　海	32 104	5	33 025	5	17 401	5	14 519	8
江　苏	24 769	6	31 471	6	12 416	7	21 232	5
浙　江	12 777	9	14 381	11	4 843	9	9 162	10
安　徽	4 228	18	2 512	23	961	21	954	20
福　建	42 684	3	57 049	3	29 002	2	46 629	2
江　西	3 587	19	5 065	19	621	22	1 949	18
山　东	23 045	7	37 308	4	15 084	6	17 950	6
河　南	3 412	20	7 544	16	1 049	20	3 791	13
湖　北	9 391	13	14 114	12	2 900	13	4 643	11
湖　南	14 029	8	10 274	13	1 116	18	2 276	17
广　东	201 541	1	258 375	1	146 000	1	182 286	1
广　西	6 260	16	8 654	15	2 866	14	2 532	15
海　南	11 698	10	21 244	9	10 302	8	17 616	7
四　川	6 318	15	15 439	10	1 604	17	2 439	16
贵　州	1 110	24	1 634	25	468	24	734	22
云　南	1 216	23	2 137	24	261	26	296	24
西　藏								
陕　西	7 364	14	3 574	20	4 191	10	3 159	14
甘　肃	124	27	478	26	85	27	93	26
青　海								
宁　夏	25	28	303	27	25	28	18	28
新　疆	2 498	22	7 420	17	537	23	22	27

1-116 总 量 指 标

地区	旅游人数（万人次）				来华旅游外国人（万人次）			
	1990年		1991年		1990年		1991年	
	指标值	位次	指标值	位次	指标值	位次	指标值	位次
北京	100.07	2	132.15	2	63.75	1	91.39	1
天津	5.60	20	6.27	21	3.55	15	3.84	17
河北	3.19	24	4.78	24	2.20	22	2.98	21
山西	4.68	22	4.28	25	2.70	19	2.74	22
内蒙古	1.76	27	3.32	27	1.30	25	2.39	23
辽宁	11.41	13	14.75	13	7.48	9	9.79	11
吉林	4.61	23	6.19	22	2.96	17	3.63	18
黑龙江	5.98	19	8.48	19	3.38	16	5.15	15
上海	89.30	3	98.18	3	46.06	3	61.27	3
江苏	72.48	4	62.91	5	21.92	4	30.05	4
浙江	45.58	7	47.35	7	10.77	7	16.75	7
安徽	8.47	16	12.26	15	2.06	23	2.39	24
福建	70.79	5	68.60	4	8.78	8	12.22	8
江西	2.50	25	4.87	23	0.50	27	0.94	27
山东	12.47	12	17.20	12	6.89	10	9.95	10
河南	6.95	18	8.78	18	2.74	18	4.11	16
湖北	10.04	14	9.94	17	2.53	20	3.06	20
湖南	8.52	15	10.30	16	1.65	24	1.97	25
广东	541.48	1	617.87	1	56.36	2	70.31	2
广西	51.83	6	49.47	6	15.34	6	20.97	6
海南	18.87	10	27.72	9	2.46	21	3.28	19
四川	19.39	9	21.26	10	6.29	12	8.01	13
贵州	2.41	26	3.75	26	0.74	26	1.04	26
云南	14.82	11	21.21	11	4.89	13	9.13	12
西藏								
陕西	25.88	8	31.01	8	15.40	5	23.78	5
甘肃	5.20	21	7.75	20	3.90	14	5.87	14
青海	0.55	28	0.80	28	0.41	28	0.55	28
宁夏	0.20	29	0.29	29	0.13	29	0.19	29
新疆	7.89	17	13.41	14	6.43	11	11.44	9

1-117 总 量 指 标

地 区	旅游外汇收入总额（外汇券万元）				涉外饭店个数（个）			
	1990年		1991年		1990年		1991年	
	指标值	位次	指标值	位次	指标值	位次	指标值	位次
北 京	314 541	2	449 031	1	177	2	203	2
天 津	11 201	13	17 566	14	19	24	22	23
河 北	2 181	23	3 975	23	62	9	64	9
山 西	2 154	24	2 729	25	21	23	22	24
内蒙古	611	27	1 163	27	19	25	16	26
辽 宁	33 048	7	45 760	6	71	8	73	8
吉 林	2 867	20	4 465	22	36	17	36	19
黑龙江	3 331	18	4 568	20	36	18	36	20
上 海	109 797	3	151 453	3	81	7	85	5
江 苏	33 837	6	49 621	5	44	15	49	13
浙 江	25 997	8	39 421	9	40	16	64	10
安 徽	2 564	22	4 742	19	50	12	51	12
福 建	48 477	4	62 204	4	87	4	87	4
江 西	1 520	25	2 744	24	46	14	48	15
山 东	17 312	10	27 110	11	91	3	76	7
河 南	2 695	21	5 708	18	19	26	20	25
湖 北	10 315	14	11 595	16	83	5	81	6
湖 南	4 711	17	7 289	17	34	19	38	18
广 东	341 187	1	433 333	2	604	1	685	1
广 西	36 595	5	41 513	8	53	10	57	11
海 南	13 001	12	20 228	13	48	13	44	16
四 川	17 154	11	23 163	12	83	6	90	3
贵 州	708	26	1 415	26	15	28	13	27
云 南	7 758	15	42 109	7	31	20	40	17
西 藏					16	27	12	29
陕 西	19 778	9	29 252	10	25	22	23	22
甘 肃	3 075	19	4 546	21	27	21	26	21
青 海	218	28	483	28	5	30	7	30
宁 夏	175	29	276	29	13	29	13	28
新 疆	5 943	16	11 616	15	51	11	49	14

1-118 总　量　指　标

地区	高等学校数（所）				高等学校教职工数（人）			
	1990年		1991年		1990年		1991年	
	指标值	位次	指标值	位次	指标值	位次	指标值	位次
北　京	67	2	67	2	98 952	1	97 757	1
天　津	22	23	22	23	28 821	15	28 686	15
河　北	50	6	50	6	35 290	14	34 644	14
山　西	26	19	26	19	21 360	19	21 759	19
内蒙古	19	25	19	25	14 540	25	14 577	25
辽　宁	62	3	62	3	57 825	6	58 277	6
吉　林	42	13	42	13	38 810	11	38 277	11
黑龙江	42	14	42	14	42 418	9	42 291	9
上　海	50	7	50	7	70 565	2	69 599	3
江　苏	70	1	70	1	69 648	3	70 185	2
浙　江	37	15	37	15	26 787	17	27 004	17
安　徽	37	16	37	16	27 396	16	27 091	16
福　建	36	17	36	17	20 498	20	20 710	20
江　西	30	18	30	18	25 561	18	25 651	18
山　东	49	8	49	8	46 704	8	46 839	8
河　南	47	9	47	9	35 670	13	37 441	12
湖　北	58	5	58	5	63 315	5	65 038	5
湖　南	47	10	47	10	36 857	12	37 198	13
广　东	45	12	45	12	38 841	10	38 416	10
广　西	23	22	23	22	16 184	23	16 516	23
海　南	4	29	4	29	3 151	28	2 947	29
四　川	60	4	60	4	65 206	4	65 468	4
贵　州	24	21	24	21	12 197	26	12 401	26
云　南	26	20	26	20	17 079	22	17 142	22
西　藏	3	30	3	30	1 737	30	1 763	30
陕　西	47	11	47	11	51 130	7	51 284	7
甘　肃	18	26	18	26	15 525	24	15 570	24
青　海	7	27	7	27	2 999	29	2 952	28
宁　夏	6	28	6	28	3 579	27	3 586	27
新　疆	21	24	21	24	17 265	21	17 829	21

1-119 总　量　指　标

地　区	中等专业学校数（所）				中等专业学校教职工数（人）			
	1990年		1991年		1990年		1991年	
	指标值	位次	指标值	位次	指标值	位次	指标值	位次
北　京	120	15	118	15	14 821	19	14 884	18
天　津	73	26	73	26	10 253	26	10 086	26
河　北	306	1	230	3	24 554	6	24 175	7
山　西	125	13	124	13	16 907	12	17 257	11
内蒙古	101	25	101	25	15 304	16	15 488	16
辽　宁	166	8	167	8	25 143	4	24 832	5
吉　林	119	16	117	16	16 652	13	16 596	13
黑龙江	107	21	110	19	17 483	11	17 256	12
上　海	110	20	106	22	14 928	18	14 631	19
江　苏	195	6	194	6	24 530	7	24 663	6
浙　江	141	9	141	9	14 980	17	15 168	17
安　徽	135	12	136	12	15 514	15	15 702	15
福　建	103	23	104	23	11 245	25	11 429	25
江　西	102	24	102	24	14 347	20	13 809	21
山　东	224	3	243	2	31 634	2	31 842	2
河　南	170	7	172	7	25 133	5	25 388	4
湖　北	222	5	225	4	28 313	3	28 081	3
湖　南	141	10	140	10	20 820	8	20 868	8
广　东	224	4	223	5	20 103	9	20 314	9
广　西	121	14	124	14	15 573	14	16 001	14
海　南	26	29	26	28	2 048	29	2 298	29
四　川	285	2	285	1	36 787	1	37 381	1
贵　州	112	18	110	20	11 748	24	11 595	24
云　南	138	11	139	11	13 458	21	13 965	20
西　藏	15	30	15	30	1 202	30	1 237	30
陕　西	107	22	109	21	17 493	10	17 491	10
甘　肃	116	17	115	17	12 100	23	12 371	23
青　海	39	27	38	27	3 133	27	3 057	27
宁　夏	27	28	26	29	3 023	28	2 996	28
新　疆	112	19	112	18	12 989	22	13 075	22

1-120 总 量 指 标

地区	高等学校在校学生数（人）				中等专业学校在校学生数（人）			
	1990年		1991年		1990年		1991年	
	指标值	位次	指标值	位次	指标值	位次	指标值	位次
北京	139 914	3	136 940	3	57 435	21	55 718	21
天津	51 039	20	49 898	20	38 870	26	37 203	26
河北	76 018	13	74 349	13	107 602	7	109 718	7
山西	51 309	19	51 516	19	86 794	10	87 002	10
内蒙古	32 175	24	31 107	25	49 800	23	52 090	23
辽宁	123 314	5	124 777	5	103 902	8	104 269	8
吉林	72 806	14	72 536	14	65 179	16	68 662	14
黑龙江	79 908	12	79 340	12	66 235	15	67 740	15
上海	121 251	6	116 925	6	61 661	18	60 092	19
江苏	146 894	1	144 734	1	139 904	4	141 778	5
浙江	60 327	16	59 822	16	66 710	14	67 725	16
安徽	62 448	15	61 986	15	82 160	11	78 981	11
福建	55 624	18	54 243	18	58 855	20	59 435	20
江西	56 608	17	56 383	17	61 675	17	61 474	18
山东	105 822	7	107 093	7	148 504	2	155 092	2
河南	80 372	11	81 790	11	137 319	5	144 130	4
湖北	130 355	4	129 889	4	145 811	3	150 103	3
湖南	88 210	10	88 626	10	99 305	9	98 504	9
广东	95 929	8	92 655	9	121 380	6	123 782	6
广西	37 762	22	36 868	22	71 703	13	72 024	13
海南	7 652	28	7 631	28	9 164	29	11 177	28
四川	141 007	2	141 329	2	154 017	1	157 660	1
贵州	26 970	26	25 741	26	53 531	22	54 777	22
云南	43 525	21	43 095	21	73 779	12	73 545	12
西藏	2 025	30	1 961	30	4 175	30	4 385	30
陕西	95 417	9	94 300	8	60 289	19	61 595	17
甘肃	32 805	23	33 048	23	49 709	24	49 702	24
青海	6 202	29	6 037	29	11 286	28	10 405	29
宁夏	7 992	27	7 898	27	11 634	27	11 457	27
新疆	31 015	25	31 145	24	45 985	25	47 129	25

1-121 总 量 指 标

地区	普通中学学校数（所）				普通中学教职工数（人）			
	1990年		1991年		1990年		1991年	
	指标值	位次	指标值	位次	指标值	位次	指标值	位次
北京	686	26	691	26	65 504	25	66 566	25
天津	707	25	697	25	50 372	26	50 076	26
河北	5 403	5	5 321	5	198 599	7	201 388	7
山西	3 944	9	3 823	9	140 845	12	141 771	12
内蒙古	2 058	17	2 032	18	108 035	17	108 506	18
辽宁	2 489	16	2 478	16	184 851	8	187 373	8
吉林	1 955	20	1 947	19	119 419	15	120 457	15
黑龙江	2 818	13	2 797	14	176 687	10	177 879	10
上海	725	24	718	24	67 101	24	67 940	24
江苏	5 808	4	5 588	4	239 420	4	245 312	4
浙江	3 353	11	3 381	11	115 911	16	118 748	16
安徽	4 375	8	4 373	8	163 908	11	167 999	11
福建	1 362	23	1 401	23	91 801	19	95 073	19
江西	2 801	14	2 798	13	127 304	14	133 845	13
山东	6 699	2	6 310	2	324 027	1	329 927	1
河南	8 249	1	7 369	1	296 832	3	286 955	3
湖北	4 737	7	4 560	7	199 516	5	206 295	5
湖南	5 234	6	5 177	6	199 209	6	204 377	6
广东	3 879	10	3 822	10	178 487	9	182 901	9
广西	2 751	15	2 772	15	108 019	18	111 071	17
海南	481	28	474	28	26 329	27	26 054	27
四川	6 024	3	6 168	3	309 990	2	317 871	2
贵州	1 595	21	1 632	21	71 314	23	72 836	23
云南	2 030	18	2 068	17	90 860	20	94 948	20
西藏	63	30	60	30	3 180	30	3 179	30
陕西	3 041	12	2 974	12	127 861	13	128 134	14
甘肃	1 472	22	1 570	22	74 785	22	76 559	22
青海	484	27	486	27	20 161	29	20 317	29
宁夏	450	29	449	29	20 635	28	21 070	28
新疆	1 958	19	1 915	20	90 062	21	89 055	21

1-122 总 量 指 标

地区	普通中学在校学生数（万人）				小学学校数（所）			
	1990年		1991年		1990年		1991年	
	指标值	位次	指标值	位次	指标值	位次	指标值	位次
北京	40.9	25	43.2	25	3 611	27	3 482	27
天津	34.6	26	36.7	26	3 259	28	3 232	28
河北	207.6	9	222.1	8	48 568	5	48 414	3
山西	145.1	14	143.4	15	42 195	7	41 942	6
内蒙古	106.6	19	106.1	20	14 634	21	14 505	21
辽宁	181.1	10	188.8	10	15 630	20	15 540	20
吉林	119.6	18	124.0	18	10 746	22	10 708	22
黑龙江	180.1	12	179.0	13	17 092	18	16 890	18
上海	48.8	24	51.7	24	2 648	29	2 511	30
江苏	282.0	4	288.6	4	30 557	12	29 770	11
浙江	169.6	13	180.7	12	31 806	11	29 674	12
安徽	218.2	7	223.4	7	35 054	9	34 794	8
福建	104.8	20	113.1	19	19 472	17	19 387	17
江西	180.8	11	186.0	11	29 894	13	27 612	13
山东	367.3	2	373.0	2	61 845	2	59 976	2
河南	352.6	3	357.7	3	43 286	6	42 555	5
湖北	211.6	8	219.7	9	32 309	10	31 710	9
湖南	252.4	5	257.0	5	49 099	4	48 343	4
广东	234.0	6	238.3	6	24 610	14	24 633	14
广西	140.9	15	149.1	14	15 789	19	15 798	19
海南	25.2	28	24.8	28	4 676	24	4 659	24
四川	394.2	1	383.2	1	75 025	1	73 621	1
贵州	96.5	21	100.2	21	21 554	16	20 597	16
云南	123.9	17	128.8	17	53 556	3	30 231	10
西藏	1.9	30	2.2	30	2 474	30	2 652	29
陕西	132.6	16	135.1	16	37 155	8	36 963	7
甘肃	96.5	22	96.0	22	24 200	15	24 196	15
青海	21.7	29	21.8	29	3 839	26	3 610	26
宁夏	28.4	27	29.1	27	4 242	25	4 021	25
新疆	86.3	23	80.7	23	7 247	23	7 132	23

1-123 总　量　指　标

地区	小学教职工数(人)				小学在校学生数(万人)			
	1990年		1991年		1990年		1991年	
	指标值	位次	指标值	位次	指标值	位次	指标值	位次
北京	66 369	25	69 426	25	99.6	25	101.3	25
天津	56 773	26	58 307	26	85.5	27	86.5	27
河北	290 444	9	294 223	9	705.5	5	724.3	5
山西	178 780	17	182 231	17	297.4	19	301.5	19
内蒙古	173 546	20	172 921	20	234.3	22	234.1	22
辽宁	249 322	11	248 415	11	407.3	14	391.5	14
吉林	178 695	18	179 756	18	276.1	20	267.2	20
黑龙江	250 064	10	251 356	10	397.7	15	387.1	15
上海	75 827	24	76 180	24	111.3	24	112.5	24
江苏	305 655	7	308 260	7	612.3	9	594.8	9
浙江	148 757	21	149 695	21	372.4	16	362.6	17
安徽	295 045	8	294 908	8	633.2	7	617.3	7
福建	174 475	19	174 977	19	337.1	18	342.6	18
江西	238 620	12	240 043	12	450.2	11	430.3	13
山东	446 395	3	447 368	2	818.2	3	815.1	3
河南	477 081	2	406 325	3	961.1	1	944.0	1
湖北	334 985	4	334 667	5	623.1	8	615.5	8
湖南	328 874	6	328 005	6	693.9	6	687.6	6
广东	329 460	5	336 576	4	747.3	4	778.9	4
广西	231 253	13	227 491	13	560.5	10	577.6	10
海南	46 963	27	47 642	27	96.5	26	101.1	26
四川	484 164	1	480 138	1	926.7	2	881.6	2
贵州	183 171	16	185 082	16	435.1	13	433.8	12
云南	190 635	15	191 296	15	446.9	12	442.6	11
西藏	9 573	30	9 396	30	15.3	30	16.8	30
陕西	193 292	14	194 719	14	353.8	17	364.0	16
甘肃	132 213	22	133 429	22	241.7	21	243.1	21
青海	28 582	29	28 351	29	49.0	29	46.9	29
宁夏	29 685	28	29 983	28	66.7	28	66.1	28
新疆	111 349	23	112 350	23	185.7	23	195.5	23

1-124 总　量　指　标

地区	幼儿园所数（所）				幼儿数（万人）			
	1990年		1991年		1990年		1991年	
	指标值	位次	指标值	位次	指标值	位次	指标值	位次
北　京	3 798	12	3 761	12	37.3	20	40.3	19
天　津	303	27	296	27	15.1	25	14.7	26
河　北	2 031	16	2 725	15	125.2	5	131.5	6
山　西	7 849	7	5 835	8	81.6	9	85.3	12
内蒙古	1 458	19	1 179	21	37.6	19	39.7	20
辽　宁	9 714	5	5 669	9	93.7	7	94.9	9
吉　林	2 657	14	2 536	16	42.9	17	45.3	17
黑龙江	1 826	17	1 991	17	57.7	15	58.4	16
上　海	1 019	24	4 460	10	42.2	18	43.6	18
江　苏	22 799	2	21 329	2	165.6	2	187.7	3
浙　江	11 824	4	11 242	5	75.2	12	85.7	11
安　徽	1 763	18	1 678	18	49.6	16	59.9	15
福　建	7 958	6	9 753	6	74.3	13	80.5	13
江　西	4 827	9	4 141	11	36.3	21	39.4	21
山　东	45 733	1	38 512	1	211.7	1	231.9	1
河　南	4 786	10	13 923	4	115.6	6	131.6	5
湖　北	3 914	11	3 060	14	76.4	11	92.3	10
湖　南	2 806	13	3 686	13	92.4	8	104.2	7
广　东	7 469	8	6 335	7	150.1	3	165.7	4
广　西	2 368	15	1 565	19	81.3	10	97.4	8
海　南	384	26	306	26	10.3	27	10.9	27
四　川	19 064	3	14 966	3	147.9	4	190.9	2
贵　州	1 120	23	1 286	20	19.2	24	22.8	24
云　南	1 434	20	1 097	23	30.1	22	34.2	22
西　藏	37	30	31	30	0.2	30	0.3	30
陕　西	1 283	21	932	24	59.4	14	67.0	14
甘　肃	521	25	554	25	20.1	23	26.7	23
青　海	203	29	240	28	4.4	29	4.9	29
宁　夏	213	28	224	29	4.5	28	5.4	28
新　疆	1 161	22	1 153	22	14.4	26	16.1	25

1-125 总 量 指 标

地区	幼教职工数（人）				特殊教育学校数（所）			
	1990年		1991年		1990年		1991年	
	指标值	位次	指标值	位次	指标值	位次	指标值	位次
北京	49 587	8	49 472	8	17	14	18	16
天津	9 117	26	8 962	26	13	18	14	17
河北	50 430	6	51 596	6	24	11	51	7
山西	38 074	14	39 135	12	20	12	23	12
内蒙古	17 997	21	16 864	21	14	16	13	19
辽宁	77 645	4	71 213	4	72	3	77	3
吉林	31 474	16	32 679	15	28	10	30	10
黑龙江	40 631	11	40 503	11	66	4	67	4
上海	44 180	10	37 724	13	29	9	29	11
江苏	87 071	2	88 981	2	95	1	112	1
浙江	39 859	12	41 706	10	43	6	46	8
安徽	20 865	19	20 944	19	18	13	23	13
福建	31 629	15	34 646	14	14	17	22	14
江西	19 798	20	20 013	20	11	21	12	20
山东	105 227	1	114 303	1	89	2	99	2
河南	49 637	7	30 468	16	33	8	60	5
湖北	47 838	9	51 591	7	34	7	45	9
湖南	39 068	13	47 761	9	13	19	14	18
广东	65 195	5	68 626	5	16	15	19	15
广西	27 383	17	27 688	17	12	20	8	24
海南	4 466	27	5 158	27	1	28	1	29
四川	78 409	3	81 025	3	46	5	54	6
贵州	11 446	24	11 844	24	6	24	9	22
云南	16 191	22	16 509	22	7	23	9	23
西藏	224	30	288	30				
陕西	21 895	18	24 102	18	11	22	11	21
甘肃	9 407	25	9 887	25	5	26	7	25
青海	1 820	29	2 367	29	1	29	2	28
宁夏	2 839	28	3 619	28	2	27	5	27
新疆	12 738	23	12 688	23	6	25	6	26

1-126 总 量 指 标

地区	特殊教育学校在校学生数（人）				研究开发及情报文献机构数（所）			
	1990年		1991年		1990年		1991年	
	指标值	位次	指标值	位次	指标值	位次	指标值	位次
北京	2 628	9	2 815	11	394	2	469	1
天津	1 464	16	3 280	9	152	19	159	19
河北	1 894	14	2 815	12	150	20	154	20
山西	2 336	11	2 689	14	210	10	214	10
内蒙古	912	22	1 060	22	139	21	145	21
辽宁	6 453	3	7 154	3	397	1	372	2
吉林	4 720	5	4 507	5	171	15	181	15
黑龙江	6 094	4	6 096	4	267	7	273	7
上海	3 254	7	3 494	8	241	9	264	9
江苏	10 159	1	12 523	1	325	3	333	3
浙江	3 443	6	3 963	6	160	18	168	16
安徽	2 094	13	2 186	16	199	11	206	12
福建	1 347	17	1 870	17	136	22	135	22
江西	1 195	19	1 369	20	126	25	129	24
山东	8 157	2	9 194	2	313	4	317	4
河南	2 795	8	3 743	7	193	12	197	13
湖北	2 270	12	2 778	13	260	8	272	8
湖南	1 077	21	1 616	18	182	13	190	14
广东	1 872	15	2 352	15	290	5	297	6
广西	474	26	751	25	162	17	166	18
海南			45	29	44	29	45	29
四川	2 435	10	3 021	10	279	6	310	5
贵州	640	24	778	24	111	26	115	26
云南	1 275	18	1 523	19	165	16	168	17
西藏					14	30	14	30
陕西	1 194	20	1 294	21	179	14	213	11
甘肃	796	23	870	23	129	23	135	23
青海	153	28	235	28	49	28	49	28
宁夏	228	27	335	27	60	27	60	27
新疆	610	25	652	26	128	24	129	25

注：研究开发及情报文献机构数为县及县以上政府部门所属。

1-127 总　量　指　标

地　区	自然科技领域研究开发及情报文献机构数（个）				社会人文科学领域研究开发及情报文献机构数（个）			
	1990年		1991年		1990年		1991年	
	指标值	位次	指标值	位次	指标值	位次	指标值	位次
北　京	305	2	375	1	49	1	52	1
天　津	135	19	142	18	6	18	6	18
河　北	137	18	140	19	1	28	1	28
山　西	169	11	173	13	27	2	27	2
内蒙古	113	24	119	22	12	12	12	12
辽　宁	327	1	334	2	24	3	22	3
吉　林	139	17	147	17	19	5	21	4
黑龙江	232	8	238	8	19	6	19	6
上　海	206	9	229	9	21	4	21	5
江　苏	290	3	298	3	19	7	19	7
浙　江	144	16	151	15	4	22	4	22
安　徽	171	10	178	11	9	15	9	15
福　建	116	21	115	23	5	20	5	20
江　西	112	25	115	24	1	29	1	29
山　东	282	4	286	4	10	14	10	14
河　南	165	13	169	14	13	9	13	10
湖　北	236	6	248	7	11	13	11	13
湖　南	167	12	175	12	2	25	2	25
广　东	263	5	270	5	13	10	13	11
广　西	134	20	138	20	8	16	8	16
海　南	36	29	37	29	2	26	2	26
四　川	234	7	263	6	13	11	14	9
贵　州	98	26	103	26	2	27	2	27
云　南	145	15	148	16	15	8	15	8
西　藏	12	30	12	30	1	30	1	30
陕　西	161	14	196	10	4	23	4	23
甘　肃	114	22	120	21	7	17	7	17
青　海	43	28	43	28	4	24	4	24
宁　夏	50	27	50	27	6	19	6	19
新　疆	114	23	115	25	5	21	5	21

注：本表口径为全国县及县以上政府部门所属。以下至 5-135 表同。

1-128 总 量 指 标

地 区	科技情报和文献机构数（个）				研究开发及情报文献机构人员数（人）			
	1990年		1991年		1990年		1991年	
	指标值	位次	指标值	位次	指标值	位次	指标值	位次
北 京	40	1	42	1	143 778	1	201 346	1
天 津	11	22	11	22	30 673	9	37 472	8
河 北	12	20	13	15	17 821	16	24 714	15
山 西	14	11	14	11	17 657	17	21 869	16
内蒙古	14	12	14	12	12 817	23	14 979	23
辽 宁	16	6	16	6	48 132	4	55 916	5
吉 林	13	16	13	16	30 308	10	32 027	12
黑龙江	16	7	16	7	24 234	13	27 229	14
上 海	14	13	14	13	73 756	2	94 769	3
江 苏	16	8	16	8	40 258	5	55 698	6
浙 江	12	21	13	17	15 111	20	19 580	19
安 徽	19	5	19	5	13 399	22	19 719	18
福 建	15	9	15	9	9 571	25	9 464	26
江 西	13	17	13	18	16 105	19	18 725	20
山 东	21	3	21	3	32 886	7	33 801	9
河 南	15	10	15	10	23 085	14	33 581	10
湖 北	13	18	13	19	33 820	6	49 107	7
湖 南	13	19	13	20	24 729	12	29 064	13
广 东	14	14	14	14	29 699	11	32 993	11
广 西	20	4	20	4	16 311	18	17 337	22
海 南	6	26	6	26	6 252	27	6 041	27
四 川	32	2	33	2	51 391	3	100 019	2
贵 州	11	23	10	23	8 767	26	11 047	24
云 南	5	27	5	27	14 441	21	17 814	21
西 藏	1	30	1	30	795	30	797	30
陕 西	14	15	13	21	32 127	8	71 255	4
甘 肃	8	25	8	25	18 103	15	21 623	17
青 海	2	29	2	29	4 062	29	4 104	29
宁 夏	4	28	4	28	5 715	28	5 768	28
新 疆	9	24	9	24	9 670	24	9 779	25

1-129 总　量　指　标

地区	自然科技领域研究开发及情报文献机构人员数（人）				自然科技领域研究开发及情报文献机构科学家和工程师人数（人）			
	1990年		1991年		1990年		1991年	
	指标值	位次	指标值	位次	指标值	位次	指标值	位次
北京	127 033	1	183 657	1	66 306	1	92 913	1
天津	28 769	10	35 572	8	12 659	7	14 916	8
河北	17 051	16	23 876	15	7 547	15	10 755	14
山西	16 500	17	20 730	17	6 538	18	8 087	19
内蒙古	11 948	23	14 137	23	4 511	22	5 370	22
辽宁	46 421	4	54 283	6	20 136	3	23 345	5
吉林	29 171	9	30 713	12	11 588	10	12 251	11
黑龙江	22 941	13	25 920	14	10 164	12	11 276	13
上海	70 567	2	91 617	3	29 426	2	37 579	2
江苏	38 917	5	54 355	5	16 773	5	23 274	6
浙江	14 524	20	18 978	18	6 905	17	8 585	16
安徽	12 654	22	18 970	19	6 053	19	8 147	18
福建	8 824	25	8 734	26	4 385	23	4 298	25
江西	15 461	19	18 072	20	4 152	24	5 144	23
山东	31 503	7	32 396	10	11 878	9	11 895	12
河南	22 066	14	32 535	9	8 553	14	12 910	9
湖北	32 613	6	47 898	7	13 142	6	18 585	7
湖南	24 170	12	28 515	13	9 230	13	10 728	15
广东	28 475	11	31 752	11	11 579	11	12 583	10
广西	15 625	18	16 654	22	5 834	20	6 218	21
海南	6 116	27	5 875	27	542	29	569	29
四川	48 584	3	97 217	2	17 638	4	33 716	3
贵州	8 142	26	10 499	24	3 164	26	4 314	24
云南	13 723	21	17 106	21	5 395	21	7 044	20
西藏	643	30	647	30	169	30	203	30
陕西	31 069	8	70 286	4	11 970	8	26 698	4
甘肃	17 272	15	20 777	16	7 319	16	8 461	17
青海	3 810	29	3 849	29	1 921	27	1 838	27
宁夏	5 317	28	5 357	28	1 683	28	1 693	28
新疆	8 994	24	9 086	25	4 039	25	4 150	26

1-130 总　量　指　标

地　区	社会人文科学领域研究开发及情报文献机构人员数（人）				社会人文科学领域研究开发及情报文献机构科学家、工程师人数（人）			
	1990年		1991年		1990年		1991年	
	指标值	位次	指标值	位次	指标值	位次	指标值	位次
北　京	5 901	1	5 942	1	4 513	1	4 384	1
天　津	539	13	548	13	359	12	320	14
河　北	308	21	304	20	149	27	181	23
山　西	784	7	766	7	529	7	493	7
内蒙古	452	16	428	16	274	15	253	15
辽　宁	916	4	829	6	609	4	612	4
吉　林	813	6	914	4	551	6	603	5
黑龙江	864	5	870	5	596	5	566	6
上　海	1 608	2	1 586	2	1 078	2	1 084	2
江　苏	610	10	609	10	402	10	399	9
浙　江	238	27	232	27	166	25	165	25
安　徽	351	19	344	19	241	18	239	19
福　建	309	20	290	21	226	20	207	20
江　西	260	24	259	24	182	22	171	24
山　东	601	11	591	12	419	9	391	10
河　南	593	12	599	11	339	14	325	13
湖　北	621	9	612	9	393	11	350	12
湖　南	276	22	258	25	181	23	138	27
广　东	679	8	709	8	445	8	463	8
广　西	265	23	261	23	205	21	200	21
海　南	22	30	54	30	12	30	20	30
四　川	1 137	3	1 102	3	802	3	742	3
贵　州	255	25	246	26	155	26	153	26
云　南	527	14	522	15	356	13	355	11
西　藏	123	29	121	29	81	28	78	29
陕　西	428	17	425	17	253	16	241	18
甘　肃	515	15	523	14	252	17	246	17
青　海	190	28	195	28	76	29	82	28
宁　夏	253	26	264	22	181	24	189	22
新　疆	377	18	390	18	235	19	249	16

1-131 总　量　指　标

地　区	科技情报文献机构人员数（人）				科技情报文献机构科学家和工程师人数（人）			
	1990年		1991年		1990年		1991年	
	指标值	位次	指标值	位次	指标值	位次	指标值	位次
北　京	10 844	1	11 747	1	6 260	1	6 735	1
天　津	1 365	4	1 352	4	702	4	688	4
河　北	462	11	534	10	284	9	302	8
山　西	373	20	373	20	232	17	230	16
内蒙古	417	16	414	16	204	19	204	19
辽　宁	795	5	804	6	459	5	449	5
吉　林	404	17	400	18	182	23	199	21
黑龙江	429	13	439	14	266	11	248	12
上　海	1 581	3	1 566	3	754	3	713	3
江　苏	731	7	734	7	444	6	414	6
浙　江	349	22	370	21	188	21	203	20
安　徽	394	18	405	17	260	13	266	10
福　建	438	12	440	13	255	14	244	15
江　西	384	19	394	19	248	16	248	13
山　东	782	6	814	5	411	7	410	7
河　南	426	14	447	12	224	18	210	18
湖　北	586	9	597	8	275	10	255	11
湖　南	283	25	291	25	185	22	189	23
广　东	545	10	532	11	287	8	274	9
广　西	421	15	422	15	250	15	246	14
海　南	114	28	112	28	46	28	49	28
四　川	1 670	2	1 700	2	840	2	832	2
贵　州	370	21	302	24	201	20	163	24
云　南	191	26	186	26	112	26	111	26
西　藏	29	30	29	30	20	30	13	30
陕　西	630	8	544	9	261	12	217	17
甘　肃	316	23	323	22	156	25	157	25
青　海	62	29	60	29	36	29	34	29
宁　夏	145	27	147	27	92	27	95	27
新　疆	299	24	303	23	169	24	193	22

1-132 总 量 指 标

地区	研究开发及情报文献机构经费收入总额（万元）				自然科技领域研究开发及情报文献机构经费收入总额（万元）			
	1990年		1991年		1990年		1991年	
	指标值	位次	指标值	位次	指标值	位次	指标值	位次
北京	345 557	1	528 919	1	316 968	1	495 294	1
天津	44 278	11	61 291	10	41 608	11	58 711	10
河北	19 830	20	40 027	15	19 154	20	39 258	14
山西	23 789	17	37 939	17	22 677	17	36 954	17
内蒙古	15 743	22	18 385	23	15 191	22	17 723	23
辽宁	88 607	3	116 086	5	86 456	3	113 255	5
吉林	42 483	12	51 029	13	41 441	12	49 858	13
黑龙江	30 261	13	36 750	18	28 785	13	34 757	18
上海	153 926	2	228 671	2	150 129	2	224 183	2
江苏	65 221	6	113 736	6	63 674	6	111 725	6
浙江	29 081	16	38 722	16	28 160	16	37 740	16
安徽	18 448	21	28 081	19	17 089	21	27 430	19
福建	14 223	23	15 604	24	13 365	23	14 570	24
江西	13 369	24	18 819	22	12 881	24	18 346	22
山东	55 196	9	65 609	9	53 124	9	63 371	9
河南	29 509	15	52 880	11	28 472	15	51 713	11
湖北	49 234	10	72 262	8	48 114	10	70 881	8
湖南	61 412	8	52 677	12	60 748	8	51 684	12
广东	67 541	5	91 477	7	64 860	5	88 689	7
广西	20 507	19	26 969	21	19 758	19	26 025	21
海南	3 871	29	4 656	29	3 500	29	4 313	29
四川	80 705	4	170 756	3	77 315	4	167 594	3
贵州	8 228	26	11 008	26	7 615	26	10 455	26
云南	22 183	18	27 742	20	21 039	18	26 657	20
西藏	1 160	30	1 410	30	881	30	1 015	30
陕西	62 643	7	139 256	4	61 721	7	138 437	4
甘肃	29 895	14	40 336	14	28 599	14	39 069	15
青海	5 517	27	5 153	28	5 194	27	4 882	28
宁夏	5 457	28	7 048	27	5 108	28	6 706	27
新疆	11 649	25	12 276	25	10 853	25	11 408	25

1-133 总　量　指　标

地区	社会人文科学领域研究开发及情报文献机构经费收入总额（万元）				科技情报和文献机构经费收入总额（万元）			
	1990年		1991年		1990年		1991年	
	指标值	位次	指标值	位次	指标值	位次	指标值	位次
北　京	6 983	1	8 301	1	21 606	1	25 324	1
天　津	1 244	5	656	14	1 426	4	1 924	3
河　北	226	27	310	23	450	17	459	16
山　西	800	10	661	13	312	20	324	22
内蒙古	298	21	311	22	254	25	351	21
辽　宁	989	7	1 136	6	1 162	6	1 695	5
吉　林	739	12	870	8	303	22	301	23
黑龙江	866	9	1 288	4	610	11	705	10
上　海	1 275	4	1 531	2	2 522	2	2 957	2
江　苏	616	14	782	10	931	8	1 229	8
浙　江	272	23	410	19	649	10	572	14
安　徽	1 054	6	281	24	305	21	370	20
福　建	346	19	458	17	512	13	576	12
江　西	226	28	186	28	262	24	287	25
山　东	700	13	941	7	1 372	5	1 297	7
河　南	548	15	794	9	489	15	373	18
湖　北	462	17	551	16	658	9	830	9
湖　南	317	20	417	18	377	18	576	13
广　东	1 718	2	1 456	3	963	7	1 332	6
广　西	207	29	276	25	542	12	668	11
海　南	281	22	184	29	90	28	159	28
四　川	1 471	3	1 244	5	1 919	3	1 918	4
贵　州	239	26	254	26	374	19	299	24
云　南	872	8	712	11	272	23	373	19
西　藏	249	25	365	21	30	30	30	30
陕　西	434	18	396	20	488	16	423	17
甘　肃	795	11	706	12	501	14	561	15
青　海	269	24	206	27	54	29	65	29
宁　夏	196	30	174	30	153	27	168	27
新　疆	547	16	586	15	249	26	282	26

1-134 总 量 指 标

地区	研究开发及情报文献机构经费支出总额（万元）				自然科技领域研究开发及情报文献机构经费支出总额（万元）			
	1990年		1991年		1990年		1991年	
	指标值	位次	指标值	位次	指标值	位次	指标值	位次
北京	300 911	1	466 150	1	275 317	1	430 921	1
天津	40 123	11	55 047	10	37 426	12	52 596	10
河北	19 028	19	38 162	14	18 385	19	37 300	14
山西	20 460	17	29 665	18	19 442	17	28 624	18
内蒙古	13 290	22	17 517	22	12 758	22	16 648	23
辽宁	80 441	3	109 945	5	78 418	3	107 144	5
吉林	39 514	12	48 470	11	38 466	11	47 281	11
黑龙江	28 490	13	34 583	17	27 184	13	32 920	17
上海	137 084	2	214 099	2	133 691	2	209 918	2
江苏	59 793	5	106 255	6	58 246	5	104 371	6
浙江	24 671	16	35 345	16	23 760	16	34 374	16
安徽	16 170	20	25 514	20	14 787	21	24 907	20
福建	12 792	23	14 357	24	11 972	23	13 330	24
江西	12 231	24	17 145	23	11 738	24	16 665	22
山东	49 564	9	61 405	9	47 534	9	59 174	9
河南	27 391	14	46 680	12	26 445	14	45 427	12
湖北	46 068	10	70 307	8	45 044	10	69 002	8
湖南	56 110	7	45 256	13	55 545	7	44 245	13
广东	59 013	6	82 514	7	56 519	6	79 818	7
广西	16 054	21	21 410	21	15 375	20	20 574	21
海南	3 742	29	4 525	29	3 377	29	4 225	29
四川	69 440	4	160 491	3	66 247	4	157 099	3
贵州	7 547	26	10 719	26	6 944	26	10 231	26
云南	19 865	18	26 778	19	18 749	18	25 825	19
西藏	1 165	30	1 449	30	873	30	1 052	30
陕西	55 167	8	127 516	4	54 287	8	126 674	4
甘肃	27 214	15	36 265	15	25 952	15	34 975	15
青海	6 254	27	5 024	28	5 937	27	4 787	28
宁夏	5 086	28	5 509	27	4 762	28	5 159	27
新疆	9 850	25	11 724	25	9 106	25	10 883	25

1-135 总　量　指　标

地区	社会人文科学领域研究开发及情报文献机构经费支出总额（万元）				科技情报和文献机构经费支出总额（万元）			
	1990年		1991年		1990年		1991年	
	指标值	位次	指标值	位次	指标值	位次	指标值	位次
北京	6 512	1	8 155	1	19 082	1	27 074	1
天津	1 250	4	626	14	1 447	4	1 825	4
河北	195	29	362	22	448	16	500	16
山西	742	12	696	12	276	23	345	21
内蒙古	294	20	300	23	238	25	369	19
辽宁	933	7	1 120	6	1 090	6	1 681	5
吉林	742	13	826	9	306	20	363	20
黑龙江	840	8	1 158	5	458	15	505	15
上海	1 167	5	1 550	2	2 226	2	2 631	2
江苏	633	14	768	10	914	8	1 116	8
浙江	279	21	411	20	632	9	560	13
安徽	1 081	6	280	24	302	21	327	22
福建	329	19	458	18	491	11	569	11
江西	225	27	184	28	268	24	296	23
山东	776	11	978	7	1 254	5	1 253	6
河南	527	15	849	8	419	17	404	18
湖北	449	17	520	16	575	10	785	9
湖南	258	25	483	17	307	19	528	14
广东	1 570	2	1 485	3	924	7	1 211	7
广西	209	28	273	25	470	12	563	12
海南	276	22	136	30	89	28	164	27
四川	1 415	3	1 363	4	1 778	3	2 029	3
贵州	240	26	253	26	363	18	235	26
云南	835	9	674	13	281	22	279	24
西藏	262	24	367	21	30	30	30	30
陕西	419	18	430	19	461	14	412	17
甘肃	795	10	717	11	467	13	573	10
青海	263	23	183	29	54	29	54	29
宁夏	189	30	187	27	135	27	163	28
新疆	520	16	562	15	224	26	279	25

1-136 总 量 指 标

地区	大中型工业企业技术开发机构数（个）				大中型工业企业技术开发人员数（人）			
	1990年		1991年		1990年		1991年	
	指标值	位次	指标值	位次	指标值	位次	指标值	位次
北　京	337	11	331	11	42 551	6	53 960	5
天　津	315	13	304	14	24 651	13	24 326	14
河　北	403	5	483	6	25 312	12	25 205	12
山　西	169	19	175	19	19 861	16	16 078	19
内蒙古	97	24	101	25	8 793	23	8 266	23
辽　宁	658	3	670	3	78 782	1	95 854	1
吉　林	220	17	234	17	18 713	18	19 033	17
黑龙江	343	10	343	10	36 983	7	36 458	8
上　海	383	8	416	9	64 509	3	63 169	4
江　苏	803	1	900	1	63 462	4	71 395	3
浙　江	313	14	420	8	14 384	19	19 768	16
安　徽	236	16	279	16	13 262	20	15 678	20
福　建	122	23	149	20	6 240	27	8 228	24
江　西	189	18	190	18	20 076	15	18 642	18
山　东	677	2	738	2	43 344	5	47 431	6
河　南	322	12	312	13	33 336	9	31 625	10
湖　北	396	7	448	7	36 289	8	39 129	7
湖　南	347	9	327	12	29 026	11	29 518	11
广　东	400	6	492	5	19 795	17	24 410	13
广　西	137	20	136	22	8 752	24	8 160	25
海　南			7	29			335	29
四　川	490	4	549	4	69 954	2	76 439	2
贵　州	97	25	102	24	11 990	21	15 090	21
云　南	133	21	131	23	9 815	22	9 410	22
西　藏								
陕　西	276	15	297	15	32 983	10	32 107	9
甘　肃	132	22	146	21	21 167	14	22 615	15
青　海	26	27	28	27	6 371	26	6 570	27
宁　夏	24	28	26	28	2 142	28	2 426	28
新　疆	71	26	58	26	8 005	25	7 536	26

1-137 总 量 指 标

地区	大中型工业企业技术开发科学家、工程师人数（人）				大中型工业企业技术开发经费筹集总额（万元）			
	1990年		1991年		1990年		1991年	
	指标值	位次	指标值	位次	指标值	位次	指标值	位次
北京	21 674	5	21 872	5	84 590.6	6	100 139.2	7
天津	10 339	12	10 347	13	49 464.6	13	46 653.2	15
河北	9 292	13	10 375	12	52 603.6	11	55 132.4	13
山西	7 613	18	8 046	18	32 028.0	16	34 889.6	17
内蒙古	2 868	25	3 153	25	12 511.9	26	12 143.1	26
辽宁	35 508	1	37 087	1	165 373.7	1	200 303.6	1
吉林	7 850	16	8 186	17	29 111.2	17	38 886.9	16
黑龙江	14 664	8	15 194	7	62 430.2	8	47 321.3	14
上海	24 991	3	25 541	4	125 044.9	3	177 627.6	3
江苏	24 328	4	27 895	3	109 609.1	5	173 329.6	4
浙江	5 586	19	7 261	19	32 893.9	15	70 378.9	9
安徽	5 076	21	6 106	20	24 648.6	20	34 578.2	18
福建	2 893	24	3 275	24	13 589.9	24	28 762.0	21
江西	7 617	17	8 226	16	25 349.3	19	28 878.5	20
山东	15 413	6	17 627	6	132 335.6	2	149 464.1	5
河南	14 431	9	12 927	10	56 860.6	10	62 929.3	11
湖北	13 491	10	14 677	9	60 881.5	9	93 717.3	8
湖南	10 902	11	11 808	11	50 348.2	12	60 393.0	12
广东	8 057	14	9 188	14	71 968.0	7	110 484.2	6
广西	3 734	23	3 706	23	14 044.4	23	24 402.0	24
海南			142	29			303.7	29
四川	29 661	2	32 033	2	118 234.7	4	197 762.4	2
贵州	5 099	20	5 873	21	22 017.7	21	24 967.2	23
云南	4 018	22	3 830	22	20 593.6	22	25 677.5	22
西藏								
陕西	14 981	7	14 857	8	39 520.9	14	69 096.5	10
甘肃	7 939	15	8 932	15	26 476.4	18	30 224.7	19
青海	2 377	26	2 410	27	7 547.7	27	6 736.7	28
宁夏	975	28	1 061	28	5 969.2	28	8 409.4	27
新疆	2 286	27	2 572	26	13 491.3	25	17 497.0	25

1-138 总　量　指　标

地　区	大中型工业企业技术开发经费支出总额（万元）				大中型工业企业技术开发项目数（项）			
	1990年		1991年		1990年		1991年	
	指标值	位次	指标值	位次	指标值	位次	指标值	位次
北　京	83 370.0	6	85 653.2	7	2 108	6	2 036	7
天　津	45 349.5	12	34 739.0	15	1 213	15	1 093	16
河　北	43 887.5	13	47 584.1	13	2 049	7	2 308	6
山　西	30 189.1	15	29 660.9	17	911	19	903	19
内蒙古	10 634.8	26	11 176.4	26	314	26	344	26
辽　宁	149 765.4	1	183 046.0	1	3 131	2	3 528	2
吉　林	26 632.2	16	34 356.9	16	1 005	16	1 176	15
黑龙江	61 665.4	8	49 463.1	12	1 369	11	1 305	14
上　海	107 163.7	3	144 594.1	3	3 107	3	3 348	3
江　苏	101 733.4	5	143 279.0	4	4 004	1	4 330	1
浙　江	24 741.3	18	45 011.7	14	1 220	14	1 620	10
安　徽	22 086.7	20	26 527.6	19	950	18	988	18
福　建	13 044.1	25	25 802.2	20	549	24	639	21
江　西	24 475.9	19	22 285.7	21	728	20	802	20
山　东	123 266.0	2	141 491.8	5	2 831	5	3 022	5
河　南	54 064.6	10	57 734.2	10	1 264	13	1 306	13
湖　北	57 132.7	9	75 698.0	8	1 525	10	1 674	9
湖　南	45 807.3	11	51 761.1	11	1 544	9	1 486	11
广　东	61 785.0	7	96 568.1	6	1 569	8	2 022	8
广　西	13 627.9	23	19 815.5	24	630	22	599	23
海　南			230.4	29			20	29
四　川	103 493.8	4	174 020.8	2	3 050	4	3 165	4
贵　州	20 742.0	21	21 651.6	22	653	21	545	24
云　南	17 901.3	22	20 507.9	23	621	23	612	22
西　藏								
陕　西	37 215.1	14	61 603.3	9	1 323	12	1 428	12
甘　肃	25 677.6	17	26 769.0	18	1 000	17	1 089	17
青　海	7 084.2	27	4 912.9	28	148	28	180	28
宁　夏	4 994.4	28	7 715.1	27	196	27	240	27
新　疆	13 100.9	24	16 274.1	25	426	25	405	25

1-139 总　量　指　标

地　区	大中型工业企业技术开发投资额（万元）				国有企事业单位专业技术人员数（人）			
	1990年		1991年		1990年		1991年	
	指标值	位次	指标值	位次	指标值	位次	指标值	位次
北　京	35 822.0	7	38 297.6	9	536 800	6	676 573	11
天　津	26 646.9	11	15 354.6	18	271 675	21	368 370	25
河　北	35 005.2	8	45 634.8	7	470 342	9	766 723	8
山　西	16 237.7	15	21 985.3	14	323 808	16	519 631	18
内蒙古	6 708.0	25	7 809.6	26	242 023	22	384 347	23
辽　宁	88 287.9	1	81 346.4	4	718 539	2	1 027 179	3
吉　林	13 301.9	20	16 967.2	17	339 775	14	570 127	13
黑龙江	31 084.1	9	24 108.2	12	533 957	7	813 865	6
上　海	54 344.4	5	86 048.3	2	451 603	10	605 458	12
江　苏	59 763.5	4	76 351.9	5	624 647	3	974 842	4
浙　江	14 328.8	18	21 927.3	15	310 742	17	522 160	17
安　徽	14 376.8	17	17 348.5	16	329 791	15	569 678	14
福　建	10 499.5	23	10 516.4	23	226 420	24	421 815	21
江　西	15 267.1	16	12 282.1	20	278 623	19	473 657	20
山　东	87 791.5	2	99 890.0	1	616 980	4	1 032 090	2
河　南	30 153.6	10	30 446.3	11	486 010	8	787 034	7
湖　北	25 221.8	12	41 809.6	8	561 417	5	868 449	5
湖　南	21 145.6	13	24 094.1	13	450 110	11	750 246	10
广　东	44 446.8	6	66 760.1	6	443 725	12	755 046	9
广　西	9 716.5	24	11 975.5	21	287 941	18	523 697	16
海　南			125.8	29	45 258	29	89 566	29
四　川	61 455.9	3	83 168.1	3	806 881	1	1 322 057	1
贵　州	11 899.5	22	11 376.3	22	217 510	25	374 923	24
云　南	13 606.4	19	12 958.1	19	272 831	20	495 787	19
西　藏					14 268	30	21 750	30
陕　西	20 283.8	14	30 580.2	10	379 016	13	548 565	15
甘　肃	12 709.7	21	10 314.0	24	202 276	26	319 189	26
青　海	5 016.9	27	2 469.2	28	63 907	27	92 614	28
宁　夏	3 602.6	28	4 178.4	27	60 173	28	98 044	27
新　疆	5 948.8	26	8 591.8	25	241 524	23	394 931	22

1-140 总　量　指　标

地　区	全国技术市场成交额（万元）				气象台站总数（个）			
	1990年		1991年		1990年		1991年	
	指标值	位次	指标值	位次	指标值	位次	指标值	位次
北　京	202 697	1	224 344	1	23	27	23	27
天　津	29 938	9	34 260	9	16	29	16	28
河　北	19 699	12	27 190	13	151	2	148	2
山　西	8 300	18	11 118	17	115	7	115	7
内蒙古	2 049	23	3 075	23	132	4	129	4
辽　宁	76 025	2	96 707	2	63	23	63	23
吉　林	12 196	16	22 687	15	64	22	64	22
黑龙江	18 624	13	33 774	10	85	16	87	16
上　海	51 500	4	93 311	3	14	30	14	29
江　苏	34 481	8	47 895	6	79	19	79	19
浙　江	13 623	15	16 236	16	70	21	70	21
安　徽	3 854	21	6 997	20	82	18	82	18
福　建	4 354	20	6 485	21	76	20	74	20
江　西	6 721	19	8 907	18	91	14	91	14
山　东	43 099	6	47 621	7	119	6	119	6
河　南	36 396	7	48 231	5	127	5	127	5
湖　北	45 168	5	30 447	12	85	17	85	17
湖　南	24 530	10	42 871	8	105	9	104	9
广　东	20 261	11	32 081	11	96	12	94	13
广　西	3 419	22	4 208	22	102	11	104	10
海　南	95	28	505	26	22	28		30
四　川	60 671	3	72 110	4	191	1	199	1
贵　州					89	15	89	15
云　南	10 243	17	8 137	19	137	3	136	3
西　藏					39	25	39	25
陕　西	18 561	14	24 443	14	104	10	104	11
甘　肃	1 397	25	1 589	25	96	13	96	12
青　海	345	27	361	28	56	24	56	24
宁　夏	927	26	422	27	25	26	24	26
新　疆	1 796	24	2 042	24	113	8	111	8

1-141 总　量　指　标

地区	专利申请受理量（项）				专利申请批准量（项）			
	1990年		1991年		1990年		1991年	
	指标值	位次	指标值	位次	指标值	位次	指标值	位次
北京	4 284	1	4 624	1	2 268	1	2 369	1
天津	975	16	1 362	13	637	13	607	13
河北	1 477	10	2 010	9	713	11	918	10
山西	640	18	787	19	382	17	380	17
内蒙古	347	23	431	23	170	23	153	24
辽宁	3 153	2	3 423	3	1 786	2	1 894	2
吉林	1 017	14	1 304	15	621	15	546	16
黑龙江	1 230	12	1 626	11	660	12	667	12
上海	1 526	9	1 778	10	924	8	1 025	9
江苏	2 706	3	3 547	2	1 455	3	1 482	4
浙江	2 243	5	2 571	6	989	7	1 217	7
安徽	471	21	688	20	296	20	255	22
福建	540	20	672	21	276	22	277	21
江西	601	19	825	17	282	21	300	20
山东	2 553	4	3 348	4	1 273	4	1 569	3
河南	1 133	13	1 571	12	621	16	595	14
湖北	1 238	11	1 302	16	721	10	671	11
湖南	2 190	6	2 536	7	1 126	5	1 174	8
广东	1 948	8	2 997	5	889	9	1 348	5
广西	650	17	815	18	298	19	347	18
海南	69	29	81	29	25	29	32	29
四川	2 091	7	2 436	8	1 045	6	1 232	6
贵州	267	25	373	26	136	26	130	26
云南	461	22	576	22	362	18	310	19
西藏	5	30	2	30	4	30	4	30
陕西	993	15	1 323	14	631	14	566	15
甘肃	307	24	391	25	166	24	190	23
青海	111	28	96	28	59	27	45	28
宁夏	114	27	145	27	48	28	62	27
新疆	250	26	402	24	139	25	135	25

1-142 总　量　指　标

地区	卫生机构数（个）				医院个数（个）			
	1990年		1991年		1990年		1991年	
	指标值	位次	指标值	位次	指标值	位次	指标值	位次
北　京	4 953	21	4 970	21	512	24	525	24
天　津	3 392	26	3 397	26	293	29	300	29
河　北	10 586	4	10 647	4	3 531	4	3 600	4
山　西	6 108	17	6 121	17	2 573	9	2 602	9
内蒙古	5 161	20	5 172	20	1 856	17	1 927	16
辽　宁	7 863	11	7 736	11	1 998	14	1 979	14
吉　林	4 407	23	4 369	23	1 354	21	1 352	21
黑龙江	8 945	8	8 878	9	1 654	18	1 675	18
上　海	7 690	12	7 554	12	462	25	463	27
江　苏	12 366	2	12 377	2	2 491	11	2 495	11
浙　江	8 917	9	8 983	8	3 351	5	3 379	5
安　徽	7 336	13	7 359	13	3 128	6	3 158	6
福　建	4 885	22	4 867	22	1 198	22	1 206	22
江　西	5 632	19	5 632	19	2 305	12	2 308	12
山　东	11 040	3	11 141	3	2 818	8	2 861	7
河　南	8 676	10	8 639	10	2 824	7	2 834	8
湖　北	10 472	6	10 509	6	2 024	13	2 111	13
湖　南	10 552	5	10 557	5	4 191	2	4 219	2
广　东	8 989	7	9 032	7	1 885	16	1 906	17
广　西	5 791	18	5 865	18	1 496	20	1 492	20
海　南	3 167	27	3 154	27	429	27	427	28
四　川	20 304	1	20 403	1	8 373	1	8 389	1
贵　州	6 949	14	6 908	14	3 721	3	3 630	3
云　南	6 671	15	6 708	15	1 908	15	1 928	15
西　藏	1 006	30	1 197	28	345	28	479	25
陕　西	6 416	16	6 433	16	2 521	10	2 577	10
甘　肃	4 132	24	4 178	24	1 541	19	1 550	19
青　海	1 218	28	1 184	29	446	26	472	26
宁　夏	1 165	29	1 129	30	177	30	154	30
新　疆	3 945	25	3 937	25	1 049	23	1 073	23

1-143 总 量 指 标

地 区	卫生床位数（万张）				医院床位数（万张）			
	1990年		1991年		1990年		1991年	
	指标值	位次	指标值	位次	指标值	位次	指标值	位次
北 京	6.0	23	6.2	22	5.5	23	5.9	22
天 津	3.6	26	3.8	25	3.3	26	3.5	26
河 北	14.6	8	14.8	8	12.6	8	12.9	8
山 西	10.5	12	10.8	12	9.8	11	10.1	11
内蒙古	6.1	22	6.3	21	5.8	22	5.9	23
辽 宁	19.7	2	20.1	2	17.4	2	17.6	2
吉 林	9.2	14	9.3	14	8.3	14	8.4	14
黑龙江	12.2	10	12.5	10	11.0	10	11.3	10
上 海	7.0	19	0.7	29	6.2	19	6.3	19
江 苏	16.4	5	16.8	5	14.5	5	14.8	5
浙 江	9.7	13	9.9	13	8.8	13	9.0	13
安 徽	10.8	11	11.1	11	9.6	12	9.9	12
福 建	6.8	20	6.9	19	6.1	20	6.2	20
江 西	9.2	15	9.3	15	8.3	15	8.3	15
山 东	17.7	4	18.2	4	16.0	4	16.5	4
河 南	18.2	3	18.5	3	16.4	3	16.6	3
湖 北	16.3	6	16.5	6	13.2	7	13.4	7
湖 南	14.7	7	14.9	7	13.4	6	13.5	6
广 东	12.4	9	13.0	9	11.4	9	11.9	9
广 西	7.5	18	7.7	18	6.9	18	7.1	18
海 南	2.2	27	2.1	26	2.1	27	2.1	27
四 川	24.1	1	24.7	1	21.5	1	22.0	1
贵 州	5.9	24	5.9	23	5.3	24	5.4	24
云 南	8.5	16	8.7	17	7.6	17	7.8	17
西 藏	0.5	30	0.5	30	0.5	30	0.5	30
陕 西	8.5	17	9.0	16	7.8	16	8.2	16
甘 肃	4.9	25	5.1	24	4.6	25	4.8	25
青 海	1.6	28	1.6	27	1.5	28	1.5	28
宁 夏	1.1	29	1.1	28	1.0	29	1.1	29
新 疆	6.7	21	6.8	20	6.1	21	6.2	21

1-144 总量指标

地区	卫生人员数（万人）				卫生技术人员（万人）			
	1990年		1991年		1990年		1991年	
	指标值	位次	指标值	位次	指标值	位次	指标值	位次
北京	15.6	16	16.1	14	11.2	18	11.4	18
天津	8.7	26	8.9	25	6.7	26	6.9	26
河北	21.9	10	22.4	9	18.1	8	18.3	8
山西	15.4	17	16.0	15	12.8	13	13.3	13
内蒙古	12.1	22	12.4	21	9.7	21	9.8	21
辽宁	29.7	4	30.5	3	22.3	3	22.9	4
吉林	15.8	15	16.3	13	12.0	14	12.4	14
黑龙江	22.7	9	23.3	8	17.3	10	17.8	9
上海	15.9	14	16.0	16	11.8	15	11.9	16
江苏	27.6	5	28.6	4	21.4	5	22.2	5
浙江	16.1	13	16.7	12	13.1	12	13.5	12
安徽	16.6	12	16.9	11	13.6	11	13.8	11
福建	10.4	23	10.6	22	8.7	22	8.9	22
江西	14.5	18	14.6	18	11.7	17	11.8	17
山东	30.7	3	30.8	2	24.1	2	24.1	2
河南	27.1	6	27.9	5	22.3	4	23.0	3
湖北	26.8	7	27.5	6	20.9	6	21.5	6
湖南	21.4	11	21.3	10	17.6	9	17.8	10
广东	24.4	8	25.0	7	19.5	7	19.9	7
广西	13.4	20	13.7	19	10.8	19	11.1	19
海南	3.6	27	3.7	27	2.9	27	3.0	27
四川	38.3	2	39.0	1	31.1	1	31.5	1
贵州	10.3	24	10.5	23	8.6	23	8.8	23
云南	12.6	21	12.9	20	10.2	20	10.4	20
西藏	0.9	30	1.0	30	0.7	30	0.8	30
陕西	14.5	19	14.8	17	11.8	16	12.0	15
甘肃	86.1	1	8.9	26	7.1	25	7.4	25
青海	2.5	28	2.5	28	2.0	28	2.0	28
宁夏	2.4	29	2.5	29	1.9	29	2.0	29
新疆	10.2	25	10.5	24	8.0	24	8.3	24

1-145 总　量　指　标

地区	城镇社区服务设施数（个）				建立社会保障网络的乡镇数（个）			
	1990年		1991年		1990年		1991年	
	指标值	位次	指标值	位次	指标值	位次	指标值	位次
北京			472	26			228	15
天津			2 762	15			20	26
河北			8 800	1			312	13
山西			2 579	16			130	18
内蒙古			710	23			33	25
辽宁			3 052	12			858	6
吉林			6 234	6			741	8
黑龙江			5 609	8			202	16
上海			1 236	20			85	20
江苏			3 520	11			1 602	2
浙江			5 662	7			503	10
安徽			2 877	14			316	12
福建			1 484	18			99	19
江西			1 242	19			1 213	4
山东			7 762	2			2 083	1
河南			3 776	10			1 554	3
湖北			7 488	4			940	5
湖南			2 910	13			524	9
广东			7 527	3			367	11
广西			486	25			41	23
海南			4	29			3	27
四川			6 733	5			813	7
贵州			436	27				
云南			618	24			72	21
西藏								
陕西			2 194	17			292	14
甘肃			5 307	9			185	17
青海			772	22			1	28
宁夏			812	21			67	22
新疆			154	28			38	24

1-146 总　量　指　标

地区	农村社会保障基金会(个)				离休、退休、退职人员数(万人)			
	1990年		1991年		1990年		1991年	
	指标值	位次	指标值	位次	指标值	位次	指标值	位次
北　京			338	24	85.4	11	91.4	12
天　津			73	29	57.3	17	59.7	19
河　北			5 021	12	84.5	12	91.8	11
山　西			903	21	56.4	18	60.0	18
内蒙古			87	28	36.5	24	44.0	24
辽　宁			1 413	19	195.2	1	203.5	1
吉　林			2 741	15	68.2	15	70.7	15
黑龙江			2 162	18	122.1	6	126.7	6
上　海			93	27	159.2	3	162.2	3
江　苏			2 273	16	154.0	4	157.6	4
浙　江			2 207	17	82.0	13	86.5	13
安　徽			6 200	9	69.8	14	77.4	14
福　建			381	23	47.9	22	48.2	23
江　西			20 763	4	57.7	16	61.2	16
山　东			28 202	2	117.5	7	126.5	7
河　南			21 468	3	93.2	10	100.2	10
湖　北			9 190	5	97.3	9	104.4	9
湖　南			37 920	1	102.4	8	109.1	8
广　东			7 663	7	125.7	5	133.5	5
广　西			813	22	44.1	23	48.5	22
海　南			187	26	18.5	27	19.8	27
四　川			6 007	11	183.9	2	191.4	2
贵　州			4 733	13	33.2	25	33.4	25
云　南			6 189	10	48.9	21	52.4	21
西　藏			266	25	1.5	30	2.4	30
陕　西			6 796	8	55.7	19	60.8	17
甘　肃			7 976	6	29.8	26	33.3	26
青　海			1	30	10.9	28	11.7	28
宁　夏			3 384	14	8.7	29	9.5	29
新　疆			1 181	20	53.8	20	55.5	20

1-147 总　量　指　标

地区	国有单位离休、退休、退职人员数（万人）				环保系统人员数（人）			
	1991年		1992年		1991年		1992年	
	指标值	位次	指标值	位次	指标值	位次	指标值	位次
北京	64.1	12	73.6	11	1 396	20	1 412	22
天津	42.8	20	45.3	21	1 258	24	1 310	24
河北	65.4	11	72.6	12	2 676	11	2 893	11
山西	45.3	18	48.7	19	2 870	9	3 409	8
内蒙古	29.4	24	36.7	23	1 852	15	1 896	16
辽宁	130.9	2	139.2	2	4 941	2	5 095	2
吉林	51.4	13	53.7	14	2 196	13	2 603	12
黑龙江	101.2	4	105.8	4	2 813	10	3 162	10
上海	113.2	3	117.0	3	1 952	14	2 030	15
江苏	90.2	5	96.0	5	3 744	5	3 994	5
浙江	48.6	16	53.7	15	2 264	12	2 415	13
安徽	49.4	15	55.7	13	1 849	16	1 860	18
福建	33.8	23	35.3	24	1 295	23	1 568	20
江西	47.5	17	50.1	17	1 758	18	1 863	17
山东	80.0	7	91.1	6	5 168	1	5 632	1
河南	73.8	8	80.9	8	3 812	4	4 553	3
湖北	72.8	10	79.8	10	2 975	8	3 368	9
湖南	73.1	9	80.1	9	3 439	6	3 666	6
广东	83.0	6	90.8	7	3 337	7	3 663	7
广西	34.2	22	39.1	22	1 526	19	1 646	19
海南	16.5	27	17.9	27	551	27	605	27
四川	135.7	1	143.2	1	4 092	3	4 351	4
贵州	28.6	25	28.9	26	1 222	25	1 237	25
云南	42.0	21	45.7	20	1 389	21	1 512	21
西藏	1.5	30	2.4	30	49	30	45	30
陕西	43.7	19	48.8	18	1 822	17	2 090	14
甘肃	26.8	26	29.6	25	1 303	22	1 380	23
青海	9.6	28	10.5	28	377	29	399	29
宁夏	7.6	29	8.4	29	519	28	597	28
新疆	51.2	14	52.9	16	1 116	26	1 107	26

1-148 总　量　指　标

地区	环保系统科学技术业务人员数（人）				环境污染与破坏事故次数（次）			
	1990年		1991年		1990年		1991年	
	指标值	位次	指标值	位次	指标值	位次	指标值	位次
北京	899	23	934	21	14	25	9	27
天津	778	25	824	22	174	7	14	25
河北	1 645	10	1 541	11	247	4	195	6
山西	1 433	12	1 267	14	18	23	83	14
内蒙古	1 289	15	1 073	16	17	24	18	23
辽宁	3 255	1	3 002	1	156	10	155	9
吉林	1 391	13	1 394	12	45	18	30	21
黑龙江	1 635	11	1 551	10	29	21	16	24
上海	1 205	16	1 072	17	40	19	35	19
江苏	2 668	3	2 599	4	483	1	490	1
浙江	1 657	9	1 602	9	168	8	219	4
安徽	1 350	14	1 271	13	156	11	125	10
福建	902	21	951	20	48	17	60	16
江西	988	19	954	19	148	12	97	13
山东	2 818	2	2 743	2	336	3	204	5
河南	1 928	7	1 867	7	166	9	105	12
湖北	1 872	8	1 779	8	98	14	111	11
湖南	2 227	5	2 272	5	121	13	179	8
广东	2 086	6	1 938	6	180	6	227	3
广西	1 112	17	1 121	15	234	5	188	7
海南	282	28	283	28	10	27	10	26
四川	2 662	4	2 655	3	379	2	239	2
贵州	900	22	818	24	50	16	73	15
云南	1 006	18	1 041	18	69	15	54	17
西藏	19	30	10	30				
陕西	978	20	823	23	37	20	34	20
甘肃	579	26	535	26	21	22	39	18
青海	268	29	239	29	7	28	6	28
宁夏	313	27	286	27			2	29
新疆	816	24	739	25	11	26	21	22

二、人　均　指　标

2-1 人 均 指 标

地　区	人均国民生产总值（元）				人均国内生产总值（元）			
	1990年		1991年		1990年		1991年	
	指标值	位次	指标值	位次	指标值	位次	指标值	位次
北　京	4 880	2	5 392	2	4 881	2	5 393	2
天　津	3 620	3	3 882	3	3 620	3	3 882	3
河　北	1 368	17	1 547	16	1 367	17	1 545	16
山　西	1 417	16	1 462	18	1 423	16	1 467	17
内蒙古	1 327	18	1 465	17	1 328	18	1 466	18
辽　宁	2 450	4	2 707	5	2 452	4	2 707	5
吉　林	1 617	10	1 718	12	1 617	10	1 718	12
黑龙江	1 895	8	2 091	8	1 901	8	2 099	8
上　海	5 818	1	6 675	1	5 818	1	6 675	1
江　苏	1 953	7	2 128	7	1 953	7	2 127	7
浙　江	1 978	6	2 310	6	1 978	6	2 310	6
安　徽	1 090	24	1 052	29	1 090	24	1 052	29
福　建	1 573	12	1 837	11	1 551	12	1 803	11
江　西	1 112	23	1 202	23	1 118	23	1 212	23
山　东	1 598	11	1 842	10	1 599	11	1 844	10
河　南	1 045	28	1 141	26	1 045	28	1 141	26
湖　北	1 496	13	1 587	15	1 493	13	1 584	15
湖　南	1 159	20	1 280	22	1 159	20	1 280	22
广　东	2 395	5	2 823	4	2 395	5	2 823	4
广　西	933	29	1 058	28	933	29	1 058	28
海　南	1 473	15	1 645	13	1 473	15	1 645	13
四　川	1 066	26	1 183	24	1 064	26	1 180	24
贵　州	793	30	889	30	794	30	890	30
云　南	1 074	25	1 147	25	1 074	25	1 147	25
西　藏	1 127	22	1 388	20	1 127	22	1 388	20
陕　西	1 151	21	1 301	21	1 148	21	1 298	21
甘　肃	1 061	27	1 135	27	1 059	27	1 133	27
青　海	1 478	14	1 592	14	1 478	14	1 592	14
宁　夏	1 320	19	1 429	19	1 320	19	1 429	19
新　疆	1 688	9	2 047	9	1 688	9	2 047	9

2-2 人均指标

地区	人均第一产业产值（元）				人均第二产业产值（元）			
	1990年		1991年		1990年		1991年	
	指标值	位次	指标值	位次	指标值	位次	指标值	位次
北京	428	17	440	17	2 557	2	2 814	2
天津	371	24	337	26	2 169	3	2 175	3
河北	380	22	381	22	646	12	740	12
山西	288	29	234	30	748	10	803	11
内蒙古	521	7	535	8	474	19	566	18
辽宁	428	18	456	14	1 373	4	1 488	4
吉林	513	8	488	12	748	11	823	10
黑龙江	479	12	429	18	1 030	5	1 181	6
上海	255	30	260	29	3 771	1	4 291	1
江苏	528	6	506	10	1 029	6	1 165	7
浙江	532	5	576	6	962	7	1 157	8
安徽	441	16	334	27	442	21	491	21
福建	500	10	563	7	589	15	717	13
江西	469	13	478	13	356	26	403	26
山东	510	9	613	5	763	9	876	9
河南	380	23	384	21	387	25	446	25
湖北	546	4	516	9	591	14	665	15
湖南	460	14	490	11	412	23	459	23
广东	626	3	660	4	955	8	1 189	5
广西	417	19	450	15	281	29	329	28
海南	713	1	765	1	312	27	376	27
四川	389	21	416	19	399	24	455	24
贵州	312	27	355	24	290	28	313	29
云南	456	15	449	16	428	22	476	22
西藏	500	11	705	3	165	30	190	30
陕西	324	26	353	25	482	18	561	19
甘肃	290	28	295	28	445	20	496	20
青海	394	20	394	20	600	13	655	16
宁夏	364	25	379	23	548	17	589	17
新疆	634	2	735	2	560	16	709	14

2-3 人 均 指 标

地区	人均第三产业产值（元）				人均国民收入（元）			
	1990年		1991年		1990年		1991年	
	指标值	位次	指标值	位次	指标值	位次	指标值	位次
北京	1 896	1	2 139	1	3 577	2	3 912	2
天津	1 080	3	1 370	3	2 981	3	3 240	3
河北	341	19	423	16	1 148	15	1 276	15
山西	388	15	430	15	1 124	16	1 135	19
内蒙古	332	20	364	20	1 080	18	1 202	16
辽宁	651	5	763	5	1 990	4	2 194	4
吉林	356	16	407	17	1 383	9	1 448	12
黑龙江	392	14	489	12	1 628	8	1 765	8
上海	1 792	2	2 125	2	4 822	1	5 423	1
江苏	396	13	456	14	1 689	7	1 830	7
浙江	484	7	577	7	1 717	6	2 010	6
安徽	207	28	227	28	933	24	888	29
福建	462	9	523	9	1 313	12	1 514	11
江西	293	23	331	23	943	22	1 018	23
山东	326	21	355	21	1 372	11	1 585	10
河南	278	25	311	25	880	27	960	27
湖北	355	17	402	18	1 248	13	1 305	14
湖南	286	24	330	24	976	20	1 061	21
广东	814	4	975	4	1 842	5	2 188	5
广西	235	27	279	27	798	29	896	28
海南	448	11	504	10	1 193	14	1 337	13
四川	277	26	309	26	903	26	980	26
贵州	192	29	221	30	654	30	736	30
云南	190	30	222	29	956	21	1 011	24
西藏	462	10	494	11	865	28	1 179	17
陕西	342	18	384	19	930	25	1 037	22
甘肃	324	22	341	22	938	23	1 002	25
青海	484	8	544	8	1 100	17	1 159	18
宁夏	408	12	461	13	1 024	19	1 099	20
新疆	494	6	603	6	1 374	10	1 658	9

2-4 人均指标

地区	人均工农业总产值（元）				人均农业总产值（元）			
	1990年		1991年		1990年		1991年	
	指标值	位次	指标值	位次	指标值	位次	指标值	位次
北京	7 582.3	3	8 782.2	3	661.1	16	701.6	14
天津	8 445.9	2	9 174.0	2	630.6	18	647.5	18
河北	2 459.9	13	2 762.1	14	594.1	21	610.1	20
山西	2 330.2	15	2 446.2	15	438.4	30	386.8	30
内蒙古	1 943.5	16	2 134.7	16	732.4	11	754.9	10
辽宁	4 795.8	5	5 436.3	5	698.1	12	759.8	9
吉林	3 035.1	10	3 216.2	10	774.0	8	754.7	11
黑龙江	3 144.4	9	3 460.1	9	695.8	13	696.0	15
上海	13 020.3	1	15 097.7	1	521.7	27	550.2	27
江苏	5 028.4	4	5 497.4	4	872.8	4	853.6	7
浙江	4 224.7	6	5 185.3	6	804.1	5	880.9	6
安徽	1 868.8	19	1 894.4	25	665.7	15	554.8	26
福建	2 562.5	12	2 994.1	11	770.9	9	839.6	8
江西	1 814.8	22	2 005.2	20	680.2	14	707.6	13
山东	3 421.6	8	3 976.1	8	777.6	7	929.5	5
河南	1 823.2	21	2 014.4	19	594.8	20	610.0	21
湖北	2 636.8	11	2 814.5	13	751.9	10	739.7	12
湖南	1 829.2	20	1 992.9	21	654.9	17	689.9	16
广东	4 046.5	7	4 972.9	7	971.2	2	1 024.4	3
广西	1 440.0	28	1 629.9	28	599.7	19	648.0	17
海南	1 736.4	24	1 981.6	22	1 055.6	1	1 133.6	1
四川	1 729.4	25	1 948.6	23	592.3	22	626.8	19
贵州	1 129.9	29	1 252.0	29	452.0	29	502.3	28
云南	1 509.6	27	1 641.3	27	573.8	23	593.5	22
西藏	926.9	30	1 084.4	30	786.8	6	932.6	4
陕西	1 882.7	18	2 078.7	18	522.4	26	555.1	25
甘肃	1 720.0	26	1 862.2	26	465.6	28	477.4	29
青海	1 796.6	23	1 901.3	24	552.5	24	559.6	24
宁夏	1 933.8	17	2 106.3	17	533.8	25	567.4	23
新疆	2 444.4	14	2 870.3	12	969.8	3	1 050.6	2

2-5 人 均 指 标

地区	人均工业总产值（元）				人均轻工业总产值（元）			
	1990年		1991年		1990年		1991年	
	指标值	位次	指标值	位次	指标值	位次	指标值	位次
北 京	6 921.1	3	8 080.6	3	3 047.9	3	3 556.2	3
天 津	7 815.3	2	8 526.5	2	3 987.6	2	4 128.2	2
河 北	1 865.8	13	2 152.0	12	905.7	11	1 022.7	10
山 西	1 891.7	11	2 059.4	14	482.8	23	519.7	25
内蒙古	1 211.1	21	1 379.8	20	506.5	20	551.4	22
辽 宁	4 097.7	5	4 676.6	4	1 337.7	8	1 443.3	8
吉 林	2 261.1	10	2 461.5	10	947.0	10	980.9	11
黑龙江	2 448.6	9	2 764.1	9	822.3	13	891.2	14
上 海	12 498.6	1	14 547.5	1	6 483.8	1	7 294.3	1
江 苏	4 155.6	4	4 643.8	5	2 273.1	4	2 472.1	6
浙 江	3 420.6	6	4 304.4	6	2 228.9	5	2 804.5	4
安 徽	1 203.0	22	1 339.5	22	624.4	15	687.0	15
福 建	1 791.6	14	2 154.5	11	1 111.4	9	1 351.5	9
江 西	1 134.6	25	1 297.6	25	505.7	21	577.3	19
山 东	2 643.9	8	3 046.6	8	1 343.6	7	1 555.2	7
河 南	1 228.4	20	1 404.4	18	560.6	17	637.5	17
湖 北	1 884.8	12	2 074.8	13	891.3	12	970.2	12
湖 南	1 174.4	23	1 302.9	24	521.8	19	573.9	20
广 东	3 075.3	7	3 948.6	7	2 075.1	6	2 594.6	5
广 西	840.3	27	981.9	27	464.4	24	528.9	24
海 南	680.8	28	848.0	28	463.3	25	569.2	21
四 川	1 137.1	24	1 321.7	23	526.4	18	614.5	18
贵 州	677.8	29	749.7	29	287.5	29	316.3	29
云 南	935.8	26	1 047.9	26	491.0	22	542.7	23
西 藏	140.2	30	151.8	30	42.0	30	45.1	30
陕 西	1 360.3	17	1 523.6	17	577.9	16	642.0	16
甘 肃	1 254.4	18	1 384.8	19	360.7	27	376.1	28
青 海	1 244.1	19	1 341.7	21	359.7	28	391.4	27
宁 夏	1 400.0	16	1 538.9	16	388.8	26	411.4	26
新 疆	1 474.6	15	1 819.6	15	727.7	14	900.0	13

2-6 人　均　指　标

地区	居民消费水平（元）				农业居民消费水平（元）			
	1989年		1990年		1989年		1990年	
	指标值	位次	指标值	位次	指标值	位次	指标值	位次
北　京	1 284	2	1 548	2	1 148	2	1 199	2
天　津	1 258	3	1 310	3	840	3	814	3
河　北	635	17	664	19	518	14	539	18
山　西	571	22	607	25	405	27	434	27
内蒙古	679	14	703	16	518	15	528	19
辽　宁	1 065	4	1 074	4	644	8	610	11
吉　林	847	8	882	9	593	11	618	10
黑龙江	836	9	918	6	519	13	561	13
上　海	1 837	1	1 908	1	1 418	1	1 366	1
江　苏	812	10	841	10	711	6	703	7
浙　江	860	6	912	7	741	4	786	4
安　徽	574	21	588	26	472	18	482	23
福　建	794	11	837	11	681	7	722	5
江　西	565	24	652	20	468	19	565	12
山　东	627	18	681	17	510	16	551	15
河　南	456	29	499	29	353	29	398	28
湖　北	736	12	759	13	614	9	621	9
湖　南	556	26	666	18	450	21	554	14
广　东	957	5	972	5	722	5	715	6
广　西	525	27	576	27	424	24	467	24
海　南	649	15	708	15	522	12	541	17
四　川	570	23	616	23	460	20	497	21
贵　州	441	30	445	30	353	30	352	30
云　南	512	28	628	22	425	23	520	20
西　藏	647	16	735	14	412	26	484	22
陕　西	587	20	614	24	420	25	444	25
甘　肃	561	25	552	28	363	28	382	29
青　海	731	13	786	12	493	17	544	16
宁　夏	608	19	634	21	439	22	444	26
新　疆	854	7	904	8	607	10	641	8

2-7 人 均 指 标

地区	非农业居民消费水平（元）				职工平均工资（元）			
	1989年		1990年		1990年		1991年	
	指标值	位次	指标值	位次	指标值	位次	指标值	位次
北京	1 368	8	1 764	4	2 653	4	2 877	4
天津	1 589	5	1 702	5	2 438	6	2 724	6
河北	1 331	9	1 411	8	2 019	20	2 156	22
山西	1 169	18	1 224	23	2 111	16	2 267	16
内蒙古	1 019	29	1 066	29	1 846	27	2 012	27
辽宁	1 635	4	1 700	6	2 180	11	2 371	12
吉林	1 243	14	1 288	19	1 888	25	2 045	26
黑龙江	1 270	13	1 404	9	1 850	26	2 070	25
上海	2 045	2	2 172	2	2 917	3	3 375	1
江苏	1 206	15	1 354	13	2 129	15	2 302	14
浙江	1 421	7	1 495	7	2 220	10	2 422	9
安徽	1 150	23	1 190	27	1 827	28	1 959	29
福建	1 330	10	1 385	11	2 162	12	2 420	10
江西	945	30	993	30	1 729	30	1 842	30
山东	1 176	17	1 245	20	2 149	13	2 292	15
河南	1 167	19	1 193	26	1 825	29	1 964	28
湖北	1 157	20	1 237	21	1 903	24	2 081	24
湖南	1 157	21	1 290	18	2 038	19	2 177	21
广东	1 707	3	1 768	3	2 929	2	3 358	2
广西	1 107	26	1 196	25	2 049	17	2 262	17
海南	1 142	24	1 344	14	1 982	22	2 194	19
四川	1 205	16	1 302	17	2 011	21	2 194	20
贵州	1 062	28	1 107	28	1 947	23	2 090	23
云南	1 087	27	1 307	16	2 130	14	2 328	13
西藏	2 078	1	2 329	1	3 178	1	3 355	3
陕西	1 300	11	1 336	15	2 042	18	2 198	18
甘肃	1 561	6	1 402	10	2 407	7	2 566	7
青海	1 292	12	1 365	12	2 632	5	2 752	5
宁夏	1 156	22	1 229	22	2 252	9	2 408	11
新疆	1 138	25	1 209	24	2 289	8	2 455	8

2-8 人均指标

地区	人均年末实有耕地面积（亩）				人均粮食产量（公斤）			
	1990年		1991年		1990年		1991年	
	指标值	位次	指标值	位次	指标值	位次	指标值	位次
北京	0.58	29	0.57	29	249.3	27	256.6	26
天津	0.74	25	0.72	25	217.1	29	221.4	29
河北	1.63	9	1.59	9	378.2	16	366.5	14
山西	1.95	7	1.89	8	340.5	17	254.2	27
内蒙古	3.48	2	3.45	2	454.1	5	441.0	4
辽宁	1.33	12	1.30	12	381.2	14	385.2	13
吉林	2.42	5	2.37	5	837.7	1	760.8	1
黑龙江	3.76	1	3.73	1	655.7	2	608.1	2
上海	0.37	30	0.36	30	183.3	30	180.5	30
江苏	1.03	17	1.00	17	485.7	3	439.2	5
浙江	0.62	27	0.61	26	378.7	15	401.1	11
安徽	1.18	15	1.14	15	441.0	8	311.6	18
福建	0.63	26	0.61	27	296.5	22	290.9	20
江西	0.94	20	0.92	20	441.9	7	423.6	8
山东	1.23	13	1.20	13	402.9	11	459.1	3
河南	1.23	14	1.19	14	391.4	13	345.8	15
湖北	0.97	19	0.95	19	462.7	4	409.8	10
湖南	0.82	24	0.80	24	436.9	9	434.8	7
广东	0.61	28	0.59	28	306.7	21	289.8	21
广西	0.93	21	0.91	21	324.1	19	312.4	17
海南	1.00	18	0.98	18	260.5	24	265.8	24
四川	0.88	22	0.87	22	396.7	12	399.1	12
贵州	0.86	23	0.84	23	224.0	28	269.0	23
云南	1.16	16	1.14	16	286.5	23	291.0	19
西藏	1.52	11	1.49	11	253.4	26	258.9	25
陕西	1.63	10	1.58	10	329.1	18	313.5	16
甘肃	2.36	6	2.30	6	312.0	20	289.7	22
青海	1.95	8	1.93	7	256.8	25	254.1	28
宁夏	2.58	4	2.52	4	411.0	10	417.3	9
新疆	3.10	3	3.03	3	446.7	6	434.9	6

2-9 人　均　指　标

地　区	人均棉花产量（公斤）				人均油料产量（公斤）			
	1990年		1991年		1990年		1991年	
	指标值	位次	指标值	位次	指标值	位次	指标值	位次
北　京	0.28	18	0.28	18	2.9	30	3.0	30
天　津	1.72	11	2.79	10	5.4	26	5.0	27
河　北	9.49	4	10.24	4	12.4	17	11.8	17
山　西	3.94	8	3.83	8	13.8	14	10.2	20
内蒙古					32.4	1	33.0	1
辽　宁	0.36	16	1.06	16	4.5	28	5.1	25
吉　林					19.1	6	17.4	7
黑龙江					4.9	27	4.3	29
上　海	0.92	15	1.20	15	13.9	13	14.9	13
江　苏	6.98	6	8.18	6	16.9	9	16.8	9
浙　江	1.53	12	1.79	13	11.5	19	10.9	18
安　徽	4.24	7	4.74	7	23.2	5	17.0	8
福　建					6.0	24	5.1	26
江　西	1.52	13	2.84	9	14.6	11	16.2	10
山　东	11.71	2	15.84	2	25.5	4	27.3	3
河　南	8.01	5	10.89	3	18.0	7	14.7	14
湖　北	9.67	3	8.97	5	17.9	8	19.4	5
湖　南	1.98	10	2.42	12	11.9	18	13.7	16
广　东					9.5	21	8.9	21
广　西	0.00	26	0.02	21	6.0	25	5.6	24
海　南					6.9	23	7.0	23
四　川	1.07	14	1.35	14	14.5	12	16.2	11
贵　州	0.03	19	0.03	19	13.6	15	18.8	6
云　南	0.01	20	0.03	20	3.6	29	4.6	28
西　藏					7.8	22	8.0	22
陕　西	2.40	9	2.70	11	10.3	20	10.6	19
甘　肃	0.36	17	0.53	17	15.2	10	14.3	15
青　海					27.0	2	29.3	2
宁　夏					13.4	16	15.2	12
新　疆	31.44	1	41.44	1	26.1	3	26.3	4

2-10 人 均 指 标

地 区	人均猪牛羊肉产量（公斤）				人均猪肉产量（公斤）			
	1990年		1991年		1990年		1991年	
	指标值	位次	指标值	位次	指标值	位次	指标值	位次
北 京	19.2	18	22.8	13	17.5	16	20.9	10
天 津	11.6	29	11.8	29	10.2	25	10.2	25
河 北	20.1	16	21.2	17	17.9	14	18.7	15
山 西	10.3	30	11.4	30	7.9	28	8.7	28
内蒙古	23.4	9	26.0	7	13.4	21	14.3	20
辽 宁	20.1	17	22.3	15	18.9	12	20.7	12
吉 林	17.7	22	18.8	21	15.9	18	16.4	18
黑龙江	13.0	28	15.5	26	11.2	24	13.2	22
上 海	18.1	21	17.4	24	17.8	15	17.2	17
江 苏	23.8	8	24.0	10	22.4	6	22.5	7
浙 江	20.4	14	21.1	18	20.1	10	20.8	11
安 徽	17.5	23	17.5	23	15.2	19	15.2	19
福 建	21.6	12	22.5	14	21.2	7	22.1	9
江 西	27.3	5	29.7	5	27.0	3	29.2	3
山 东	22.5	10	24.3	9	18.5	13	19.8	14
河 南	14.7	25	16.2	25	11.6	23	12.5	24
湖 北	25.7	6	27.0	6	25.3	4	26.4	4
湖 南	31.2	4	32.3	4	30.9	2	31.9	2
广 东	24.0	7	25.4	8	23.5	5	24.7	5
广 西	21.5	13	23.6	12	20.7	9	22.7	6
海 南	18.6	19	19.9	19	17.1	17	18.1	16
四 川	37.9	2	39.9	2	36.9	1	38.8	1
贵 州	22.2	11	23.8	11	21.1	8	22.5	8
云 南	20.3	15	21.6	16	19.3	11	20.5	13
西 藏	40.2	1	40.6	1	2.3	30	2.2	30
陕 西	13.7	26	15.1	27	12.0	22	13.1	23
甘 肃	16.9	24	18.3	22	13.6	20	14.2	21
青 海	34.2	3	34.4	3	9.9	26	10.2	26
宁 夏	13.6	27	13.9	28	8.9	27	8.8	27
新 疆	18.6	20	19.3	20	3.3	29	3.2	29

2-11 人 均 指 标

地区	人均牛奶产量（公斤）				人均禽蛋产量（公斤）			
	1990年		1991年		1990年		1991年	
	指标值	位次	指标值	位次	指标值	位次	指标值	位次
北京	20.5	5	21.9	5	24.3	1	25.6	1
天津	8.9	8	9.9	9	21.4	2	0.0	29
河北	2.4	18	2.6	17	8.5	10	0.0	30
山西	6.3	11	7.2	10	5.6	15	6.6	11
内蒙古	18.5	6	18.5	7	5.8	13	6.0	12
辽宁	3.9	13	4.4	13	11.5	6	13.9	4
吉林	5.0	12	5.1	12	10.2	7	11.0	7
黑龙江	29.1	3	34.1	3	8.8	9	11.1	6
上海	17.4	7	19.1	6	11.6	5	13.1	5
江苏	1.3	21	1.5	21	13.5	4	14.4	3
浙江	2.7	16	3.1	16	4.5	18	5.0	14
安徽	0.5	26	0.4	26	5.9	12	6.0	13
福建	1.7	20	1.7	20	4.3	21	5.0	15
江西	0.6	25	0.7	25	4.5	19	4.9	16
山东	3.6	15	3.7	14	14.9	3	18.4	2
河南	0.9	23	0.9	24	7.1	11	8.5	9
湖北	1.0	22	1.0	22	9.7	8	10.1	8
湖南	0.2	28	0.2	28	4.6	17	4.7	17
广东	0.9	24	1.0	23	3.0	24	3.4	22
广西	0.2	29	0.2	29	1.6	27	1.9	24
海南	0.2	30		30	1.8	26	1.8	25
四川	2.5	17	2.6	18	4.4	20	4.7	18
贵州	0.3	27	0.3	27	1.4	28	1.4	26
云南	2.1	19	2.3	19	1.3	29	1.3	27
西藏	72.1	1	79.0	1	0.5	30	0.4	28
陕西	6.5	10	7.1	11	5.7	14	7.6	10
甘肃	3.7	14	3.6	15	3.8	23	4.1	21
青海	47.3	2	43.9	2	2.5	25	2.4	23
宁夏	8.9	9	11.6	8	4.8	16	4.6	19
新疆	23.9	4	24.3	4	4.2	22	4.3	20

2-12 人 均 指 标

地区	人均水产品产量（公斤）				人均布产量（米）			
	1990年		1991年		1990年		1991年	
	指标值	位次	指标值	位次	指标值	位次	指标值	位次
北京	4.9	15	5.1	15	29.5	5	28.9	5
天津	12.5	10	12.1	10	56.6	2	52.2	2
河北	3.6	17	3.8	17	21.1	9	20.2	9
山西	0.4	28	0.4	28	15.1	12	14.6	12
内蒙古	1.4	22	1.5	22	5.0	22	5.0	22
辽宁	27.4	4	28.7	5	16.5	11	16.0	11
吉林	2.9	18	3.1	18	8.1	16	7.7	16
黑龙江	4.2	16	4.6	16	7.0	21	7.2	19
上海	20.9	6	21.7	7	114.0	1	109.3	1
江苏	17.8	8	17.3	8	43.5	3	39.7	3
浙江	33.2	3	36.1	2	37.4	4	32.3	4
安徽	5.2	14	5.5	14	12.1	14	11.6	14
福建	40.0	1	44.4	1	7.6	18	6.9	21
江西	8.2	12	8.8	11	8.2	15	7.3	18
山东	20.2	7	23.2	6	26.0	7	24.8	7
河南	1.2	23	1.2	24	13.2	13	12.2	13
湖北	13.3	9	12.7	9	26.3	6	25.8	6
湖南	8.7	11	8.6	12	7.7	17	7.0	20
广东	33.6	2	35.2	3	7.4	20	7.5	17
广西	7.7	13	8.6	13	4.2	25	4.2	25
海南	25.7	5	29.7	4	0.3	29	0.6	29
四川	2.2	19	2.4	20	7.6	19	7.8	15
贵州	0.7	26	0.7	26	3.2	26	2.7	26
云南	1.2	24	1.3	23	4.9	24	4.6	24
西藏	0.1	30	0.1	30		30		30
陕西	0.6	27	0.7	27	22.4	8	20.9	8
甘肃	0.2	29	0.2	29	3.1	27	2.3	27
青海	0.8	25	0.9	25	5.0	23	4.7	23
宁夏	2.2	20	2.5	19	2.6	28	2.3	28
新疆	1.6	21	1.6	21	20.1	10	18.1	10

2-13 人 均 指 标

地　区	人均标准能源消费量（公斤标准煤）				人均电力消费量（千瓦小时）			
	1989年		1990年		1989年		1990年	
	指标值	位次	指标值	位次	指标值	位次	指标值	位次
北　京	2 503.3	1	2 552.0	1	1 546.2	2	1 640.4	2
天　津	2 308.4	3	2 380.5	3	1 400.8	3	1 427.0	3
河　北	1 056.7	12	1 017.3	12	602.5	11	588.3	12
山　西	1 701.2	5	1 655.0	5	892.7	7	897.6	7
内蒙古	1 063.1	11	1 131.4	11	534.0	13	568.6	14
辽　宁	2 012.7	4	2 003.3	4	1 139.1	4	1 178.6	5
吉　林	1 420.9	7	1 442.1	8	754.3	10	780.9	10
黑龙江	1 468.2	6	1 498.7	7	803.2	8	840.4	8
上　海	2 419.2	2	2 430.2	2	1 944.0	1	2 026.3	1
江　苏	866.3	14	828.2	14	598.9	12	619.1	11
浙　江	589.4	23	616.0	22	506.9	18	549.9	15
安　徽	489.8	24	495.5	25	321.5	24	333.2	25
福　建	488.8	25	489.1	26	451.3	19	460.7	20
江　西	484.4	26	461.6	27	335.8	23	340.2	23
山　东	811.5	15	820.3	15	520.3	15	538.9	16
河　南	626.3	21	616.8	21	405.2	21	400.7	21
湖　北	773.6	16	747.2	16	514.0	16	525.9	17
湖　南	634.8	20	629.6	20	358.2	22	373.6	22
广　东	666.4	19	657.2	19	525.4	14	580.4	13
广　西	291.3	28	311.2	28	265.2	28	298.6	28
海　南			185.9	29			214.4	29
四　川	611.1	22	590.7	23	303.6	26	325.6	26
贵　州	676.3	18	662.7	18	301.8	27	320.7	27
云　南	471.4	27	529.6	24	305.5	25	337.6	24
西　藏								
陕　西	683.2	17	688.2	17	513.8	17	523.4	18
甘　肃	987.9	13	981.3	13	783.8	9	803.5	9
青　海	1 219.7	10	1 141.9	10	945.1	6	950.7	6
宁　夏	1 366.7	8	1 528.6	6	1 125.3	5	1 189.6	4
新　疆	1 302.8	9	1 383.2	9	434.8	20	469.3	19

2-14 人 均 指 标

地区	人均邮电业务总量（元）				人均函件数（件）			
	1990年		1991年		1990年		1991年	
	指标值	位次	指标值	位次	指标值	位次	指标值	位次
北京	112.0	1	144.4	1	31.8	1	31.3	1
天津	37.6	4	49.7	4	8.5	4	7.0	5
河北	9.2	18	11.8	15	4.0	19	3.7	19
山西	9.0	19	11.1	19	3.9	20	3.4	22
内蒙古	9.8	14	11.5	16	3.8	21	3.6	20
辽宁	21.4	6	27.2	7	5.6	9	4.9	9
吉林	17.0	8	20.6	9	6.5	6	5.3	8
黑龙江	13.5	11	16.4	11	4.7	14	4.4	13
上海	80.6	2	98.3	2	22.7	2	23.5	2
江苏	15.0	10	19.8	10	5.5	10	4.8	10
浙江	21.0	7	27.4	6	8.3	5	7.8	4
安徽	6.1	27	7.5	26	3.0	27	2.5	27
福建	24.7	5	31.1	5	5.7	8	5.7	6
江西	7.6	23	9.5	21	4.6	16	4.0	16
山东	9.3	16	12.1	14	3.5	23	3.3	24
河南	5.8	29	6.8	29	2.6	28	2.0	29
湖北	9.0	20	11.3	17	4.5	17	3.8	17
湖南	7.3	24	9.3	23	3.3	26	3.1	26
广东	42.5	3	60.8	3	8.9	3	8.9	3
广西	6.3	25	7.7	25	3.5	24	3.5	21
海南	16.2	9	23.6	8	5.4	11	5.6	7
四川	6.0	28	7.3	27	3.4	25	3.3	25
贵州	4.2	30	4.8	30	1.7	30	1.7	30
云南	6.2	26	7.0	28	2.4	29	2.5	28
西藏	7.8	21	9.5	22	3.6	22	3.4	23
陕西	9.3	17	11.3	18	4.9	13	4.4	14
甘肃	7.8	22	9.2	24	4.7	15	3.8	18
青海	12.5	12	13.8	13	6.3	7	4.6	12
宁夏	9.4	15	11.1	20	4.4	18	4.3	15
新疆	11.6	13	13.9	12	5.0	12	4.8	11

2-15 人 均 指 标

地区	每百人包件数（件）				每百人报刊期发数（份）			
	1990年		1991年		1990年		1991年	
	指标值	位次	指标值	位次	指标值	位次	指标值	位次
北京	79.0	1	59.3	1	68.5	1	73.5	1
天津	16.7	3	14.0	4	30.1	4	27.2	7
河北	13.3	5	13.2	5	13.3	23	15.8	20
山西	4.5	26	5.5	19	18.2	10	21.2	12
内蒙古	5.4	21	4.9	23	16.2	15	19.3	15
辽宁	10.0	9	9.1	10	30.0	5	28.2	6
吉林	11.9	6	10.6	8	15.7	17	15.1	23
黑龙江	10.6	7	9.5	9	18.2	11	21.5	11
上海	42.4	2	43.8	2	58.9	2	66.7	2
江苏	9.9	10	11.1	6	25.0	7	23.8	9
浙江	16.1	4	14.4	3	16.9	13	18.9	16
安徽	4.9	25	5.5	20	12.0	28	19.5	14
福建	9.9	11	8.5	12	20.7	8	20.5	13
江西	6.2	15	6.7	15	13.1	24	13.6	27
山东	5.9	19	5.1	21	12.6	27	13.8	26
河南	5.2	24	4.5	26	13.6	21	12.1	28
湖北	6.2	16	6.6	16	26.1	6	25.8	8
湖南	6.2	17	8.1	14	16.3	14	33.2	4
广东	10.3	8	11.1	7	17.0	12	22.2	10
广西	4.2	28	4.8	24	13.4	22	15.2	22
海南	6.3	14	6.1	17	16.2	16	16.9	18
四川	5.4	22	5.1	22	13.8	20	14.0	25
贵州	2.3	30	2.2	30	8.6	30	9.3	30
云南	3.8	29	3.4	28	12.8	26	15.9	19
西藏	5.3	23	3.7	27	8.9	29	12.1	29
陕西	8.7	13	8.3	13	15.5	19	33.4	3
甘肃	6.0	18	5.8	18	12.9	25	14.4	24
青海	5.7	20	4.6	25	15.7	18	15.3	21
宁夏	4.5	27	3.4	29	18.5	9	17.9	17
新疆	9.9	12	9.0	11	54.0	3	29.6	5

2-16 人 均 指 标

地区	每万人口年末市内电话（户）				每万人口年末农村电话（户）			
	1990年		1991年		1990年		1991年	
	指标值	位次	指标值	位次	指标值	位次	指标值	位次
北京	312.0	1	360.6	2	1.7	29	1.6	28
天津	169.6	3	193.6	3	1.8	28	1.6	29
河北	32.9	19	40.8	18	6.3	19	7.0	18
山西	40.9	17	46.7	16	5.5	23	5.4	24
内蒙古	69.1	8	75.2	11	9.5	11	9.9	11
辽宁	89.7	5	104.5	5	20.2	5	21.9	5
吉林	83.2	6	100.3	6	20.5	4	22.6	4
黑龙江	69.8	7	86.3	7	10.1	9	11.6	9
上海	300.5	2	363.3	1	49.2	2	59.4	2
江苏	47.5	15	61.8	13	12.8	8	14.7	7
浙江	66.9	9	84.8	8	30.0	3	37.4	3
安徽	24.4	24	29.6	24	5.9	21	6.3	21
福建	63.0	10	78.2	9	14.0	6	16.7	6
江西	26.9	23	32.3	23	6.6	17	7.1	17
山东	31.8	20	38.6	19	8.8	12	9.5	12
河南	20.8	26	24.9	27	6.2	20	6.4	20
湖北	31.4	21	36.5	21	13.2	7	13.7	8
湖南	20.4	27	25.2	26	6.9	16	8.4	14
广东	116.5	4	153.2	4	66.4	1	85.1	1
广西	21.2	25	25.6	25	8.3	13	8.8	13
海南	55.2	12	78.2	10	7.2	14	7.4	15
四川	19.8	28	24.1	29	5.6	22	6.1	22
贵州	18.0	30	19.5	30	5.1	26	5.1	25
云南	19.8	29	24.7	28	10.0	10	10.2	10
西藏	41.4	16	44.9	17	1.4	30	1.4	30
陕西	29.7	22	33.8	22	6.5	18	7.0	19
甘肃	33.5	18	38.0	20	5.2	25	5.6	23
青海	56.2	11	60.6	14	5.5	24	3.8	27
宁夏	51.0	14	56.9	15	3.9	27	4.3	26
新疆	52.9	13	62.3	12	7.1	15	7.2	16

2-17 人均指标

地区	每万人口社会商业机构数（个）				每万人口社会商业人员数（人）			
	1990年		1991年		1990年		1991年	
	指标值	位次	指标值	位次	指标值	位次	指标值	位次
北京	79.5	15	83.7	12	478.7	1	474.8	1
天津	83.7	11	83.3	13	415.4	3	410.6	3
河北	81.7	12	82.8	14	247.4	14	251.9	14
山西	68.4	20	72.1	19	233.1	15	232.4	16
内蒙古	66.5	24	68.4	23	288.0	9	291.0	10
辽宁	90.6	8	95.2	8	373.2	5	390.4	5
吉林	80.2	13	85.2	11	382.2	4	392.0	4
黑龙江	67.1	23	70.1	21	351.4	7	355.2	7
上海	67.6	22	69.0	22	441.3	2	457.7	2
江苏	85.5	10	87.0	10	262.0	12	267.3	12
浙江	136.3	1	138.8	1	293.2	8	302.3	8
安徽	69.0	19	71.3	20	215.9	21	213.9	21
福建	90.4	9	90.5	9	228.1	17	228.6	17
江西	72.1	18	73.5	18	228.3	16	235.3	15
山东	94.1	6	99.7	5	273.3	11	290.4	11
河南	55.7	30	60.2	30	185.6	25	193.3	25
湖北	75.8	17	75.5	17	253.8	13	253.5	13
湖南	79.9	14	81.9	15	216.1	20	222.0	20
广东	120.2	2	126.7	2	366.0	6	377.1	6
广西	91.7	7	95.5	7	196.3	24	199.6	24
海南	112.2	3	119.2	3	282.7	10	294.8	9
四川	94.8	5	99.2	6	201.8	23	209.0	22
贵州	63.3	27	62.8	28	135.7	30	132.7	30
云南	63.6	26	65.8	25	148.8	29	152.3	29
西藏	96.8	4	106.2	4	215.7	22	205.9	23
陕西	61.9	28	64.5	27	219.9	18	227.6	18
甘肃	57.2	29	60.6	29	164.0	28	173.6	28
青海	67.8	21	65.7	26	184.9	26	185.0	27
宁夏	64.3	25	67.1	24	179.4	27	186.1	26
新疆	76.9	16	80.7	16	218.5	19	223.7	19

2-18 人 均 指 标

地区	每万人口社会零售商业机构数（个）				每万人口社会零售商业人员数（人）			
	1990年		1991年		1990年		1991年	
	指标值	位次	指标值	位次	指标值	位次	指标值	位次
北京	77.0	12	81.2	11	353.2	1	351.5	1
天津	79.9	10	79.1	12	275.1	4	275.4	4
河北	78.0	11	79.1	13	190.3	13	193.2	13
山西	63.6	23	67.4	19	172.3	17	170.9	18
内蒙古	61.9	24	63.7	23	205.7	11	206.4	11
辽宁	86.5	8	91.2	8	255.1	6	271.9	5
吉林	76.2	13	81.4	10	261.9	5	271.0	6
黑龙江	64.0	21	67.4	20	249.2	7	252.1	7
上海	63.8	22	65.2	22	323.2	2	327.5	2
江苏	76.2	14	77.1	14	194.2	12	196.7	12
浙江	131.5	1	133.9	1	236.4	8	243.8	8
安徽	64.3	20	66.7	21	163.7	19	161.9	20
福建	85.5	9	85.6	9	176.8	15	178.0	15
江西	67.6	18	68.7	17	178.5	14	183.9	14
山东	90.6	5	96.0	5	216.0	10	230.0	10
河南	51.5	30	56.2	29	126.8	27	135.5	27
湖北	68.9	17	68.5	18	173.6	16	172.5	17
湖南	74.6	15	77.0	15	161.7	20	167.4	19
广东	114.9	2	121.5	2	289.1	3	300.2	3
广西	88.0	7	91.9	7	155.5	21	160.6	21
海南	107.2	3	114.4	3	218.5	9	231.3	9
四川	89.0	6	93.5	6	148.1	24	154.4	24
贵州	59.1	26	58.9	28	100.0	30	97.1	30
云南	59.0	27	61.2	26	107.7	29	109.5	29
西藏	94.0	4	99.9	4	153.7	23	157.4	23
陕西	57.9	28	60.5	27	171.6	18	176.4	16
甘肃	53.0	29	56.2	30	121.8	28	130.9	28
青海	64.7	19	62.8	25	141.2	25	141.2	26
宁夏	60.8	25	63.3	24	138.0	26	143.3	25
新疆	72.6	16	76.5	16	155.0	22	158.1	22

2-19 人　均　指　标

地　区	每万人口社会饮食业机构数（个）				每万人口社会饮食业人员数（人）			
	1990年		1991年		1990年		1991年	
	指标值	位次	指标值	位次	指标值	位次	指标值	位次
北　京	12.9	17	15.0	10	75.1	1	76.2	2
天　津	19.2	3	19.7	4	65.7	3	66.2	3
河　北	13.1	16	13.4	16	37.6	16	38.8	16
山　西	11.2	26	12.3	21	28.8	22	31.7	22
内蒙古	10.1	27	10.8	26	36.9	17	40.3	14
辽　宁	13.8	13	14.0	13	47.9	7	49.4	7
吉　林	11.5	22	12.0	23	46.3	9	45.7	10
黑龙江	9.9	28	9.9	27	48.5	6	48.3	8
上　海	14.0	11	14.9	11	71.4	2	80.0	1
江　苏	13.7	14	13.5	15	39.2	14	38.8	17
浙　江	19.4	2	20.9	2	39.9	12	42.6	11
安　徽	13.5	15	12.9	18	33.6	20	32.2	21
福　建	11.6	21	11.9	25	26.7	28	27.8	27
江　西	11.4	24	12.0	24	33.9	19	37.5	18
山　东	14.9	8	15.8	8	44.5	10	48.1	9
河　南	11.4	25	12.3	22	27.2	25	29.1	24
湖　北	14.3	9	14.0	14	35.7	18	34.6	19
湖　南	9.4	30	9.6	28	23.2	29	23.7	28
广　东	11.5	23	12.5	20	54.5	5	56.4	5
广　西	13.9	12	15.3	9	26.9	27	28.5	25
海　南	12.5	20	12.6	19	47.3	8	53.2	6
四　川	16.6	6	17.4	6	32.8	21	33.6	20
贵　州	9.5	29	9.6	29	17.6	30	16.6	30
云　南	12.7	19	13.2	17	27.8	24	28.1	26
西　藏	14.3	10	9.5	30	27.0	26	20.8	29
陕　西	16.2	7	16.6	7	38.3	15	39.5	15
甘　肃	12.8	18	14.1	12	28.4	23	30.9	23
青　海	18.6	4	19.9	3	39.6	13	41.2	13
宁　夏	18.0	5	18.6	5	40.7	11	41.9	12
新　疆	26.1	1	28.2	1	54.8	4	57.6	4

2-20 人 均 指 标

地区	每万人口社会服务业机构数（个）				每万人口社会服务业人员数（人）			
	1990年		1991年		1990年		1991年	
	指标值	位次	指标值	位次	指标值	位次	指标值	位次
北京	22.3	2	21.6	3	161.1	1	140.7	1
天津	15.6	11	15.7	13	65.4	3	65.4	3
河北	11.6	21	12.0	22	26.3	22	26.3	24
山西	8.9	25	10.0	25	25.5	24	26.7	23
内蒙古	16.6	8	17.0	10	42.5	9	41.6	9
辽宁	18.3	6	18.7	6	46.9	6	48.9	6
吉林	15.0	14	14.8	14	43.4	8	41.3	10
黑龙江	8.5	28	14.1	16	49.6	5	56.5	5
上海	19.0	4	18.9	5	114.3	2	91.4	2
江苏	18.9	5	18.5	7	40.2	10	40.3	11
浙江	26.7	1	26.5	1	46.9	7	47.5	7
安徽	10.9	22	11.4	23	29.7	18	31.6	18
福建	12.4	18	13.3	20	26.9	21	28.2	21
江西	16.1	10	16.5	12	35.4	12	37.7	14
山东	15.5	12	16.7	11	35.2	13	38.0	13
河南	10.0	24	9.6	26	22.4	26	22.8	26
湖北	13.7	15	14.1	17	31.5	16	32.0	17
湖南	12.4	19	12.5	21	24.9	25	24.8	25
广东	16.4	9	17.8	8	56.1	4	57.6	4
广西	11.7	20	13.4	19	30.4	17	31.6	19
海南	10.3	23	11.4	24	28.7	19	31.3	20
四川	21.9	3	23.5	2	35.6	11	41.8	8
贵州	8.2	29	8.2	29	16.8	29	15.7	29
云南	8.7	27	9.3	28	18.2	28	20.0	28
西藏	4.3	30	5.8	30	11.5	30	10.5	30
陕西	12.6	17	14.0	18	32.0	15	37.7	15
甘肃	8.9	26	9.6	27	19.4	27	21.8	27
青海	13.3	16	14.5	15	26.0	23	27.4	22
宁夏	18.1	7	19.0	4	35.2	14	38.5	12
新疆	15.2	13	17.6	9	28.7	20	32.2	16

2-21 人　均　指　标

地区	人均社会商品零售总额（元）				人均社会消费品总额（元）			
	1990年		1991年		1990年		1991年	
	指标值	位次	指标值	位次	指标值	位次	指标值	位次
北　京	2 898.4	1	3 282.1	1	2 760.5	1	3 118.5	1
天　津	1 716.8	3	1 887.2	3	1 607.8	3	1 778.5	3
河　北	632.6	19	701.8	18	511.7	20	567.7	20
山　西	647.3	18	707.4	16	555.3	17	614.3	18
内蒙古	682.4	15	750.7	15	609.5	14	669.5	13
辽　宁	1 172.9	5	1 284.7	5	1 073.8	5	1 174.6	5
吉　林	922.9	8	1 023.0	8	814.4	8	896.2	8
黑龙江	967.0	7	1 091.7	7	879.2	6	989.7	6
上　海	2 702.7	2	3 004.5	2	2 555.4	2	2 854.4	2
江　苏	900.6	9	978.1	9	774.9	9	849.5	9
浙　江	976.5	6	1 120.1	6	844.7	7	965.4	7
安　徽	497.3	24	523.7	27	406.6	26	432.8	28
福　建	782.0	10	846.2	11	700.3	10	755.4	11
江　西	484.3	27	525.0	26	404.9	27	440.9	26
山　东	685.0	14	777.6	12	552.6	18	628.3	15
河　南	470.9	28	507.8	28	372.4	29	404.9	29
湖　北	701.3	12	754.6	14	610.1	13	661.6	14
湖　南	567.3	21	631.8	21	486.0	22	543.0	21
广　东	1 183.8	4	1 341.5	4	1 078.9	4	1 230.6	4
广　西	490.8	26	550.5	24	417.1	25	466.5	25
海　南	614.4	20	672.7	20	571.3	16	627.8	16
四　川	507.1	23	573.1	23	438.9	23	496.3	23
贵　州	299.5	30	320.3	30	266.9	30	282.3	30
云　南	448.1	29	499.9	29	394.6	28	435.9	27
西　藏	675.8	16	674.6	19	587.7	15	618.3	17
陕　西	566.9	22	609.0	22	490.8	21	528.8	22
甘　肃	495.1	25	532.4	25	434.4	24	467.7	24
青　海	691.2	13	756.8	13	646.8	12	709.3	12
宁　夏	648.2	17	706.5	17	547.0	19	592.6	19
新　疆	777.3	11	889.2	10	699.3	11	788.1	10

2-22 人　均　指　标

地区	人均粮食零售量（公斤）				人均食用植物油零售量（公斤）			
	1990年		1991年		1990年		1991年	
	指标值	位次	指标值	位次	指标值	位次	指标值	位次
北　京	148.2	4	231.4	1	11.12	3	11.56	2
天　津	120.6	7	118.5	7	11.61	2	12.83	1
河　北	52.2	26	51.8	26	3.14	17	3.10	17
山　西	90.9	12	86.3	11	3.48	12	4.96	8
内蒙古	111.7	8	108.3	8	3.08	18	3.08	18
辽　宁	162.9	2	148.1	5	4.67	7	5.48	7
吉　林	153.3	3	176.9	3	5.65	5	6.49	5
黑龙江	140.1	5	167.7	4	5.70	4	6.74	4
上　海	214.3	1	212.5	2	12.25	1	10.61	3
江　苏	69.0	17	74.5	18	3.61	11	3.64	13
浙　江	57.6	23	69.4	21	2.98	19	3.30	16
安　徽	56.1	24	75.6	16	2.46	23	2.73	21
福　建	81.3	13	74.6	17	2.93	20	3.01	19
江　西	58.4	22	62.4	23	2.53	22	2.53	22
山　东	63.6	21	85.3	12	3.82	10	4.47	9
河　南	67.2	18	71.7	20	3.41	13	3.47	14
湖　北	76.1	14	77.9	13	3.94	9	4.07	11
湖　南	48.7	27	49.7	27	1.58	26	1.65	25
广　东	91.4	11	87.3	10	4.03	8	4.15	10
广　西	54.3	25	57.0	24	1.14	30	1.23	29
海　南	69.9	16	48.7	28	1.23	29	1.35	27
四　川	45.9	29	55.2	25	2.29	24	2.41	23
贵　州	39.4	30	40.5	29	1.37	27	1.58	26
云　南	48.7	28	40.2	30	1.30	28	0.85	30
西　藏	92.7	10	72.2	19	3.20	16	1.34	28
陕　西	64.1	20	76.4	15	3.38	14	3.47	15
甘　肃	66.8	19	66.0	22	1.85	25	2.11	24
青　海	98.7	9	97.9	9	3.38	15	3.99	12
宁　夏	70.9	15	77.6	14	2.59	21	2.74	20
新　疆	121.2	6	119.5	6	5.50	6	6.16	6

2-23 人　均　指　标

地　区	人均猪和猪肉零售量(头)				人均鲜蛋零售量(公斤)			
	1990年		1991年		1990年		1991年	
	指标值	位次	指标值	位次	指标值	位次	指标值	位次
北　京	0.34	2	0.36	2	10.1	1	9.7	1
天　津	0.24	3	0.26	4	8.9	2	8.7	3
河　北	0.07	23	0.07	21	0.8	24	0.9	23
山　西	0.06	26	0.07	22	0.8	25	1.7	11
内蒙古	0.07	24	0.06	25	0.6	29	0.6	26
辽　宁	0.14	12	0.14	12	3.4	5	3.9	5
吉　林	0.09	16	0.10	15	1.8	9	1.8	10
黑龙江	0.09	17	0.07	23	4.5	4	4.4	4
上　海	0.48	1	0.47	1	8.8	3	9.1	2
江　苏	0.15	11	0.17	10	2.1	7	2.1	7
浙　江	0.18	5	0.20	6	1.6	12	1.9	8
安　徽	0.09	18	0.10	16	1.2	16	1.2	19
福　建	0.14	13	0.13	13	1.7	10	1.7	12
江　西	0.12	14	0.13	14	1.4	13	1.6	14
山　东	0.05	27	0.06	26	1.1	19	1.1	21
河　南	0.08	20	0.08	19	1.1	20	1.3	17
湖　北	0.16	9	0.17	11	1.9	8	1.9	9
湖　南	0.17	6	0.19	7	1.2	17	1.4	16
广　东	0.24	4	0.29	3	2.5	6	3.1	6
广　西	0.16	10	0.18	8	0.7	27	0.8	25
海　南	0.17	7	0.24	5	0.9	23	1.2	20
四　川	0.17	8	0.18	9	1.1	21	1.1	22
贵　州	0.08	21	0.06	27	0.8	26	0.6	27
云　南	0.10	15	0.09	17	0.7	28	0.6	28
西　藏	0.09	19	0.09	18	1.4	14	0.1	30
陕　西	0.05	28	0.05	29	1.4	15	1.3	18
甘　肃	0.07	25	0.08	20	0.6	30	0.5	29
青　海	0.08	22	0.07	24	1.1	22	0.9	24
宁　夏	0.05	29	0.06	28	1.7	11	1.7	13
新　疆	0.05	30	0.05	30	1.2	18	1.6	15

2-24 人 均 指 标

地区	人均水产品零售量（公斤）				人均食糖零售量（公斤）			
	1990年		1991年		1990年		1991年	
	指标值	位次	指标值	位次	指标值	位次	指标值	位次
北京	4.90	9	4.77	9	4.99	6	2.57	9
天津	7.01	6	6.58	7	3.10	15	2.12	17
河北	1.43	20	1.41	21	2.48	24	2.42	13
山西	0.53	28	0.55	27	2.35	27	1.34	26
内蒙古	1.26	21	1.61	19	2.43	26	1.56	23
辽宁	7.14	5	7.26	6	3.52	12	2.49	10
吉林	3.93	11	4.33	11	1.88	29	1.08	27
黑龙江	3.60	12	3.46	12	2.75	21	1.43	25
上海	15.77	1	14.94	1	5.36	4	4.11	1
江苏	5.47	8	5.20	8	3.80	9	2.28	14
浙江	9.36	3	9.51	3	3.96	8	3.82	2
安徽	2.49	15	2.57	15	2.64	22	1.98	21
福建	6.94	7	7.65	5	3.78	10	3.40	5
江西	2.58	14	2.76	14	2.80	19	2.19	15
山东	2.92	13	2.81	13	2.89	18	2.71	8
河南	0.56	25	0.59	26	2.45	25	1.90	22
湖北	4.39	10	4.36	10	2.97	16	2.10	19
湖南	2.03	16	2.38	16	2.90	17	2.43	12
广东	9.81	2	11.26	2	6.37	1	3.63	3
广西	1.55	18	1.58	20	5.16	5	3.40	6
海南	7.37	4	9.42	4	5.53	2	2.99	7
四川	0.86	23	0.89	23	2.80	20	1.99	20
贵州	0.34	29	0.46	28	1.15	30	0.67	30
云南	0.54	26	0.43	29	4.58	7	2.16	16
西藏		30		30	5.48	3	0.89	28
陕西	0.61	24	0.99	22	2.64	23	2.49	11
甘肃	0.54	27	0.62	25	2.03	28	0.70	29
青海	0.90	22	0.67	24	3.38	13	1.55	24
宁夏	1.51	19	1.68	18	3.24	14	2.11	18
新疆	1.61	17	1.82	17	3.69	11	3.50	4

2-25 人 均 指 标

地区	每万人口卷烟零售量（箱）				人均酒零售量（公斤）			
	1990年		1991年		1990年		1991年	
	指标值	位次	指标值	位次	指标值	位次	指标值	位次
北京	388	2	250	4	16.58	3	11.28	4
天津	151	26	155	21	8.39	8	8.70	7
河北	170	22	167	19	4.92	15	4.30	17
山西	215	13	170	17	2.57	27	1.78	28
内蒙古	190	16	152	22	7.79	10	6.95	11
辽宁	237	11	213	8	9.89	5	8.97	5
吉林	193	14	129	25	8.47	7	8.93	6
黑龙江	187	19	200	14	13.92	4	18.24	2
上海	418	1	394	1	21.74	1	17.26	3
江苏	292	4	169	18	7.56	11	7.35	10
浙江	255	7	202	12	16.88	2	19.12	1
安徽	180	21	147	23	4.18	16	4.51	14
福建	253	8	218	5	8.19	9	8.08	8
江西	147	27	65	29	4.08	19	4.79	13
山东	181	20	201	13	9.26	6	7.63	9
河南	240	10	258	3	3.76	21	3.84	18
湖北	261	6	216	7	5.22	13	4.47	15
湖南	247	9	203	11	4.09	18	3.65	19
广东	152	25	104	26	4.17	17	2.74	22
广西	156	24	145	24	2.95	25	2.38	25
海南	86	30	60	30	2.92	26	2.54	24
四川	189	17	210	9	5.33	12	5.58	12
贵州	222	12	217	6	4.04	20	2.92	21
云南	285	5	156	20	3.63	22	2.21	26
西藏	164	23	205	10	0.91	30	0.45	30
陕西	328	3	262	2	3.41	23	2.58	23
甘肃	90	29	83	28	2.44	28	1.54	29
青海	191	15	197	16	3.38	24	3.10	20
宁夏	188	18	200	15	2.16	29	2.11	27
新疆	129	28	102	27	4.96	14	4.47	16

2-26 人 均 指 标

地区	人均棉布零售量（米）				人均化纤布零售量（米）			
	1990年		1991年		1990年		1991年	
	指标值	位次	指标值	位次	指标值	位次	指标值	位次
北京	7.0	1	4.4	2	9.1	1	6.0	1
天津	5.7	2	5.0	1	5.6	2	5.2	2
河北	2.8	9	1.9	13	1.8	6	1.3	12
山西	2.8	10	1.8	14	1.2	24	1.0	23
内蒙古	2.3	16	1.7	16	1.4	18	1.0	24
辽宁	2.4	14	1.7	17	1.5	15	1.2	15
吉林	2.7	11	2.0	11	1.1	26	1.0	25
黑龙江	2.7	12	2.1	8	1.6	11	1.7	6
上海	3.1	5	2.4	4	3.0	4	1.9	5
江苏	2.9	7	2.1	9	2.4	5	2.5	4
浙江	2.7	13	2.4	5	3.5	3	3.3	3
安徽	2.2	17	2.0	12	1.4	19	1.4	10
福建	1.5	27	1.1	26	1.6	12	1.2	16
江西	1.5	28	1.1	27	1.6	13	1.3	13
山东	3.1	6	2.2	7	1.4	20	1.2	17
河南	2.0	21	1.6	19	1.1	27	1.0	26
湖北	1.9	22	1.4	22	1.8	7	1.5	7
湖南	1.8	23	1.3	23	1.7	10	1.5	8
广东	2.1	20	1.7	18	1.8	8	1.3	14
广西	1.3	29	1.1	28	1.5	16	1.2	18
海南	1.0	30	0.7	30	1.2	25	1.0	27
四川	1.8	24	1.5	21	1.3	22	1.2	19
贵州	1.7	25	1.0	29	1.5	17	1.0	28
云南	2.2	18	1.2	25	0.8	28	0.4	29
西藏	2.2	19	1.8	15	0.4	29	0.2	30
陕西	2.9	8	2.1	10	1.8	9	1.5	9
甘肃	1.7	26	1.3	24	1.3	23	1.1	22
青海	4.0	4	2.3	6	0.4	30	1.4	11
宁夏	2.4	15	1.6	20	1.4	21	1.2	20
新疆	4.8	3	3.1	3	1.6	14	1.2	21

2-27 人均指标

地区	人均呢绒零售量（米）				人均皮鞋零售量（双）			
	1990年		1991年		1990年		1991年	
	指标值	位次	指标值	位次	指标值	位次	指标值	位次
北京	1.07	1	0.88	1	0.83	2	0.86	2
天津	0.78	3	0.87	2	0.60	3	0.57	3
河北	0.13	17	0.12	18	0.08	24	0.07	26
山西	0.18	12	0.16	13	0.17	14	0.19	14
内蒙古	0.19	10	0.21	10	0.21	9	0.24	9
辽宁	0.30	6	0.29	6	0.42	5	0.45	4
吉林	0.21	9	0.20	11	0.32	7	0.28	7
黑龙江	0.24	8	0.39	5	0.43	4	0.43	5
上海	0.90	2	0.76	3	1.39	1	1.33	1
江苏	0.25	7	0.22	9	0.21	10	0.25	8
浙江	0.32	5	0.41	4	0.15	15	0.19	15
安徽	0.07	24	0.07	23	0.06	27	0.07	27
福建	0.17	14	0.16	14	0.12	18	0.12	17
江西	0.09	22	0.08	22	0.09	22	0.10	20
山东	0.14	16	0.16	15	0.18	13	0.20	12
河南	0.05	25	0.05	26	0.06	28	0.08	23
湖北	0.11	20	0.13	16	0.14	16	0.12	18
湖南	0.13	18	0.12	19	0.19	12	0.21	10
广东	0.04	27	0.06	24	0.11	19	0.11	19
广西	0.03	29	0.02	30	0.07	26	0.07	28
海南	0.04	28	0.04	28	0.03	30	0.03	30
四川	0.10	21	0.09	21	0.14	17	0.18	16
贵州	0.05	26	0.05	27	0.10	20	0.08	24
云南	0.03	30	0.03	29	0.09	23	0.09	22
西藏	0.08	23	0.06	25	0.05	29	0.05	29
陕西	0.15	15	0.12	20	0.10	21	0.10	21
甘肃	0.13	19	0.13	17	0.08	25	0.08	25
青海	0.18	13	0.24	8	0.21	11	0.21	11
宁夏	0.19	11	0.18	12	0.24	8	0.20	13
新疆	0.33	4	0.29	7	0.41	6	0.40	6

2-28 人　均　指　标

地区	每百人手表零售量（只）				每百人自行车零售量（辆）			
	1990年		1991年		1990年		1991年	
	指标值	位次	指标值	位次	指标值	位次	指标值	位次
北　京	12.7	1	12.7	1	3.8	2	3.9	2
天　津	6.5	3	7.1	3	3.8	2	3.8	3
河　北	2.7	13	2.0	19	2.2	11	2.0	13
山　西	2.9	11	2.5	13	1.7	18	1.7	17
内蒙古	2.1	23	2.0	19	1.9	15	2.0	14
辽　宁	4.1	5	4.9	4	2.9	5	2.6	7
吉　林	3.8	6	3.1	8	2.5	8	2.4	8
黑龙江	3.3	7	2.9	10	1.8	17	1.9	15
上　海	10.2	2	9.4	2	4.9	1	4.1	1
江　苏	2.9	12	2.8	12	2.7	7	3.0	6
浙　江	3.2	8	3.4	6	2.8	6	3.3	4
安　徽	2.1	24	1.5	28	1.4	23	1.3	22
福　建	2.4	17	2.1	16	1.9	16	1.5	20
江　西	1.9	27	1.7	26	1.7	18	1.7	18
山　东	2.4	18	2.0	21	2.4	9	2.4	9
河　南	2.3	19	2.1	17	1.7	20	1.7	19
湖　北	2.5	15	3.1	9	2.0	14	1.8	16
湖　南	3.1	10	2.3	14	1.5	21	1.4	21
广　东	4.3	4	3.4	7	3.8	4	3.1	5
广　西	2.3	20	1.9	23	2.2	12	2.2	10
海　南	1.4	29	1.5	29	1.2	26	0.9	27
四　川	2.7	14	2.3	15	1.1	27	0.9	28
贵　州	2.0	26	1.1	30	0.3	30	0.2	30
云　南	1.6	28	1.6	27	1.3	25	1.1	24
西　藏	1.4	29	3.5	5	0.4	29	0.4	29
陕　西	2.3	21	1.8	25	1.5	22	1.3	23
甘　肃	2.5	16	2.1	16	1.4	24	1.1	25
青　海	2.1	25	2.0	22	1.1	28	1.1	26
宁　夏	2.3	22	1.9	24	2.4	10	2.2	11
新　疆	3.2	9	2.9	11	2.2	13	2.2	12

2-29 人均指标

地区	每万人口洗衣机零售量（台）				每万人口电冰箱零售量（台）			
	1990年		1991年		1990年		1991年	
	指标值	位次	指标值	位次	指标值	位次	指标值	位次
北京	107.4	1	112.8	2	116.8	3	100.0	2
天津	71.3	5	81.4	3	137.9	1	99.3	3
河北	58.0	10	49.4	11	26.6	15	26.5	14
山西	60.1	9	62.0	8	20.7	20	26.4	15
内蒙古	49.0	13	46.0	12	21.5	19	20.7	20
辽宁	77.8	4	72.4	4	94.9	4	73.9	4
吉林	86.0	3	64.5	7	27.8	14	26.4	16
黑龙江	62.7	8	68.0	6	30.9	12	38.8	8
上海	105.6	2	116.5	1	124.0	2	139.0	1
江苏	66.8	6	70.8	5	33.1	11	39.4	7
浙江	32.5	21	39.9	17	48.5	6	57.3	5
安徽	22.6	26	25.0	25	18.3	24	19.8	21
福建	39.1	18	34.3	18	33.4	10	32.0	10
江西	17.1	29	19.8	28	18.9	23	19.5	22
山东	24.9	24	26.4	23	33.6	8	40.7	6
河南	36.6	19	34.3	19	19.4	22	18.7	24
湖北	45.4	14	44.9	14	33.5	9	26.8	13
湖南	35.9	20	33.6	20	21.6	18	22.5	19
广东	55.0	11	54.6	10	53.2	5	31.8	11
广西	17.8	28	20.5	27	10.7	27	14.2	26
海南	20.0	27	13.5	29	9.2	28	7.5	29
四川	30.9	22	28.8	21	23.2	16	18.9	23
贵州	41.9	16	28.3	22	15.8	25	10.3	27
云南	24.4	25	25.3	24	7.9	29	8.5	28
西藏	4.6	30	0.0	30	4.6	30	4.5	30
陕西	41.8	17	42.2	15	21.8	17	24.9	17
甘肃	28.9	23	24.2	26	12.6	26	14.5	25
青海	42.8	15	42.1	16	20.3	21	24.4	18
宁夏	64.9	7	54.7	9	28.1	13	27.4	12
新疆	50.3	12	45.4	13	48.3	7	35.7	9

2-30 人均指标

地区	每万人口电视机零售量（台）				每万人口高等学校在校学生数（人）			
	1990年		1991年		1990年		1991年	
	指标值	位次	指标值	位次	指标值	位次	指标值	位次
北京	189.4	3	203.7	2	131.8	1	125.6	1
天津	252.9	2	203.0	3	58.7	3	55.7	3
河北	136.5	10	120.5	11	12.6	23	12.0	23
山西	117.0	15	140.0	10	18.0	12	17.6	12
内蒙古	107.8	16	115.9	14	15.0	16	14.3	18
辽宁	161.7	5	168.2	5	31.4	4	31.4	4
吉林	147.0	7	144.2	9	29.8	5	29.1	5
黑龙江	127.9	13	166.3	6	22.7	8	22.3	8
上海	274.8	1	257.0	1	92.8	2	87.4	2
江苏	164.5	4	160.6	7	22.1	9	21.3	9
浙江	154.7	6	173.5	4	14.4	19	14.3	19
安徽	96.7	19	90.9	21	11.2	26	10.8	26
福建	140.6	9	69.7	26	18.8	11	17.7	11
江西	94.9	21	106.6	17	15.1	15	14.7	14
山东	144.0	8	145.3	8	12.7	22	12.6	22
河南	95.7	20	119.0	12	9.5	27	9.4	27
湖北	132.9	11	114.0	15	24.4	7	23.7	7
湖南	126.2	14	109.8	16	14.5	18	14.4	17
广东	91.7	23	70.4	25	15.5	14	14.5	16
广西	80.6	25	91.1	20	9.0	29	8.6	29
海南	36.9	28	29.9	28	11.8	24	11.4	25
四川	92.1	22	90.8	22	13.1	21	13.0	21
贵州	33.6	29	29.8	29	8.4	30	7.8	30
云南	67.5	27	74.0	24	11.8	25	11.5	24
西藏	9.1	30	8.9	30	9.2	28	8.8	28
陕西	97.7	18	98.5	18	29.3	6	28.2	6
甘肃	70.5	26	53.3	27	14.8	17	14.6	15
青海	87.8	24	86.5	23	14.0	20	13.4	20
宁夏	105.9	17	96.8	19	17.3	13	16.6	13
新疆	128.1	12	118.0	13	20.8	10	20.2	10

2-31 人均指标

地区	每万人口中等专业学校在校学生数（人）				每万人口普通中学在校学生数（人）			
	1990年		1991年		1990年		1991年	
	指标值	位次	指标值	位次	指标值	位次	指标值	位次
北京	54.1	1	51.1	1	385.3	21	396.3	19
天津	44.7	3	41.5	3	397.7	17	409.4	16
河北	17.9	20	17.7	21	344.9	26	358.8	25
山西	30.5	5	29.8	5	509.8	4	491.0	5
内蒙古	23.2	11	24.0	10	497.5	5	488.2	6
辽宁	26.5	8	26.2	8	461.8	9	474.6	9
吉林	26.7	7	27.5	6	489.6	6	496.8	4
黑龙江	18.8	18	19.0	18	510.7	3	503.0	3
上海	47.2	2	44.9	2	373.5	23	386.3	21
江苏	21.0	13	20.8	13	424.0	12	424.1	12
浙江	15.9	27	16.2	26	405.0	16	431.8	11
安徽	14.7	28	13.8	30	391.6	19	390.7	20
福建	19.8	15	19.4	16	353.3	25	369.8	24
江西	16.4	24	16.0	27	481.8	8	484.7	7
山东	17.8	21	18.2	20	441.1	10	437.2	10
河南	16.3	26	16.6	24	417.8	13	410.9	15
湖北	27.3	6	27.4	7	395.6	18	401.2	18
湖南	16.4	25	16.0	28	415.9	14	416.6	14
广东	19.6	16	19.4	17	378.3	22	372.8	22
广西	17.0	22	16.8	22	335.0	28	347.4	27
海南	14.1	30	16.7	23	387.1	20	371.0	23
四川	14.3	29	14.5	29	366.5	24	353.2	26
贵州	16.6	23	16.6	25	299.8	29	304.4	29
云南	20.0	14	19.6	14	335.8	27	342.9	28
西藏	19.1	17	19.6	15	86.8	30	98.2	30
陕西	18.5	19	18.4	19	407.6	15	404.6	17
甘肃	22.5	12	21.9	12	436.0	11	422.9	13
青海	25.4	9	23.1	11	488.7	7	483.4	8
宁夏	25.2	10	24.1	9	614.1	1	612.6	1
新疆	30.8	4	30.6	4	578.6	2	523.3	2

2-32 人　均　指　标

地区	每十万人口医院数（个）				每万人口医生数（人）			
	1990年		1991年		1990年		1991年	
	指标值	位次	指标值	位次	指标值	位次	指标值	位次
北京	4.8	19	4.8	19	48.0	1	47.7	1
天津	3.4	27	3.3	27	36.8	3	35.7	3
河北	5.9	14	5.8	14	14.5	19	14.1	20
山西	9.0	4	8.9	4	21.2	7	20.9	9
内蒙古	8.7	5	8.9	5	21.5	6	21.2	8
辽宁	5.1	18	5.0	18	21.9	5	22.1	7
吉林	5.5	16	5.4	16	20.5	8	20.4	11
黑龙江	4.7	20	4.7	20	20.4	9	20.5	10
上海	3.5	26	3.5	24	44.5	2	44.1	2
江苏	3.7	24	3.7	23	14.9	16	15.0	16
浙江	8.0	6	8.1	6	14.1	21	14.3	19
安徽	5.6	15	5.5	15	10.6	30	10.5	30
福建	4.0	21	3.9	21	12.0	27	11.8	27
江西	6.1	13	6.0	13	13.9	22	13.6	22
山东	3.4	28	3.4	26	12.9	25	12.3	25
河南	3.3	29	3.3	28	11.7	28	11.4	29
湖北	3.8	22	3.9	22	16.2	15	16.1	15
湖南	6.9	11	6.8	10	13.7	23	13.3	23
广东	3.0	30	3.0	30	13.1	24	13.0	24
广西	3.6	25	3.5	25	12.1	26	11.9	26
海南	6.6	12	6.4	12	16.9	14	16.5	14
四川	7.8	7	7.7	7	14.6	18	14.5	18
贵州	11.6	2	11.0	2	11.5	29	11.5	28
云南	5.2	17	5.1	17	14.4	20	14.1	21
西藏	15.8	1	21.4	1	18.3	12	22.3	6
陕西	7.7	8	7.7	8	18.1	13	17.7	13
甘肃	7.0	9	6.8	11	14.9	17	15.0	17
青海	10.0	3	10.5	3	20.3	10	20.0	12
宁夏	3.8	23	3.2	29	19.5	11	31.6	4
新疆	7.0	10	7.0	9	22.8	4	22.7	5

三、效 益 指 标

3-1 效　益　指　标

地　区	社会总产值净值率(%)				农业总产值净值率(%)			
	1990年		1991年		1990年		1991年	
	指标值	位次	指标值	位次	指标值	位次	指标值	位次
北　京	34.83	27	33.74	25	61.09	26	58.21	27
天　津	27.82	30	27.12	30	53.08	29	53.73	29
河　北	40.15	19	38.49	20	62.34	23	61.65	22
山　西	38.12	22	36.83	22	65.83	14	61.24	24
内蒙古	43.61	10	42.65	10	69.35	6	68.59	7
辽　宁	34.89	26	33.74	26	60.85	27	59.76	25
吉　林	38.52	21	37.32	21	66.35	11	64.62	17
黑龙江	42.28	13	41.01	13	65.28	17	63.67	18
上　海	30.22	28	29.00	29	49.87	30	46.87	30
江　苏	29.96	29	29.28	28	59.59	28	58.04	28
浙　江	35.09	25	33.71	27	65.82	15	65.22	15
安　徽	42.59	12	39.12	17	64.65	20	58.72	26
福　建	42.26	14	41.11	11	65.32	16	66.09	12
江　西	43.77	9	42.82	9	68.83	8	68.32	8
山　东	35.22	24	34.78	24	65.18	18	65.52	14
河　南	40.55	17	39.08	18	63.67	21	62.58	21
湖　北	40.17	18	38.95	19	71.22	3	68.91	6
湖　南	44.38	8	43.32	8	69.03	7	69.27	5
广　东	36.59	23	35.48	23	63.32	22	63.35	19
广　西	46.50	5	45.53	5	69.39	5	69.41	4
海　南	49.46	3	47.58	4	67.20	9	67.37	10
四　川	42.76	11	41.07	12	66.06	12	65.99	13
贵　州	47.67	4	48.01	3	65.99	13	67.74	9
云　南	53.11	2	51.17	2	76.93	2	74.16	2
西　藏	54.47	1	56.72	1	79.59	1	79.30	1
陕　西	40.01	20	39.95	15	62.07	24	62.84	20
甘　肃	41.04	15	40.86	14	62.00	25	61.29	23
青　海	45.04	6	44.56	6	70.12	4	70.48	3
宁　夏	40.64	16	39.61	16	66.38	10	65.19	16
新　疆	44.69	7	43.77	7	65.14	19	67.36	11

3-2 效　益　指　标

地区	工业总产值净值率(%)				建筑业总产值净值率(%)			
	1990年		1991年		1990年		1991年	
	指标值	位次	指标值	位次	指标值	位次	指标值	位次
北　京	28.52	20	27.89	21	32.17	7	30.66	11
天　津	23.34	29	22.52	30	24.83	30	24.37	30
河　北	31.79	6	30.33	11	27.78	25	28.81	25
山　西	31.02	8	30.82	10	27.53	26	29.40	21
内蒙古	30.51	13	30.93	9	30.67	11	31.47	7
辽　宁	29.15	18	28.14	18	29.13	17	29.17	22
吉　林	29.77	16	28.98	17	29.05	19	29.85	18
黑龙江	36.46	3	35.26	3	32.29	6	31.35	8
上　海	26.71	25	25.71	26	26.59	28	27.67	27
江　苏	22.35	30	22.54	29	26.10	29	26.78	28
浙　江	25.41	28	24.55	28	29.75	14	30.39	14
安　徽	31.70	7	31.53	6	29.61	15	30.24	16
福　建	29.41	17	29.13	15	34.90	2	34.61	2
江　西	28.28	22	27.98	20	29.01	20	29.72	19
山　东	25.93	26	24.87	27	29.10	18	28.81	26
河　南	28.20	23	27.09	24	28.53	23	29.07	24
湖　北	27.19	24	27.15	23	28.30	24	30.64	12
湖　南	30.50	14	29.50	13	28.80	22	30.00	17
广　东	25.84	27	25.86	25	29.40	16	29.55	20
广　西	30.53	12	29.76	12	30.64	12	30.49	13
海　南	28.56	19	28.02	19	31.79	9	30.34	15
四　川	28.47	21	27.26	22	34.19	4	32.33	6
贵　州	36.06	4	34.67	4	31.98	8	33.73	4
云　南	41.40	2	40.40	2	27.37	27	26.10	29
西　藏	44.09	1	45.02	1	34.47	3	31.02	10
陕　西	30.62	10	31.06	8	31.78	10	34.27	3
甘　肃	30.78	9	31.42	7	29.95	13	31.34	9
青　海	35.45	5	33.80	5	32.42	5	33.18	5
宁　夏	30.56	11	29.22	14	28.81	21	29.10	23
新　疆	29.78	15	28.99	16	35.59	1	35.14	1

3-3 效　益　指　标

地　区	运输业总产值净值率(%)				商业饮食业总产值净值率(%)			
	1990年		1991年		1990年		1991年	
	指标值	位次	指标值	位次	指标值	位次	指标值	位次
北　京	41.47	23	46.30	13	77.86	1	72.25	3
天　津	38.71	28	38.15	28	44.77	27	43.81	26
河　北	50.55	6	47.94	9	62.94	14	61.41	14
山　西	43.41	18	42.94	22	60.14	17	56.97	18
内蒙古	41.63	22	43.67	21	47.33	26	43.79	27
辽　宁	44.60	15	44.38	16	56.64	20	54.36	22
吉　林	44.70	14	50.36	5	38.91	29	40.29	29
黑龙江	43.97	17	45.86	14	49.84	25	55.83	21
上　海	39.03	26	34.77	29	67.32	9	64.03	10
江　苏	46.29	10	44.81	15	51.73	22	51.58	23
浙　江	53.47	3	52.62	2	67.91	8	68.05	7
安　徽	49.71	7	48.84	8	43.49	28	42.93	28
福　建	52.76	5	50.96	3	74.12	2	64.12	9
江　西	56.85	1	56.11	1	61.28	15	61.80	12
山　东	44.01	16	44.04	19	50.01	24	50.96	24
河　南	48.15	9	46.72	11	66.59	10	68.34	6
湖　北	44.92	13	44.11	18	54.97	21	56.32	20
湖　南	46.25	11	46.63	12	63.96	13	60.33	15
广　东	49.70	8	49.52	6	58.24	19	56.63	19
广　西	42.98	20	47.34	10	59.76	18	59.60	16
海　南	52.86	4	48.88	7	60.26	16	58.46	17
四　川	42.66	21	41.27	24	70.77	4	69.41	5
贵　州	43.03	19	41.17	25	69.03	6	75.25	1
云　南	38.51	29	40.65	27	71.40	3	74.33	2
西　藏	45.09	12	43.98	20	27.17	30	39.88	30
陕　西	56.34	2	50.45	4	50.31	23	47.43	25
甘　肃	40.81	24	40.80	26	64.06	12	61.57	13
青　海	28.25	30	34.46	30	69.03	7	70.61	4
宁　夏	40.52	25	42.76	23	65.59	11	65.75	8
新　疆	38.96	27	44.13	17	69.10	5	63.33	11

3-4 效　益　指　标

地区	平均每一社会劳动者创造的国民生产总值（元）				平均每一农业劳动者提供的农业总产值（元）			
	1990年		1991年		1990年		1991年	
	指标值	位次	指标值	位次	指标值	位次	指标值	位次
北　京	7 975	2	8 562	2	7 725	1	8 425	2
天　津	6 754	3	7 239	3	5 867	3	6 181	3
河　北	2 811	19	3 130	19	2 027	17	2 061	18
山　西	3 013	17	3 171	17	2 007	19	1 762	24
内蒙古	3 144	16	3 399	15	3 094	11	3 115	12
辽　宁	5 135	4	5 614	4	4 250	5	4 576	4
吉　林	3 433	10	3 613	12	3 408	8	3 308	9
黑龙江	4 657	5	5 036	7	4 365	4	4 352	6
上　海	9 764	1	11 162	1	7 552	2	8 463	1
江　苏	3 585	8	3 920	9	3 343	9	3 291	10
浙　江	3 315	11	3 830	10	2 519	15	2 717	14
安　徽	2 178	26	2 099	29	1 939	21	1 613	26
福　建	3 515	9	4 006	8	2 946	12	3 173	11
江　西	2 341	21	2 527	22	2 162	16	2 262	17
山　东	3 262	12	3 713	11	2 599	14	3 057	13
河　南	2 198	25	2 358	25	1 805	23	1 841	21
湖　北	3 172	14	3 381	16	2 684	13	2 644	15
湖　南	2 232	24	2 443	23	1 745	24	1 839	22
广　东	4 647	6	5 444	5	3 668	7	3 993	7
广　西	1 891	29	2 117	28	1 582	26	1 708	25
海　南	3 160	15	3 483	13	3 238	10	3 518	8
四　川	1 972	28	2 150	27	1 511	27	1 580	27
贵　州	1 580	30	1 726	30	1 154	30	1 261	30
云　南	2 050	27	2 179	26	1 402	29	1 435	29
西　藏	2 263	22	2 797	20	1 971	20	2 400	16
陕　西	2 383	20	2 637	21	1 716	25	1 796	23
甘　肃	2 240	23	2 376	24	1 508	28	1 552	28
青　海	3 259	13	3 473	14	2 009	18	2 011	20
宁　夏	2 949	18	3 139	18	1 921	22	2 015	19
新　疆	4 218	7	5 069	6	3 980	6	4 361	5

3-5 效　益　指　标

地　区	平均每一农业劳动者提供的农副产品收购额（元）				平均每一农业劳动者提供的粮食产量（公斤）			
	1990年		1991年		1990年		1991年	
	指标值	位次	指标值	位次	指标值	位次	指标值	位次
北　京	5 746	2	6 859	2	2 912.5	3	3 081.6	3
天　津	3 369	3	3 448	3	2 020.3	6	2 113.5	6
河　北	861	18	927	18	1 290.3	15	1 238.2	14
山　西	939	17	985	17	1 558.3	11	1 158.2	17
内蒙古	1 256	12	1 266	13	1 918.2	7	1 819.8	7
辽　宁	2 401	7	2 517	6	2 320.4	5	2 319.5	5
吉　林	2 435	5	2 245	7	3 688.7	2	3 334.3	2
黑龙江	2 418	6	2 559	5	4 114.0	1	3 802.0	1
上　海	6 258	1	11 358	1	2 653.7	4	2 776.0	4
江　苏	1 376	9	1 427	11	1 860.3	8	1 693.4	9
浙　江	1 306	10	1 496	10	1 186.5	18	1 237.4	15
安　徽	801	20	707	24	1 284.2	16	905.6	25
福　建	1 228	13	1 375	12	1 133.1	21	1 099.5	19
江　西	809	19	872	19	1 404.4	13	1 354.0	13
山　东	1 021	14	1 239	15	1 346.4	14	1 510.1	10
河　南	768	22	795	20	1 187.9	17	1 043.5	20
湖　北	1 263	11	1 251	14	1 651.5	10	1 464.7	12
湖　南	670	23	747	22	1 164.0	19	1 158.7	16
广　东	1 744	8	2 040	8	1 158.1	20	1 129.7	18
广　西	571	25	645	25	855.0	26	823.4	27
海　南	1 001	15	1 551	9	799.2	27	824.9	26
四　川	534	27	625	26	1 011.8	23	1 005.9	22
贵　州	313	30	374	29	572.0	30	675.5	29
云　南	475	28	514	28	699.9	28	703.6	28
西　藏	320	29	290	30	635.0	29	666.4	30
陕　西	653	24	710	23	1 081.1	22	1 014.6	21
甘　肃	562	26	596	27	1 010.9	24	942.1	23
青　海	794	21	757	21	933.7	25	913.0	24
宁　夏	985	16	1 014	16	1 479.4	12	1 482.0	11
新　疆	2 498	4	2 689	4	1 833.0	9	1 805.3	8

3-6 效 益 指 标

地区	平均每一农业劳动者提供的棉花产量（公斤）				平均每一农业劳动者提供的油料产量（公斤）			
	1990年		1991年		1990年		1991年	
	指标值	位次	指标值	位次	指标值	位次	指标值	位次
北京	3.3	15	3.3	17	34.1	21	36.4	19
天津	16.0	8	26.6	7	50.3	12	47.9	12
河北	32.4	4	34.6	3	42.4	16	39.8	18
山西	18.0	7	17.5	9	63.4	10	46.5	15
内蒙古					136.8	2	136.3	2
辽宁	2.2	17	6.4	13	27.2	25	30.7	24
吉林					84.2	6	76.4	6
黑龙江					30.6	24	26.7	25
上海	13.3	9	18.4	8	201.7	1	229.8	1
江苏	26.7	5	31.6	6	64.7	8	64.6	8
浙江	4.8	13	5.5	15	36.1	18	33.6	23
安徽	12.3	10	13.8	10	67.5	7	49.4	11
福建					22.8	26	19.3	28
江西	4.8	14	9.1	11	46.5	15	51.8	10
山东	39.1	2	52.1	2	85.1	5	89.9	5
河南	24.3	6	32.9	4	54.8	11	44.2	16
湖北	34.5	3	32.0	5	63.9	9	69.4	7
湖南	5.3	12	6.4	14	31.7	23	36.4	20
广东					36.0	19	34.9	21
广西	0.0	25	0.1	19	15.8	29	14.8	29
海南					21.2	27	21.8	26
四川	2.7	16	3.4	16	36.9	17	40.8	17
贵州	0.1	19	0.1	20	34.8	20	47.1	13
云南	0.0	27	0.1	21	8.8	30	11.1	30
西藏					19.5	28	20.7	27
陕西	7.9	11	8.7	12	33.7	22	34.3	22
甘肃	1.2	18	1.7	18	49.3	13	46.6	14
青海					98.3	4	105.2	4
宁夏					48.2	14	53.8	9
新疆	129.0	1	172.0	1	107.3	3	109.0	3

3-7 效 益 指 标

地区	平均每一农业劳动者提供的猪牛羊肉产量（公斤）				平均每一农业劳动者提供的禽蛋产量（公斤）			
	1990年		1991年		1990年		1991年	
	指标值	位次	指标值	位次	指标值	位次	指标值	位次
北京	224.5	2	273.2	1	284.0	1	307.4	1
天津	108.0	5	112.9	5	198.9	2	0.2	29
河北	68.7	19	71.5	19	29.1	10	0.0	30
山西	47.1	28	52.0	26	25.6	11	30.0	9
内蒙古	98.8	7	107.5	6	24.4	12	24.9	11
辽宁	122.3	4	134.4	3	70.2	4	83.7	3
吉林	78.0	16	82.2	16	45.1	8	48.1	7
黑龙江	81.8	15	97.0	10	55.0	5	69.2	4
上海	261.5	1	267.7	2	167.3	3	201.1	2
江苏	91.2	10	92.5	13	51.6	6	55.7	6
浙江	64.0	20	65.2	20	14.2	19	15.6	18
安徽	51.0	25	51.0	27	17.0	17	17.5	15
福建	82.6	14	85.1	15	16.6	18	18.8	13
江西	86.8	12	94.8	12	14.2	20	15.7	17
山东	75.0	18	79.8	18	49.9	7	60.5	5
河南	44.5	30	49.0	29	21.4	13	25.6	10
湖北	91.7	9	96.5	11	34.6	9	36.2	8
湖南	83.2	13	86.1	14	12.2	22	12.6	21
广东	90.6	11	98.9	9	11.5	23	13.4	20
广西	56.8	22	62.3	21	4.1	27	4.9	25
海南	57.0	21	61.7	22	5.7	26	5.6	24
四川	96.6	8	100.7	8	11.2	24	11.9	22
贵州	56.6	23	59.7	23	3.6	28	3.6	26
云南	49.6	26	52.3	25	3.2	29	3.2	27
西藏	100.7	6	104.5	7	1.1	30	1.1	28
陕西	44.9	29	48.7	30	18.6	14	24.7	12
甘肃	54.9	24	59.5	24	12.4	21	13.5	19
青海	124.5	3	123.5	4	9.0	25	8.8	23
宁夏	49.0	27	49.3	28	17.1	16	16.4	16
新疆	76.5	17	80.2	17	17.3	15	18.0	14

3-8 效　益　指　标

地区	平均每一农业劳动者提供的水产品产量（公斤）				平均每一工业劳动者提供的工业总产值（元）			
	1990年		1991年		1990年		1991年	
	指标值	位次	指标值	位次	指标值	位次	指标值	位次
北京	56.8	10	61.7	10	34 819.0	2	41 474.6	2
天津	115.9	5	115.1	5	34 383.3	3	37 874.5	4
河北	12.4	18	12.9	18	21 439.8	16	25 160.5	15
山西	1.6	28	1.8	27	17 267.2	26	18 941.6	26
内蒙古	6.0	21	6.1	21	15 938.6	29	17 845.1	29
辽宁	166.7	2	172.7	2	25 224.6	10	28 924.7	10
吉林	12.8	17	13.8	17	19 938.3	22	22 061.8	22
黑龙江	26.3	12	28.8	12	20 018.8	21	21 949.3	23
上海	303.1	1	334.0	1	40 987.4	1	48 517.0	1
江苏	68.1	8	66.5	9	28 413.9	6	32 684.0	7
浙江	104.0	6	111.4	6	23 316.2	12	29 003.9	9
安徽	15.2	16	16.1	16	20 263.9	19	22 688.2	20
福建	152.8	3	167.7	3	26 337.0	8	30 570.0	8
江西	26.0	13	28.3	13	16 296.7	28	18 213.5	27
山东	67.3	9	76.4	8	31 623.6	5	36 422.7	5
河南	3.8	23	3.7	23	21 185.9	18	24 438.6	16
湖北	47.4	11	45.4	11	24 021.7	11	27 320.7	12
湖南	23.3	14	23.0	14	20 083.4	20	22 259.5	21
广东	126.8	4	137.4	4	32 842.5	4	41 075.6	3
广西	20.3	15	22.6	15	22 972.4	13	26 696.0	13
海南	78.9	7	92.3	7	21 940.6	14	25 856.2	14
四川	5.5	22	6.0	22	19 715.5	24	22 744.8	19
贵州	1.8	27	1.7	28	16 464.9	27	17 941.8	28
云南	3.0	24	3.2	24	25 348.8	9	28 193.8	11
西藏	0.3	30	0.3	30	12 039.2	30	13 041.8	30
陕西	2.1	26	2.3	26	19 230.1	25	21 524.8	24
甘肃	0.5	29	0.6	29	21 846.6	15	23 694.9	17
青海	2.7	25	3.1	25	19 728.6	23	21 324.4	25
宁夏	8.0	19	8.9	19	21 369.6	17	23 318.2	18
新疆	6.4	20	6.8	20	27 439.8	7	33 686.6	6

3-9 效 益 指 标

地区	平均每一工业劳动者提供的工业净产值(元)				独立核算工业企业全员劳动生产率(元/人)			
	1990年		1991年		1990年		1991年	
	指标值	位次	指标值	位次	指标值	位次	指标值	位次
北京	10 122	3	11 647	2	26 179	3	42 974	3
天津	8 027	7	8 528	8	23 586	4	38 121	4
河北	6 815	13	7 630	13	14 489	14	24 967	15
山西	5 357	28	5 838	28	11 439	28	20 488	25
内蒙古	4 936	29	5 603	29	9 942	29	18 438	28
辽宁	7 353	9	8 138	9	15 578	13	25 189	14
吉林	5 934	24	6 393	25	12 379	25	20 015	26
黑龙江	7 298	10	7 740	11	12 054	27	21 159	24
上海	11 013	1	12 473	1	29 142	1	49 799	1
江苏	6 350	19	7 370	16	22 148	5	32 579	7
浙江	5 932	25	7 120	20	20 468	7	33 661	5
安徽	6 424	18	7 153	19	13 935	18	22 890	20
福建	7 747	8	8 906	7	18 928	8	31 081	9
江西	4 608	30	5 096	30	12 152	26	19 820	27
山东	8 198	5	9 060	6	20 845	6	33 159	6
河南	5 974	22	6 621	23	13 738	19	23 498	17
湖北	6 532	15	7 419	14	16 990	9	26 250	13
湖南	6 125	21	6 566	24	13 645	20	22 444	21
广东	8 486	4	10 622	4	26 318	2	45 349	2
广西	7 014	11	7 946	10	15 763	12	28 458	10
海南	6 267	20	7 220	17	16 094	11	28 189	11
四川	5 614	27	6 199	27	12 889	24	22 368	22
贵州	5 937	23	6 221	26	13 293	21	23 399	18
云南	10 495	2	11 391	3	16 744	10	31 694	8
西藏	6 431	17	7 633	12	7 240	30	13 277	29
陕西	5 887	26	6 686	22	14 080	16	22 146	23
甘肃	6 750	14	7 418	15	14 015	17	24 113	16
青海	6 993	12	7 207	18	13 147	22	12 384	30
宁夏	6 531	16	6 814	21	12 902	23	23 278	19
新疆	8 171	6	9 764	5	14 226	15	27 870	12

3-10 效　益　指　标

地区	独立核算国有工业企业全员劳动生产率（元/人）				独立核算集体工业企业全员劳动生产率（元/人）			
	1990年		1991年		1990年		1991年	
	指标值	位次	指标值	位次	指标值	位次	指标值	位次
北京	26 358	4	45 897	3	20 809	1	27 341	4
天津	26 377	3	44 054	4	15 807	7	22 586	7
河北	15 291	18	27 734	17	12 945	9	19 765	9
山西	11 780	28	22 315	27	10 248	15	16 572	13
内蒙古	11 405	29	21 696	28	6 500	30	10 187	30
辽宁	18 511	10	31 239	12	10 361	14	14 571	18
吉林	14 698	22	24 694	24	8 360	24	11 498	27
黑龙江	13 796	26	25 195	23	7 794	27	10 678	28
上海	33 675	1	58 116	1	16 660	6	24 983	6
江苏	25 289	5	39 542	6	19 581	4	27 149	5
浙江	22 081	6	42 615	5	19 278	5	28 934	1
安徽	16 935	13	30 111	13	10 244	16	14 420	20
福建	17 844	11	31 720	11	11 137	11	16 066	14
江西	13 530	27	23 177	26	9 002	22	12 613	22
山东	21 569	7	37 548	7	19 922	3	28 282	2
河南	15 191	19	27 286	19	10 726	13	15 609	16
湖北	19 490	8	32 100	9	13 120	8	17 017	12
湖南	16 060	14	27 829	16	9 871	19	14 147	21
广东	27 211	2	48 932	2	20 003	2	27 771	3
广西	17 099	12	32 014	10	12 052	10	19 070	11
海南	14 854	20	27 684	18	7 862	26	12 380	24
四川	14 483	24	26 260	21	9 789	21	15 648	15
贵州	14 722	21	26 376	20	7 882	25	12 563	23
云南	18 918	9	36 380	8	11 056	12	19 693	10
西藏	7 387	30	13 652	29	6 656	29	11 710	26
陕西	15 312	17	24 339	25	10 078	17	14 566	19
甘肃	16 048	15	28 665	15	8 498	23	12 196	25
青海	14 666	23	12 762	30	7 791	28	10 258	29
宁夏	13 907	25	25 963	22	9 839	20	14 898	17
新疆	15 400	16	29 796	14	10 035	18	21 017	8

3-11 效 益 指 标

地区	独立核算工业企业工业总产值净值率(%)				独立核算工业企业每百元固定资产原值实现的产值 (元)			
	1990年		1991年		1990年		1991年	
	指标值	位次	指标值	位次	指标值	位次	指标值	位次
北京	28.27	17	27.46	17	142.82	7	144.53	7
天津	24.70	29	23.52	29	158.98	6	152.29	5
河北	25.41	26	25.05	26	109.51	17	107.57	16
山西	30.15	9	30.28	7	78.61	25	76.97	28
内蒙古	30.48	8	30.76	6	78.46	26	80.20	25
辽宁	27.25	20	26.68	20	105.74	18	103.73	18
吉林	28.60	14	27.65	16	101.96	20	98.57	20
黑龙江	36.91	3	35.66	3	91.35	22	92.91	22
上海	26.13	22	26.00	22	187.55	3	177.89	3
江苏	22.33	30	22.68	30	207.66	2	198.24	2
浙江	24.81	28	23.79	27	220.73	1	228.53	1
安徽	25.12	27	23.76	28	135.72	8	134.39	8
福建	28.27	18	27.18	19	160.96	5	164.39	4
江西	25.51	25	25.72	24	128.12	12	130.12	10
山东	25.56	24	25.59	25	132.06	9	131.23	9
河南	28.20	19	27.67	15	110.45	16	104.22	17
湖北	26.02	23	26.11	21	123.67	13	123.76	13
湖南	28.47	16	28.92	13	128.82	11	126.59	12
广东	26.55	21	25.87	23	163.53	4	150.75	6
广西	29.88	11	29.03	11	130.82	10	129.76	11
海南	28.96	12	27.85	14	83.64	24	91.77	23
四川	28.53	15	27.45	18	115.46	15	115.99	15
贵州	35.94	4	34.97	4	94.72	21	95.77	21
云南	41.36	1	40.36	2	116.96	14	116.30	14
西藏	40.30	2	40.55	1	39.55	30	35.14	30
陕西	28.88	13	29.41	10	102.07	19	102.71	19
甘肃	31.31	6	31.62	5	84.84	23	85.60	24
青海	30.93	7	30.27	8	54.76	29	57.77	29
宁夏	30.02	10	29.03	12	78.41	27	77.06	27
新疆	31.38	5	29.44	9	74.51	28	78.46	26

3-12 效　益　指　标

地　区	独立核算工业企业每百元固定资产原值实现的利税（元）				独立核算工业企业每百元销售收入实现的利润（元）			
	1990年		1991年		1990年		1991年	
	指标值	位次	指标值	位次	指标值	位次	指标值	位次
北　京	22.95	3	21.89	3	8.81	2	8.02	2
天　津	14.52	9	13.71	12	3.68	11	3.77	8
河　北	8.80	22	8.44	23	1.63	28	1.61	24
山　西	7.49	26	7.67	24	3.54	12	3.54	10
内蒙古	8.04	23	7.57	25	2.52	20	1.90	18
辽　宁	9.16	21	8.87	21	1.48	29	1.19	28
吉　林	9.97	19	8.67	22	3.03	15	1.75	21
黑龙江	7.96	25	9.24	20	2.02	25	3.19	12
上　海	25.65	2	23.29	2	6.67	3	5.82	3
江　苏	16.25	8	14.40	9	2.85	16	2.29	16
浙　江	21.81	4	20.72	4	4.16	7	4.13	6
安　徽	14.38	11	12.09	13	1.75	26	0.42	29
福　建	18.39	5	18.32	5	4.57	5	4.55	4
江　西	9.57	20	10.64	17	1.33	30	1.77	20
山　东	11.58	15	11.84	14	2.77	19	3.05	13
河　南	12.01	14	11.06	16	2.38	22	1.56	25
湖　北	13.39	13	13.84	11	3.79	10	3.74	9
湖　南	14.35	12	14.49	8	1.71	27	1.62	23
广　东	14.40	10	14.05	10	2.22	24	3.83	7
广　西	18.24	6	16.30	7	3.97	9	3.53	11
海　南	8.04	24	7.36	26	3.04	14	1.68	22
四　川	11.51	16	11.32	15	2.79	18	2.44	15
贵　州	17.98	7	16.45	6	3.51	13	1.47	26
云　南	33.95	1	31.71	1	5.84	4	4.52	5
西　藏	6.32	30	4.83	30	13.64	1	11.68	1
陕　西	11.09	17	9.83	18	2.85	17	1.80	19
甘　肃	10.64	18	9.64	19	4.45	6	2.98	14
青　海	6.74	28	4.98	29	4.04	8	0.33	30
宁　夏	7.33	27	6.78	28	2.42	21	1.23	27
新　疆	6.73	29	6.80	27	2.25	23	2.22	17

3-13 效　益　指　标

地区	独立核算工业企业每百元销售成本实现的利润（元）				独立核算工业企业资金利税率（%）			
	1990年		1991年		1990年		1991年	
	指标值	位次	指标值	位次	指标值	位次	指标值	位次
北　京	10.93	2	10.07	2	20.18	3	19.50	2
天　津	4.19	12	4.34	9	13.08	10	12.21	11
河　北	1.83	28	1.85	25	8.24	22	7.86	24
山　西	4.08	13	4.21	11	7.63	25	8.03	22
内蒙古	2.95	20	2.25	18	7.64	24	7.17	25
辽　宁	1.69	29	1.38	28	9.12	20	8.76	20
吉　林	3.47	14	2.02	21	9.17	19	7.93	23
黑龙江	2.34	25	3.82	12	7.88	23	9.03	19
上　海	8.03	4	7.16	3	20.96	2	19.43	3
江　苏	3.21	18	2.63	17	12.74	11	11.53	12
浙　江	4.76	9	4.82	6	15.97	6	15.63	5
安　徽	2.02	26	0.49	29	13.14	8	11.14	13
福　建	5.35	5	5.53	5	15.66	7	15.84	4
江　西	0.15	30	2.04	20	8.55	21	9.49	18
山　东	3.17	19	3.58	13	10.37	17	10.41	14
河　南	2.75	22	1.84	26	11.16	14	10.28	16
湖　北	4.41	11	4.48	8	12.26	13	12.78	10
湖　南	2.02	27	1.94	22	13.12	9	13.32	9
广　东	2.53	24	4.57	7	12.35	12	13.79	8
广　西	4.80	8	4.33	10	16.09	5	14.72	7
海　南	3.42	15	1.94	23	7.23	26	6.88	27
四　川	3.24	17	2.88	15	10.44	16	10.32	15
贵　州	4.59	10	1.91	24	16.91	4	15.17	6
云　南	8.53	3	6.56	4	31.56	1	29.64	1
西　藏	16.75	1	15.17	1	7.07	28	5.87	29
陕　西	3.34	16	2.11	19	9.64	18	8.49	21
甘　肃	5.35	6	3.58	14	11.04	15	9.95	17
青　海	5.06	7	0.39	30	6.36	30	5.14	30
宁　夏	2.79	21	1.44	27	7.10	27	6.50	28
新　疆	2.62	23	2.65	16	6.89	29	6.92	26

3-14 效 益 指 标

地区	独立核算工业企业产值利税率（%）				独立核算工业企业流动资金周转次数（次/年）			
	1990年		1991年		1990年		1991年	
	指标值	位次	指标值	位次	指标值	位次	指标值	位次
北京	16.07	3	15.15	3	2.86	11	3.08	10
天津	9.13	22	9.00	20	3.13	8	3.10	9
河北	8.03	28	7.84	29	2.75	13	2.85	15
山西	9.53	20	9.97	12	2.50	19	2.63	19
内蒙古	10.25	15	9.44	16	2.31	26	2.34	26
辽宁	8.66	27	8.55	26	2.74	14	2.91	14
吉林	9.78	18	8.79	23	2.36	22	2.48	23
黑龙江	8.72	26	9.95	13	2.48	20	2.54	21
上海	13.68	6	13.09	5	3.50	2	3.67	2
江苏	7.83	29	7.26	30	3.25	5	3.45	4
浙江	9.88	17	9.07	18	3.04	10	3.37	5
安徽	10.59	14	9.00	21	3.28	4	3.36	6
福建	11.42	9	11.15	10	3.31	3	3.56	3
江西	7.47	30	8.18	27	2.62	18	2.79	18
山东	8.77	25	9.02	19	3.16	6	3.08	11
河南	10.88	11	10.61	11	2.71	15	2.83	17
湖北	10.83	13	11.19	9	2.66	17	2.85	16
湖南	11.14	10	11.45	7	2.86	12	2.94	12
广东	8.80	24	9.32	17	3.67	1	3.87	1
广西	13.94	5	12.56	6	3.07	9	3.28	7
海南	9.61	19	8.02	28	2.69	16	2.94	13
四川	9.97	16	9.76	14	2.40	21	2.57	20
贵州	18.99	2	17.18	2	2.32	25	2.37	25
云南	29.03	1	27.27	1	3.14	7	3.21	8
西藏	15.97	4	13.75	4	2.07	28	2.11	28
陕西	10.86	12	9.57	15	1.96	29	2.08	29
甘肃	12.54	7	11.27	8	2.35	23	2.41	24
青海	12.30	8	8.62	25	1.82	30	1.88	30
宁夏	9.35	21	8.80	22	2.15	27	2.20	27
新疆	9.03	23	8.67	24	2.34	24	2.50	22

3-15 效　益　指　标

地区	每万元国内生产总值消费能源（吨标准煤）				每万元社会总产值消费能源（吨标准煤）			
	1989年		1990年		1989年		1990年	
	指标值	位次	指标值	位次	指标值	位次	指标值	位次
北京	9.80	4	5.41	17	2.73	17	2.57	17
天津	6.92	12	6.90	12	2.37	20	2.25	20
河北	8.04	11	7.47	11	3.91	10	3.50	10
山西	13.42	1	11.78	1	6.45	1	5.68	2
内蒙古	8.71	8	8.45	5	4.68	6	4.53	5
辽宁	8.41	10	8.13	9	3.62	11	3.50	11
吉林			8.94	4	4.24	8	4.03	8
黑龙江	8.74	7	8.30	7	4.18	9	3.96	9
上海	4.41	23	4.26	22	1.63	25	1.55	25
江苏	4.56	22	4.19	23	1.62	26	1.45	26
浙江	3.12	26	3.08	27	1.27	28	1.25	28
安徽	4.63	21	4.55	21	2.33	21	2.26	19
福建	3.39	25	3.16	26	1.65	24	1.58	24
江西	4.82	20	4.13	24	2.41	19	2.14	21
山东	5.60	18	5.12	18	2.29	22	2.10	22
河南	6.19	15	5.81	14	3.00	16	2.80	15
湖北	5.78	17	5.05	19	2.67	18	2.43	18
湖南	5.89	16	5.44	16	3.06	15	2.87	14
广东	3.04	27	2.76	28	1.44	27	1.31	27
广西	3.43	24	3.33	25	1.83	23	1.81	23
海南			1.27	29			0.78	29
四川	6.53	13	5.55	15	3.19	12	2.79	16
贵州	9.03	5	8.37	6	5.22	3	4.85	3
云南	5.41	19	4.93	20	3.07	14	2.94	13
西藏								
陕西	6.41	14	5.99	13	3.17	13	2.96	12
甘肃	9.81	3	9.28	3	4.67	7	4.30	7
青海	8.83	6	7.65	10	5.18	4	4.62	4
宁夏	11.03	2	11.58	2	5.87	2	6.06	1
新疆	8.63	9	8.19	8	4.75	5	4.50	6

注：能源消耗指标为逆指标，每万元产值消费能源位次越高，消耗越大。以下至3-118表同。

3-16 效　益　指　标

地区	每万元工农业总产值消费能源（吨标准煤）				每万元工业总产值消费能源（吨标准煤）			
	1989年		1990年		1989年		1990年	
	指标值	位次	指标值	位次	指标值	位次	指标值	位次
北京	3.45	17	3.37	17	3.74	20	3.69	21
天津	2.85	20	2.82	19	3.09	23	3.05	23
河北	4.63	10	4.14	11	6.01	10	5.45	11
山西	7.96	1	7.10	2	9.68	5	8.75	6
内蒙古	6.08	6	5.82	5	9.27	6	9.34	4
辽宁	4.38	11	4.18	10	5.01	16	4.89	16
吉林	5.11	9	4.75	9	6.40	8	6.38	8
黑龙江	5.30	8	4.77	8	6.36	9	6.12	9
上海	1.95	25	1.87	25	2.03	27	1.94	28
江苏	1.85	26	1.65	26	2.24	26	1.99	27
浙江	1.50	28	1.46	28	1.85	28	1.80	29
安徽	2.74	21	2.65	20	4.23	18	4.12	17
福建	2.01	24	1.91	24	2.87	24	2.73	24
江西	2.93	19	2.54	21	4.36	17	4.07	18
山东	2.67	22	2.40	22	3.43	22	3.10	22
河南	3.64	16	3.38	16	5.36	14	5.02	15
湖北	3.08	18	2.83	18	4.14	19	3.96	19
湖南	3.71	15	3.44	14	5.55	13	5.36	12
广东	1.81	27	1.62	27	2.42	25	2.14	26
广西	2.23	23	2.16	23	3.67	21	3.70	20
海南			1.07	29			2.73	25
四川	3.88	13	3.42	15	5.67	11	5.19	13
贵州	6.35	4	5.87	4	10.57	1	9.78	2
云南	3.73	14	3.51	13	5.60	12	5.66	10
西藏								
陕西	3.90	12	3.66	12	5.31	15	5.06	14
甘肃	6.31	5	5.70	6	8.57	7	7.82	7
青海	7.03	3	6.36	3	9.84	4	9.18	5
宁夏	7.69	2	7.90	1	10.51	2	10.92	1
新疆	6.07	7	5.66	7	10.01	3	9.38	3

3-17 效益指标

地区	每万元轻工业总产值消费能源（吨标准煤）				每万元重工业总产值消费能源（吨标准煤）			
	1989年		1990年		1989年		1990年	
	指标值	位次	指标值	位次	指标值	位次	指标值	位次
北京	8.20	19	8.37	19	6.87	24	6.59	23
天津	5.83	23	5.97	23	6.56	25	6.22	26
河北	12.46	13	11.23	13	11.62	8	10.60	10
山西	36.03	1	34.28	2	13.23	6	11.75	7
内蒙古	21.28	6	22.34	6	16.43	3	16.06	3
辽宁	15.20	9	14.98	10	7.47	20	7.26	21
吉林	15.18	10	15.23	9	11.06	10	10.97	9
黑龙江	18.72	8	18.22	8	9.64	14	9.22	14
上海	3.89	26	3.75	26	4.23	28	4.04	29
江苏	4.20	25	3.64	27	4.81	27	4.40	28
浙江	2.94	28	2.76	29	5.00	26	5.17	27
安徽	8.07	20	7.94	20	8.89	16	8.56	16
福建	4.73	24	4.40	24	7.29	21	7.19	22
江西	9.93	17	9.13	17	7.76	19	7.34	20
山东	6.70	22	6.11	22	7.02	22	6.31	25
河南	11.74	15	11.00	15	9.87	13	9.24	13
湖北	8.72	18	8.38	18	7.87	18	7.52	19
湖南	12.59	12	12.07	11	9.94	12	9.65	12
广东	3.71	27	3.17	28	6.94	23	6.57	24
广西	6.73	21	6.70	21	8.07	17	8.28	18
海南			4.01	25			8.55	17
四川	12.37	14	11.22	14	10.46	11	9.67	11
贵州	24.83	5	23.05	5	18.40	2	16.98	2
云南	11.04	16	10.79	16	11.36	9	11.91	6
西藏								
陕西	12.81	11	11.91	12	9.08	15	8.80	15
甘肃	29.00	4	27.20	4	12.16	7	10.98	8
青海	31.86	3	31.75	3	14.23	5	12.91	5
宁夏	34.63	2	39.32	1	15.08	4	15.11	4
新疆	21.00	7	19.01	7	19.13	1	18.52	1

3-18 效　益　指　标

地　区	每万元国民收入消费能源（吨标准煤）				每公里公路负担货运量（吨）			
	1989年		1990年		1990年		1991年	
	指标值	位次	指标值	位次	指标值	位次	指标值	位次
北　京	7.87	14	7.38	14	31 193	3	29 423	3
天　津	8.37	12	8.09	12	42 818	2	44 007	2
河　北	9.77	11	8.72	11	10 142	8	9 874	8
山　西	16.91	1	14.91	2	13 181	5	11 646	6
内蒙古	10.65	7	10.39	5	4 568	20	4 197	21
辽　宁	10.05	10	10.02	9	13 988	4	13 821	4
吉　林	11.13	5	10.46	4	8 149	10	8 663	11
黑龙江	10.14	9	9.37	10	5 210	17	4 585	20
上　海	5.23	24	5.14	22	79 475	1	79 529	1
江　苏	5.32	23	4.84	24	11 120	7	10 592	7
浙　江	3.54	28	3.55	28	8 006	11	8 176	12
安　徽	5.34	22	5.32	21	8 419	9	9 437	9
福　建	3.90	26	3.73	26	5 748	16	5 339	15
江　西	5.73	21	4.89	23	4 175	22	3 202	25
山　东	6.39	19	5.97	19	7 688	12	8 860	10
河　南	7.43	16	6.91	15	6 680	14	6 633	14
湖　北	6.69	18	6.04	18	7 457	13	8 127	13
湖　南	6.99	17	6.46	17	5 007	18	5 183	17
广　东	3.85	27	3.59	27	11 664	6	12 618	5
广　西	4.00	25	3.90	25	3 911	24	3 855	24
海　南			1.57	29	4 485	21	5 184	16
四　川	7.51	15	6.54	16	4 665	19	4 731	19
贵　州	10.74	6	10.16	7	4 146	23	3 962	22
云　南	6.07	20	5.54	20	5 786	15	4 845	18
西　藏					315	30	247	30
陕　西	7.89	13	7.39	13	2 555	28	2 645	28
甘　肃	11.45	4	10.48	3	3 117	25	3 079	26
青　海	11.55	3	10.26	6	1 452	29	1 468	29
宁　夏	13.92	2	14.92	1	2 644	27	2 824	27
新　疆	10.47	8	10.07	8	2 905	26	3 912	23

3-19 效　益　指　标

地区	每公里公路负担货物周转量（万吨公里）				基本建设固定资产交付使用率（%）			
	1990年		1991年		1990年		1991年	
	指标值	位次	指标值	位次	指标值	位次	指标值	位次
北京	63.54	4	58.97	6	99.06	3	87.12	9
天津	154.98	1	112.59	2	48.48	30	33.46	30
河北	51.67	7	54.70	7	85.94	9	85.19	10
山西	65.52	3	65.01	5	59.14	28	92.56	3
内蒙古	23.71	20	21.87	20	74.17	21	58.53	27
辽宁	39.74	10	40.25	10	88.21	7	70.00	15
吉林	33.97	14	30.51	14	78.06	16	81.34	11
黑龙江	24.43	19	20.30	22	85.46	11	81.15	12
上海	122.30	2	123.54	1	109.86	2	88.10	8
江苏	62.29	6	66.67	4	127.35	1	63.22	24
浙江	35.26	13	39.84	11	72.76	22	90.23	4
安徽	44.15	9	48.61	9	68.03	24	56.28	28
福建	28.94	15	23.95	18	77.72	17	60.20	26
江西	22.38	22	16.98	24	55.59	29	89.36	5
山东	44.86	8	51.27	8	76.60	19	89.02	7
河南	38.05	11	38.35	12	76.22	20	63.86	23
湖北	27.97	16	27.99	15	79.91	14	69.49	17
湖南	22.97	21	25.77	16	63.83	25	89.12	6
广东	63.34	5	69.88	3	60.57	27	60.91	25
广西	26.98	17	25.42	17	88.54	6	65.49	22
海南	9.54	29	17.33	23	90.03	5	77.25	14
四川	21.88	23	21.15	21	80.70	13	68.53	19
贵州	16.53	24	14.75	28	61.03	26	66.20	21
云南	25.44	18	23.43	19	87.86	8	55.09	29
西藏	3.75	30	2.88	30	78.22	15	108.88	1
陕西	15.72	25	15.42	27	84.80	12	69.20	18
甘肃	15.59	26	15.84	25	72.35	23	69.85	16
青海	11.48	28	11.03	29	85.71	10	96.62	2
宁夏	15.37	27	15.61	26	95.78	4	80.10	13
新疆	35.52	12	37.90	13	77.23	18	66.55	20

3-20 效　益　指　标

地　区	基本建设大中型项目建成投产率(%)				更新改造固定资产交付使用率(%)			
	1990年		1991年		1990年		1991年	
	指标值	位次	指标值	位次	指标值	位次	指标值	位次
北　京	24.50	2	37.80	9	76.13	25	83.67	17
天　津	12.00	20	40.00	8	95.64	7	68.91	28
河　北	21.60	5	28.60	16	83.61	18	90.15	7
山　西	9.10	22	12.20	26	79.31	22	79.97	21
内蒙古	17.60	9	20.60	21	91.56	10	83.80	16
辽　宁	15.30	13	33.80	13	98.91	4	85.08	13
吉　林	8.30	23	27.20	17	103.19	2	78.35	24
黑龙江	15.60	12	41.80	7	85.25	16	86.48	11
上　海	16.20	11	48.60	3	87.42	15	79.75	22
江　苏	12.80	18	23.80	19	89.00	12	81.04	19
浙　江	18.50	7	21.40	20	77.60	24	87.69	8
安　徽	13.30	16	17.60	23	87.80	13	85.06	14
福　建	5.90	26	31.20	14	87.57	14	86.54	10
江　西			35.20	10	79.39	21	74.03	26
山　东	11.90	21	29.60	15	90.76	11	85.36	12
河　南	15.20	14	17.80	22	68.92	29	97.09	4
湖　北	15.10	15	25.40	18	78.37	23	100.48	2
湖　南	7.70	25	44.40	5	74.52	27	84.12	15
广　东	21.30	6	46.40	4	97.09	6	86.63	9
广　西	28.60	1	35.20	11	95.34	8	91.26	6
海　南	22.20	3			58.06	30	127.83	1
四　川	8.30	24	12.00	27	84.16	17	72.44	27
贵　州					111.24	1	81.44	18
云　南	18.50	8	15.40	24	82.81	20	78.98	23
西　藏			50.00	1	83.33	19	100.00	3
陕　西	13.30	17	34.20	12	98.08	5	80.14	20
甘　肃	12.50	19	15.40	25	69.06	28	57.93	29
青　海	22.20	4	50.00	2	100.89	3	57.24	30
宁　夏					75.15	26	75.42	25
新　疆	16.70	10	42.20	6	94.37	9	96.91	5

3-21 效　益　指　标

地区	国有和集体建筑施工企业按总产值计算的全员劳动生产率（元/人）				国有和集体建筑施工企业按施工产值计算的全员劳动生产率（元/人）			
	1990年		1991年		1990年		1991年	
	指标值	位次	指标值	位次	指标值	位次	指标值	位次
北　京	15 991	3	16 768	5	15 126	3	16 527	5
天　津	14 948	5	17 014	4	14 644	4	16 765	4
河　北	10 696	21	12 574	16	10 334	21	12 242	17
山　西	11 760	14	12 553	17	11 327	14	12 309	16
内蒙古	9 972	27	12 170	22	9 764	24	11 988	22
辽　宁	12 170	11	13 770	12	11 781	10	13 518	11
吉　林	11 779	13	13 649	13	11 422	13	13 414	13
黑龙江	10 216	24	12 273	21	9 963	23	12 006	21
上　海	18 922	1	20 824	1	17 700	1	20 089	1
江　苏	13 081	9	14 623	9	12 217	9	13 899	9
浙　江	13 951	6	15 610	7	13 329	6	15 021	8
安　徽	9 694	28	9 707	29	9 234	29	9 346	29
福　建	13 311	8	15 478	8	12 955	7	15 181	7
江　西	9 620	29	10 684	28	9 310	28	10 414	28
山　东	13 527	7	16 173	6	12 885	8	15 610	6
河　南	10 012	26	11 009	27	9 564	27	10 593	27
湖　北	10 278	23	11 647	25	9 706	25	11 272	25
湖　南	10 980	19	12 326	18	10 521	19	12 018	20
广　东	16 305	2	19 822	2	15 840	2	19 371	2
广　西	12 184	10	14 120	10	11 520	12	13 464	12
海　南	10 512	22	12 300	19	10 375	20	12 149	18
四　川	10 094	25	11 650	24	9 666	26	11 329	24
贵　州	8 173	30	9 003	30	8 033	30	8 876	30
云　南	11 552	15	14 091	11	11 107	15	13 721	10
西　藏	15 038	4	17 359	3	14 545	5	17 039	3
陕　西	10 788	20	11 279	26	10 192	22	11 130	26
甘　肃	11 070	18	11 887	23	10 793	18	11 590	23
青　海	11 195	17	12 297	20	10 944	16	12 046	19
宁　夏	11 806	12	12 651	15	11 637	11	12 332	15
新　疆	11 523	16	13 351	14	10 802	17	12 902	14

3-22 效 益 指 标

地区	国有和集体建筑施工企业按净产值计算的全员劳动生产率（元/人）				国有和集体建筑施工企业产值利税率（%）			
	1990年		1991年		1990年		1991年	
	指标值	位次	指标值	位次	指标值	位次	指标值	位次
北京	4 401	2	4 961	4	6.40	5	6.41	5
天津	2 991	21	3 613	20	0.24	30	2.03	30
河北	2 740	25	3 376	26	4.82	14	5.16	16
山西	3 328	16	3 821	17	4.08	20	4.71	20
内蒙古	2 940	23	3 598	21	4.72	15	4.46	22
辽宁	3 631	9	4 335	9	6.53	3	6.29	6
吉林	3 503	11	4 002	13	5.96	7	6.23	7
黑龙江	2 978	22	3 696	18	4.45	16	5.78	11
上海	4 712	1	4 963	3	6.34	6	3.00	27
江苏	3 677	8	4 444	8	5.53	9	6.18	8
浙江	3 810	7	4 150	11	6.49	4	5.30	14
安徽	2 491	29	2 682	30	2.55	27	2.58	29
福建	3 875	6	4 692	6	5.29	10	5.94	10
江西	2 719	27	3 076	28	4.45	17	4.97	18
山东	4 151	5	4 950	5	7.84	1	7.51	1
河南	2 887	24	3 105	27	4.34	18	5.16	17
湖北	2 736	26	3 519	24	2.68	25	3.95	23
湖南	3 351	15	3 909	16	4.84	13	5.60	12
广东	4 279	4	5 635	1	5.64	8	6.11	9
广西	3 492	12	4 238	10	7.31	2	6.66	3
海南	2 679	28	3 569	23	4.97	11	7.31	2
四川	3 002	20	3 596	22	4.86	12	5.27	15
贵州	2 221	30	2 804	29	2.62	26	3.94	24
云南	3 207	18	4 067	12	3.52	21	4.83	19
西藏	4 366	3	5 118	2	1.26	29	6.59	4
陕西	3 016	19	3 656	19	2.95	23	2.91	28
甘肃	3 322	17	3 981	14	3.49	22	4.64	21
青海	3 398	13	3 913	15	2.82	24	3.67	26
宁夏	3 370	14	3 482	25	4.26	19	3.81	25
新疆	3 625	10	4 510	7	1.76	28	5.36	13

3-23 效　益　指　标

地　区	国有和城镇集体建筑施工企业产值利润率（%）				国有和城镇集体建筑施工企业房屋建筑面积竣工率（%）			
	1990年		1991年		1990年		1991年	
	指标值	位次	指标值	位次	指标值	位次	指标值	位次
北　京	3.42	2	2.66	7	45.99	26	47.59	20
天　津	-2.56	28	-0.77	28	49.39	17	50.70	13
河　北	1.78	12	1.71	13	54.58	12	49.77	16
山　西	0.65	19	0.38	23	42.98	29	39.76	30
内蒙古	1.13	15	0.78	20	57.96	7	54.21	9
辽　宁	2.70	5	2.66	8	59.16	6	54.52	8
吉　林	2.61	6	3.09	5	59.77	4	57.48	6
黑龙江	1.58	14	2.14	10	66.08	2	59.93	5
上　海	2.35	8	-1.34	29	45.62	27	45.52	25
江　苏	2.02	11	2.08	11	54.90	10	50.98	11
浙　江	3.19	4	1.81	12	55.99	8	50.37	14
安　徽	-0.31	23	-0.69	27	47.54	21	45.28	27
福　建	2.15	9	2.42	9	47.00	22	45.97	23
江　西	1.12	16	1.51	16	46.95	23	46.77	21
山　东	3.69	1	3.44	3	48.73	18	48.70	18
河　南	0.81	18	1.66	14	48.21	19	43.43	28
湖　北	-0.48	25	0.73	22	46.64	25	46.33	22
湖　南	0.82	17	1.58	15	48.20	20	50.92	12
广　东	2.55	7	3.16	4	52.38	14	45.71	24
广　西	3.34	3	2.69	6	50.39	16	49.03	17
海　南	2.04	10	3.65	2	55.67	9	62.05	3
四　川	0.57	20	1.33	18	51.20	15	50.28	15
贵　州	-0.74	27	0.11	24	46.92	24	45.32	26
云　南	-0.58	26	0.77	21	54.08	13	51.13	10
西　藏	-0.35	24	3.96	1	76.36	1	75.24	1
陕　西	-3.42	29	-2.58	30	42.09	30	41.71	29
甘　肃	1.63	13	0.93	19	44.21	28	47.84	19
青　海	0.35	22	-0.56	26	59.71	5	54.66	7
宁　夏	0.37	21	1.35	17	65.52	3	66.76	2
新　疆	-3.95	30	0.10	25	54.85	11	60.08	4

3-24 效　益　指　标

地区	国有建筑施工企业房屋建筑面积竣工率(%)				城镇集体建筑施工企业房屋建筑面积竣工率(%)			
	1990年		1991年		1990年		1991年	
	指标值	位次	指标值	位次	指标值	位次	指标值	位次
北　京	39.48	28	40.83	22	56.46	15	58.15	12
天　津	53.75	7	48.71	10	31.61	30	63.61	6
河　北	47.93	14	42.79	21	64.38	9	59.30	10
山　西	40.26	25	37.57	30	51.59	26	46.32	30
内蒙古	47.86	15	48.74	9	67.43	8	59.13	11
辽　宁	50.89	9	48.15	11	67.86	7	60.64	9
吉　林	55.07	6	51.72	7	71.25	4	71.68	3
黑龙江	60.30	2	57.76	4	72.60	3	62.39	7
上　海	40.18	26	40.47	24	60.59	11	56.72	14
江　苏	50.69	10	46.40	14	57.64	14	54.11	18
浙　江	56.14	5	47.41	12	55.94	17	51.28	23
安　徽	43.08	21	43.44	18	53.24	23	47.71	28
福　建	43.15	20	39.48	26	49.31	29	50.38	25
江　西	39.49	27	39.93	25	54.08	22	52.38	20
山　东	44.61	18	44.62	16	52.48	25	51.96	22
河　南	43.39	19	38.70	29	56.40	16	49.68	26
湖　北	42.95	22	43.04	20	52.93	24	51.25	24
湖　南	40.79	24	46.69	13	55.43	20	54.39	16
广　东	48.66	12	40.76	23	54.15	21	47.87	27
广　西	46.43	16	44.45	17	55.44	19	54.39	17
海　南	48.09	13	58.32	3	62.98	10	65.99	5
四　川	45.30	17	43.43	19	57.80	13	57.69	13
贵　州	38.35	29	39.22	27	55.55	18	52.00	21
云　南	51.27	8	49.73	8	60.41	12	54.02	19
西　藏	71.26	1	66.28	1	93.42	1	118.87	1
陕　西	37.46	30	38.77	28	51.56	27	47.57	29
甘　肃	41.98	23	44.76	15	49.86	28	55.38	15
青　海	56.68	4	52.72	6	68.07	6	60.90	8
宁　夏	59.53	3	62.35	2	74.05	2	73.27	2
新　疆	48.94	11	57.36	5	71.08	5	67.90	4

四、比 重 指 标

4-1 比　重　指　标

地区	第一产业产值占国内生产总值比重(%)				第二产业产值占国内生产总值比重(%)			
	1990年		1991年		1990年		1991年	
	指标值	位次	指标值	位次	指标值	位次	指标值	位次
北京	8.76	29	8.15	29	52.39	7	52.18	7
天津	8.79	28	8.67	28	57.73	2	56.03	3
河北	27.26	20	24.69	22	46.35	10	47.93	9
山西	20.21	26	15.94	27	52.54	6	54.75	6
内蒙古	39.26	9	36.51	8	35.72	24	38.64	22
辽宁	17.46	27	16.85	26	56.00	3	54.98	4
吉林	31.73	16	28.41	16	46.23	11	47.88	10
黑龙江	24.33	25	20.44	25	55.04	4	56.26	2
上海	4.38	30	3.89	30	64.82	1	64.28	1
江苏	26.99	21	23.78	23	52.64	5	54.78	5
浙江	26.89	22	24.93	20	48.64	8	50.09	8
安徽	40.50	6	31.74	14	40.52	16	46.70	12
福建	32.22	14	31.20	15	37.97	20	39.78	20
江西	41.94	5	39.40	5	31.83	27	33.28	27
山东	31.90	15	33.23	12	47.70	9	47.50	11
河南	36.37	13	33.69	11	37.05	22	39.08	21
湖北	36.59	11	32.60	13	39.61	19	42.00	16
湖南	39.72	7	38.31	7	35.58	25	35.88	24
广东	26.13	24	23.36	24	39.88	17	42.10	15
广西	44.70	2	42.53	3	30.15	28	31.13	28
海南	49.02	1	46.53	2	21.18	29	22.84	29
四川	36.49	12	35.29	10	37.43	21	38.54	23
贵州	39.27	8	39.93	4	36.58	23	35.20	25
云南	42.46	4	39.15	6	39.85	18	41.48	17
西藏	44.38	3	50.77	1	14.60	30	13.66	30
陕西	28.22	17	27.18	17	42.01	13	43.24	14
甘肃	27.37	19	26.05	19	42.02	12	43.81	13
青海	26.64	23	24.75	21	40.55	15	41.11	19
宁夏	27.58	18	26.55	18	41.47	14	41.18	18
新疆	37.56	10	35.88	9	33.15	26	34.64	26

4-2 比　重　指　标

地　区	第三产业产值占国内生产总值比重(%)				财政收入占国民生产总值比重(%)			
	1990年		1991年		1989年		1990年	
	指标值	位次	指标值	位次	指标值	位次	指标值	位次
北　京	38.85	2	39.67	1	15.59	4	14.78	3
天　津	33.48	4	35.30	3	16.41	3	14.43	5
河　北	26.40	16	27.38	15	10.16	23	9.70	23
山　西	27.25	13	29.31	12	13.80	7	12.99	8
内蒙古	25.02	18	24.85	24	11.15	16	11.51	14
辽　宁	26.54	15	28.17	14	14.45	6	13.40	7
吉　林	22.04	25	23.70	25	13.67	8	12.87	9
黑龙江	20.63	26	23.30	26	12.41	11	11.66	13
上　海	30.80	7	31.83	7	23.96	1	22.83	1
江　苏	20.37	28	21.44	28	10.06	24	10.21	18
浙　江	24.48	22	24.98	22	12.39	12	12.14	11
安　徽	18.98	29	21.56	27	8.89	27	8.72	26
福　建	29.81	9	29.03	13	12.72	10	12.25	10
江　西	26.22	17	27.32	16	10.31	22	9.74	22
山　东	20.41	27	19.26	30	8.59	28	8.19	28
河　南	26.58	14	27.23	17	9.80	25	9.65	24
湖　北	23.80	24	25.41	21	11.03	18	9.82	21
湖　南	24.70	20	25.81	20	10.75	19	9.97	20
广　东	33.99	3	34.53	4	10.43	20	8.90	25
广　西	25.14	19	26.34	18	11.85	13	11.92	12
海　南	29.81	10	30.63	8	7.19	29	7.78	29
四　川	26.08	18	26.17	19	11.50	15	10.44	17
贵　州	24.15	23	24.87	23	13.64	9	14.18	6
云　南	17.69	30	19.36	29	19.83	2	19.55	2
西　藏	41.02	1	35.57	2	0.64	30	0.74	30
陕　西	29.77	11	29.58	10	11.56	14	10.99	15
甘　肃	30.61	8	30.14	9	14.50	5	14.59	4
青　海	32.75	5	34.14	5	11.08	17	10.91	16
宁　夏	30.89	6	32.27	6	10.33	21	10.20	19
新　疆	29.29	12	29.47	11	8.95	26	8.65	27

4-3 比重指标

地区	财政收入占国民收入比重(%)				农业总产值占农村社会总产值比重(%)			
	1989年		1990年		1990年		1991年	
	指标值	位次	指标值	位次	指标值	位次	指标值	位次
北京	21.1	3	20.2	3	25.2	28	22.7	28
天津	19.8	4	17.5	4	19.8	29	18.0	29
河北	12.1	22	11.6	22	41.0	22	37.9	22
山西	17.3	5	16.4	8	38.7	24	33.2	25
内蒙古	13.6	16	14.1	12	77.0	5	73.4	7
辽宁	17.3	6	16.5	6	38.9	23	37.3	23
吉林	16.2	8	15.0	9	58.7	15	57.1	14
黑龙江	14.3	12	13.6	15	63.6	10	61.3	10
上海	28.4	1	27.5	1	17.4	30	14.4	30
江苏	11.7	25	11.8	19	28.0	27	25.1	27
浙江	14.1	14	14.0	13	29.6	26	26.2	26
安徽	10.2	27	10.2	27	58.1	16	49.8	18
福建	14.7	10	14.7	10	50.5	19	47.3	19
江西	12.1	23	11.5	24	62.3	11	58.0	13
山东	9.8	28	9.5	29	36.6	25	36.6	24
河南	11.8	24	11.5	25	48.8	20	45.9	20
湖北	12.8	20	11.8	20	57.4	17	55.3	16
湖南	12.7	21	11.8	21	61.3	12	59.2	11
广东	13.2	18	11.6	23	46.1	21	42.1	21
广西	13.8	15	13.9	14	76.5	6	73.5	6
海南	8.6	29	9.6	28	86.0	3	85.4	2
四川	13.3	17	12.3	18	59.6	14	56.4	15
贵州	16.2	9	17.2	5	75.0	7	74.1	5
云南	22.5	2	22.0	2	75.0	8	73.0	8
西藏	0.8	30	1.0	30	93.5	1	94.4	1
陕西	14.2	13	13.6	16	53.2	18	51.7	17
甘肃	17.0	7	16.5	7	60.7	13	58.7	12
青海	14.5	11	14.7	11	80.2	4	78.8	4
宁夏	13.0	19	13.1	17	68.9	9	68.0	9
新疆	10.9	26	10.6	26	86.7	2	84.3	3

4-4 比　重　指　标

地　区	农村工业总产值占农村社会总产值比重(%)				农村建筑业总产值占农村社会总产值比重(%)			
	1990年		1991年		1990年		1991年	
	指标值	位次	指标值	位次	指标值	位次	指标值	位次
北　京	58.4	4	61.1	5	6.8	4	6.7	5
天　津	69.6	2	71.5	2	3.7	26	3.5	28
河　北	46.4	8	49.8	8	6.6	5	6.5	8
山　西	44.6	9	48.5	9	5.1	17	6.0	11
内蒙古	10.4	26	13.7	26	5.1	18	5.0	21
辽　宁	49.0	7	51.1	7	3.8	24	3.9	26
吉　林	24.8	17	25.0	19	6.2	9	6.8	4
黑龙江	20.6	21	21.5	21	5.6	13	5.8	13
上　海	71.1	1	74.7	1	7.1	3	6.9	3
江　苏	60.4	3	63.5	3	6.5	6	6.5	9
浙　江	58.1	5	61.7	4	7.4	1	7.5	1
安　徽	26.8	16	33.1	13	6.2	10	6.7	6
福　建	34.7	11	38.5	11	5.3	16	5.1	20
江　西	24.3	19	27.6	17	5.5	14	5.8	14
山　东	52.3	6	52.9	6	6.3	8	5.8	15
河　南	31.9	12	35.2	12	7.2	2	7.3	2
湖　北	29.6	13	30.6	14	5.0	19	5.3	18
湖　南	24.7	18	26.4	18	5.8	11	5.9	12
广　东	38.3	10	41.9	10	5.7	12	6.2	10
广　西	13.1	25	15.2	24	4.7	21	5.6	17
海　南	4.3	29	4.6	29	4.2	23	4.1	25
四　川	26.9	15	29.5	16	4.9	20	5.3	19
贵　州	14.6	23	15.7	23	3.4	28	3.3	29
云　南	13.2	24	14.4	25	5.4	15	5.7	16
西　藏	1.1	30	0.7	30	1.5	30	1.2	30
陕　西	29.0	14	29.6	15	6.5	7	6.7	7
甘　肃	21.7	20	22.8	20	4.6	22	5.0	22
青　海	9.8	27	10.9	27	3.8	25	3.8	27
宁　夏	17.8	22	18.1	22	3.3	29	4.2	24
新　疆	5.4	28	7.2	28	3.6	27	4.8	23

4-5 比 重 指 标

地区	农村运输业总产值占农村社会总产值比重(%)				农村商业饮食业总产值占农村社会总产值比重(%)			
	1990年		1991年		1990年		1991年	
	指标值	位次	指标值	位次	指标值	位次	指标值	位次
北京	4.8	8	4.6	10	4.9	6	4.9	8
天津	4.1	12	4.4	12	2.8	26	2.5	27
河北	2.6	22	2.6	22	3.3	19	3.3	19
山西	7.7	1	8.0	1	3.9	16	4.2	14
内蒙古	4.5	10	4.8	9	3.0	25	3.2	22
辽宁	3.7	15	3.6	17	4.6	8	4.2	15
吉林	5.1	7	5.4	7	5.2	4	5.7	3
黑龙江	6.2	6	6.9	3	4.0	15	4.5	12
上海	1.3	30	1.1	30	3.1	21	2.8	25
江苏	2.3	24	2.2	24	2.8	27	2.7	26
浙江	1.8	26	1.7	28	3.1	22	2.9	24
安徽	4.5	11	4.9	8	4.4	11	5.5	4
福建	4.8	9	4.5	11	4.6	9	4.6	11
江西	3.6	16	3.9	15	4.4	12	4.8	9
山东	1.7	28	1.8	27	3.1	23	3.0	23
河南	6.4	4	6.2	6	5.7	3	5.4	5
湖北	3.3	18	3.7	16	4.6	10	5.1	7
湖南	4.0	13	4.2	13	4.2	13	4.3	13
广东	3.4	17	3.3	19	6.6	1	6.5	2
广西	1.6	29	1.9	26	4.1	14	3.8	16
海南	2.4	23	2.5	23	3.1	24	3.3	20
四川	3.9	14	4.0	14	4.7	7	4.7	10
贵州	3.3	19	3.3	20	3.6	17	3.6	17
云南	3.0	20	3.5	18	3.4	18	3.5	18
西藏	1.8	27	2.0	25	2.0	30	1.7	30
陕西	6.3	5	6.5	5	5.1	5	5.4	6
甘肃	6.6	3	6.9	4	6.4	2	6.6	1
青海	3.0	21	3.2	21	3.2	20	3.3	21
宁夏	7.3	2	7.3	2	2.6	28	2.4	28
新疆	2.1	25	1.7	29	2.2	29	2.0	29

4-6 比重指标

地区	农作物种植业产值占农业总产值比重（%）				林业产值占农业总产值比重（%）			
	1990年		1991年		1990年		1991年	
	指标值	位次	指标值	位次	指标值	位次	指标值	位次
北京	53.9	20	50.1	23	1.3	28	2.0	26
天津	56.5	15	56.1	16	0.8	29	0.6	29
河北	66.7	6	64.3	5	2.7	22	3.3	18
山西	69.2	5	62.2	9	6.3	5	7.0	6
内蒙古	56.6	14	56.0	17	4.0	15	4.1	16
辽宁	53.4	23	52.4	22	2.4	24	2.3	24
吉林	71.5	3	68.7	4	2.2	25	2.3	25
黑龙江	72.5	1	69.0	3	3.1	20	3.3	19
上海	42.7	28	41.4	28	0.5	30	0.5	30
江苏	55.3	17	54.4	19	1.4	27	1.3	28
浙江	48.7	25	48.8	25	4.4	13	4.7	11
安徽	65.7	8	59.7	11	4.6	12	5.9	7
福建	44.8	27	45.9	26	9.4	2	9.9	2
江西	53.5	22	52.8	21	6.3	6	7.7	4
山东	61.4	12	59.5	12	3.2	18	2.8	21
河南	66.5	7	64.2	6	4.1	14	4.2	14
湖北	62.9	11	61.0	10	3.5	17	4.2	15
湖南	55.1	18	55.2	18	5.5	7	5.8	8
广东	49.6	24	49.1	24	4.7	11	4.5	13
广西	54.0	19	53.7	20	7.2	4	7.5	5
海南	39.1	30	37.9	30	24.5	1	25.0	1
四川	57.0	13	56.9	15	3.8	16	3.7	17
贵州	53.7	21	57.4	14	5.5	8	5.7	9
云南	56.5	16	58.6	13	8.6	3	8.4	3
西藏	42.7	29	39.9	29	1.7	26	1.4	27
陕西	64.3	10	63.2	8	5.3	9	5.7	10
甘肃	65.6	9	64.0	7	3.2	19	3.3	20
青海	46.8	26	45.8	27	2.8	21	2.7	22
宁夏	69.3	4	69.5	2	5.3	10	4.7	12
新疆	72.1	2	72.6	1	2.6	23	2.6	23

4-7 比　重　指　标

地　区	牧业产值占农业总产值比重 (%)				副业产值占农业总产值比重 (%)			
	1990年		1991年		1990年		1991年	
	指标值	位次	指标值	位次	指标值	位次	指标值	位次
北　京	39.8	4	42.8	4	1.7	28	1.7	27
天　津	26.8	12	28.2	11	6.8	12	7.1	9
河　北	23.3	20	25.1	18	4.5	21	4.4	21
山　西	22.1	22	26.6	12	2.0	27	2.0	26
内蒙古	29.6	7	30.1	6	9.1	5	9.0	5
辽　宁	27.6	10	28.7	10	6.3	13	5.7	15
吉　林	21.9	24	24.0	21	2.9	25	3.4	23
黑龙江	20.0	29	23.9	22	2.4	26	1.7	28
上　海	44.4	3	45.3	3	0.6	30	0.5	30
江　苏	27.6	11	28.9	8	7.2	10	6.6	10
浙　江	23.6	18	22.3	27	11.2	2	10.1	3
安　徽	22.1	23	25.1	19	4.6	20	5.4	18
福　建	23.3	21	22.4	25	7.0	11	6.1	12
江　西	26.4	13	25.3	15	9.8	4	9.6	4
山　东	23.5	19	25.3	16	3.4	23	2.6	25
河　南	20.9	27	23.2	24	7.7	8	7.7	7
湖　北	24.4	16	25.2	17	3.3	24	3.4	24
湖　南	29.5	8	28.8	9	5.5	15	5.5	17
广　东	23.8	17	23.7	23	10.3	3	10.4	1
广　西	29.9	6	29.4	7	5.4	17	5.6	16
海　南	19.9	30	19.7	30	5.8	14	5.9	14
四　川	32.9	5	37.5	5	4.7	19	4.6	20
贵　州	28.4	9	25.8	14	11.8	1	10.4	2
云　南	25.5	14	25.0	20	8.7	7	7.4	8
西　藏	47.9	1	52.6	1	7.7	9	6.0	13
陕　西	21.0	26	21.7	28	9.0	6	8.9	6
甘　肃	25.5	15	26.1	13	5.5	16	6.5	11
青　海	44.7	2	46.2	2	5.4	18	5.0	19
宁　夏	21.9	25	22.4	26	1.6	29	1.5	29
新　疆	20.3	28	19.9	29	4.3	22	4.3	22

4-8 比　重　指　标

地区	渔业产值占农业总产值比重(%)				轻工业产值占工业总产值比重(%)			
	1990年		1991年		1990年		1991年	
	指标值	位次	指标值	位次	指标值	位次	指标值	位次
北京	3.2	14	3.5	15	44.0	19	44.0	18
天津	9.2	7	8.0	9	51.0	10	48.4	12
河北	2.8	16	2.9	16	48.5	13	47.5	13
山西	0.3	27	0.5	27	25.5	30	25.2	30
内蒙古	0.7	22	0.8	21	41.8	23	40.0	22
辽宁	10.3	6	10.9	6	32.6	25	30.9	25
吉林	1.5	20	1.6	20	41.9	22	39.9	23
黑龙江	1.9	17	2.1	17	33.6	24	32.2	24
上海	11.8	3	12.2	3	51.9	8	50.1	10
江苏	8.5	9	8.7	8	54.7	6	53.2	6
浙江	12.1	2	14.1	2	65.2	3	65.2	3
安徽	3.0	15	4.0	13	51.9	9	51.3	8
福建	15.5	1	15.7	1	62.0	4	62.7	4
江西	4.1	12	4.6	12	44.6	17	44.5	17
山东	8.6	8	9.9	7	50.8	11	51.0	9
河南	0.8	21	0.8	22	45.6	16	45.4	16
湖北	5.9	10	6.2	10	47.3	14	46.8	14
湖南	4.3	11	4.8	11	44.4	18	44.0	19
广东	11.5	4	12.2	4	67.5	2	65.7	2
广西	3.6	13	3.8	14	55.3	5	53.9	5
海南	10.7	5	11.6	5	68.1	1	67.1	1
四川	1.6	19	1.7	19	46.3	15	46.5	15
贵州	0.7	23	0.7	23	42.4	21	42.2	20
云南	0.7	24	0.6	24	52.5	7	51.8	7
西藏	0.1	30	0.0	30	30.0	26	29.7	26
陕西	0.5	26	0.6	25	42.5	20	42.1	21
甘肃	0.2	29	0.2	29	28.8	28	27.2	28
青海	0.3	28	0.3	28	28.9	27	29.2	27
宁夏	1.9	18	1.9	18	27.8	29	26.7	29
新疆	0.6	25	0.6	26	49.3	12	49.5	11

4-9 比　重　指　标

地　区	重工业产值占工业总产值比重(%)				生产性建设投资占全社会固定资产投资比重(%)			
	1990年		1991年		1990年		1991年	
	指标值	位次	指标值	位次	指标值	位次	指标值	位次
北　京	56.0	12	56.0	12	44.5	30	45.3	29
天　津	49.0	21	51.6	19	77.2	2	82.1	1
河　北	51.5	18	52.5	18	65.2	13	57.6	24
山　西	74.5	1	74.8	1	71.4	8	70.8	7
内蒙古	58.2	8	60.0	9	69.4	10	68.9	8
辽　宁	67.4	6	69.1	6	71.9	6	67.7	10
吉　林	58.1	9	60.1	8	64.7	15	66.4	11
黑龙江	66.4	7	67.8	7	72.4	5	72.6	6
上　海	48.1	22	49.9	21	67.3	12	66.3	12
江　苏	45.3	25	46.8	25	45.7	29	52.4	28
浙　江	34.8	28	34.8	28	45.8	28	53.5	27
安　徽	48.1	23	48.7	23	56.0	25	60.5	20
福　建	38.0	27	37.3	27	54.3	27	55.8	26
江　西	55.4	14	55.5	14	62.3	18	61.5	18
山　东	49.2	20	49.0	22	67.4	11	66.0	13
河　南	54.4	15	54.6	15	59.3	22	60.9	19
湖　北	52.7	17	53.2	17	61.3	20	64.8	15
湖　南	55.6	13	56.0	13	57.5	23	58.3	23
广　东	32.5	29	34.3	29	61.0	21	57.6	25
广　西	44.7	26	46.1	26	56.6	24	58.5	22
海　南	31.9	30	32.9	30	54.4	26	44.5	30
四　川	53.7	16	53.5	16	64.8	14	63.6	16
贵　州	57.6	10	57.8	11	71.6	7	68.7	9
云　南	47.5	24	48.2	24	62.6	17	62.6	17
西　藏	70.0	5	70.3	5	63.0	16	65.2	14
陕　西	57.5	11	57.9	10	61.7	19	58.8	21
甘　肃	71.2	3	72.8	3	72.5	4	73.3	4
青　海	71.1	4	70.8	4	70.6	9	73.2	5
宁　夏	72.3	2	73.3	2	74.5	3	74.3	3
新　疆	50.7	19	50.5	20	78.2	1	75.9	2

4-10 比　重　指　标

地　区	非生产性建设投资占全社会固定资产投资比重(%)				机电灌溉面积占灌溉面积比重(%)			
	1990年		1991年		1990年		1991年	
	指标值	位次	指标值	位次	指标值	位次	指标值	位次
北　京	55.5	1	54.7	2	86.7	6	91.1	4
天　津	22.8	29	17.9	30	99.8	2	99.6	2
河　北	34.8	18	42.4	6	90.8	3	91.4	3
山　西	28.6	23	29.2	24	73.8	9	73.9	9
内蒙古	30.6	21	31.1	23	61.7	14	63.5	14
辽　宁	28.1	25	32.3	21	82.3	7	80.5	7
吉　林	35.3	16	33.6	20	66.2	12	66.4	12
黑龙江	27.6	26	27.4	25	60.3	15	61.7	15
上　海	32.7	19	33.7	19	100.0	1	100.0	1
江　苏	54.3	2	47.6	3	88.6	4	89.5	5
浙　江	54.2	3	46.5	4	72.3	10	72.2	10
安　徽	44.0	6	39.5	11	64.5	13	66.1	13
福　建	45.7	4	44.2	5	15.7	25	17.1	24
江　西	37.7	13	38.5	13	21.9	21	22.2	22
山　东	32.6	20	34.0	18	87.8	5	88.3	6
河　南	40.7	9	39.1	12	76.0	8	75.6	8
湖　北	38.7	11	35.2	16	55.6	16	50.2	16
湖　南	42.5	8	41.7	8	40.3	17	45.2	17
广　东	39.0	10	42.4	7	24.4	19	27.1	19
广　西	43.4	7	41.5	9	16.3	24	17.5	23
海　南	45.6	5	55.5	1	14.1	27	10.1	28
四　川	35.2	17	36.4	15	23.6	20	25.1	20
贵　州	28.4	24	31.3	22	11.5	29	10.5	27
云　南	37.4	14	37.4	14	14.7	26	14.9	25
西　藏	36.9	15	34.8	17	16.4	23	2.9	30
陕　西	38.3	12	41.2	10	68.8	11	66.5	11
甘　肃	27.5	27	26.7	26	39.6	18	31.1	18
青　海	29.5	22	26.7	27	10.0	30	9.6	29
宁　夏	25.5	28	25.6	28	19.5	22	22.4	21
新　疆	21.8	30	24.1	29	12.8	28	13.1	26

4-11 比 重 指 标

地区	粮食作物占农作物总播种面积比重(%)				经济作物占农作物总播种面积比重(%)			
	1990年		1991年		1990年		1991年	
	指标值	位次	指标值	位次	指标值	位次	指标值	位次
北京	82.1	6	81.9	6	2.7	30	2.8	30
天津	79.9	11	78.7	11	8.8	24	10.2	23
河北	77.7	15	77.1	14	17.1	9	17.7	11
山西	81.9	8	80.6	9	12.9	16	14.3	16
内蒙古	82.0	7	81.4	7	13.3	15	14.4	15
辽宁	86.3	4	84.9	4	5.7	28	7.1	28
吉林	87.3	2	87.1	2	7.9	27	7.8	27
黑龙江	86.7	3	86.2	3	8.8	25	9.5	25
上海	66.1	28	66.4	28	17.7	7	17.8	10
江苏	77.0	16	76.7	15	14.4	14	14.9	14
浙江	74.5	20	74.6	17	9.6	23	9.7	24
安徽	75.1	18	72.7	21	17.6	8	20.2	6
福建	75.8	17	73.8	19	8.5	26	9.0	26
江西	64.2	29	61.8	29	15.1	13	17.9	9
山东	74.9	19	73.5	20	21.1	3	22.2	2
河南	78.4	14	75.3	16	17.0	10	20.3	5
湖北	70.6	24	70.0	22	18.2	6	19.1	8
湖南	67.5	27	66.7	27	12.4	18	13.7	18
广东	70.5	25	68.4	25	15.7	11	16.2	13
广西	70.8	23	67.0	26	15.7	12	17.0	12
海南	69.1	26	68.6	24	21.5	2	21.6	3
四川	78.8	13	78.0	13	12.1	19	12.6	20
贵州	71.1	22	68.9	23	18.8	5	19.4	7
云南	80.6	10	78.7	12	11.5	20	13.2	19
西藏	89.8	1	88.9	1	5.0	29	5.4	29
陕西	85.1	5	83.8	5	9.8	22	11.2	22
甘肃	79.6	12	79.2	10	10.7	21	11.3	21
青海	73.5	21	74.0	18	21.0	4	21.6	4
宁夏	81.4	9	80.8	8	12.9	17	13.8	17
新疆	61.6	30	58.6	30	26.7	1	30.6	1

五、速 度 指 标

5-1 速 度 指 标

地区	国民生产总值（比上年增长%）				国内生产总值（比上年增长%）			
	1990年		1991年		1990年		1991年	
	指标值	位次	指标值	位次	指标值	位次	指标值	位次
北京	5.4	10	7.5	15	5.4	10	7.5	15
天津	2.5	28	4.4	25	2.5	28	4.4	25
河北	4.7	14	9.0	10	4.6	13	9.0	10
山西	5.1	12	3.3	28	5.1	12	3.3	28
内蒙古	8.2	6	7.5	16	8.2	6	7.5	16
辽宁	0.3	30	5.5	21	0.6	30	5.5	21
吉林	3.5	25	4.9	22	3.5	25	4.8	22
黑龙江	4.5	15	3.9	27	4.2	19	3.9	27
上海	3.5	26	7.0	17	3.4	26	7.0	17
江苏	4.4	17	7.9	11	4.4	16	7.9	12
浙江	4.0	20	15.8	2	4.0	20	15.4	2
安徽	3.2	27	-3.7	30	3.2	27	-3.7	30
福建	7.0	7	15.4	3	6.3	8	14.7	3
江西	4.9	13	7.9	12	4.5	14	8.2	11
山东	5.3	11	12.3	7	5.4	11	12.3	7
河南	4.5	16	7.0	18	4.5	15	7.0	18
湖北	2.5	29	4.5	24	2.5	29	4.5	24
湖南	4.0	21	7.8	13	4.0	21	7.8	13
广东	11.3	1	17.3	1	11.3	1	17.3	1
广西	7.0	8	12.7	5	7.0	7	12.7	5
海南	9.5	2	12.4	6	9.5	2	12.4	6
四川	3.7	23	7.7	14	3.7	23	7.7	14
贵州	4.2	19	9.9	9	4.3	17	9.9	9
云南	8.7	5	6.6	19	8.7	5	6.6	19
西藏	8.9	4	1.6	29	8.9	4	1.6	29
陕西	4.3	18	10.9	8	4.3	18	10.9	8
甘肃	5.5	9	6.5	20	5.6	9	6.5	20
青海	3.7	24	4.7	23	3.7	24	4.7	23
宁夏	3.8	22	4.2	26	3.8	22	4.2	26
新疆	9.2	3	14.0	4	9.2	3	13.9	4

5-2 速　度　指　标

地　区	第一产业产值（比上年增长 %）				第二产业产值（比上年增长 %）			
	1990年		1991年		1990年		1991年	
	指标值	位次	指标值	位次	指标值	位次	指标值	位次
北　京	3.4	24	3.6	15	1.0	25	7.7	21
天　津	4.6	19	8.2	7	2.2	22	2.2	30
河　北	5.8	14	2.5	18	4.1	15	10.0	14
山　西	12.6	6	-12.6	29	2.5	18	6.3	23
内蒙古	24.4	3	4.0	14	-0.6	26	10.7	13
辽　宁	14.5	5	4.2	13	-3.0	30	4.0	27
吉　林	36.7	2	0.0	23	-2.1	29	5.8	24
黑龙江	41.8	1	-6.9	28	-0.8	27	4.3	25
上　海	4.3	21	0.4	22	2.7	17	6.8	22
江　苏	1.0	30	-3.9	26	5.4	11	12.9	10
浙　江	2.7	27	6.8	8	5.2	13	20.0	4
安　徽	4.4	20	-22.8	30	6.9	7	9.8	15
福　建	2.4	28	9.7	4	8.1	5	22.0	2
江　西	6.4	13	3.5	16	2.5	19	11.8	11
山　东	5.3	16	14.1	1	7.1	6	14.0	8
河　南	5.4	15	-2.3	24	2.3	21	13.5	9
湖　北	7.5	10	-4.9	27	-1.0	28	11.1	12
湖　南	3.2	26	5.6	11	4.6	14	8.5	20
广　东	7.0	11	5.4	12	12.2	2	24.4	1
广　西	8.5	8	8.8	5	6.4	9	15.9	6
海　南	9.2	7	8.7	6	10.5	3	20.1	3
四　川	4.2	22	6.4	10	3.4	16	9.6	16
贵　州	1.7	29	13.3	2	6.1	10	3.6	28
云　南	8.5	9	1.1	20	9.8	4	8.9	18
西　藏	6.5	12	-3.7	25	14.2	1	8.6	19
陕　西	5.3	17	6.8	9	1.8	24	15.2	7
甘　肃	5.0	18	1.6	19	5.4	12	9.0	17
青　海	4.2	23	1.0	21	2.2	23	4.3	26
宁　夏	3.4	25	2.6	17	2.5	20	2.5	29
新　疆	15.9	4	11.2	3	6.8	8	17.0	5

5-3 速　度　指　标

地区	第三产业产值（比上年增长 %）				国民收入（比上年增长 %）			
	1990年		1991年		1990年		1991年	
	指标值	位次	指标值	位次	指标值	位次	指标值	位次
北　京	14.0	1	8.1	22	5.8	8	6.5	20
天　津	2.9	25	7.3	27	1.6	28	5.6	22
河　北	4.8	16	14.4	6	4.0	15	8.3	11
山　西	6.7	8	9.0	17	4.9	12	3.1	27
内蒙古	3.1	24	8.4	19	6.7	6	8.0	12
辽　宁	3.5	23	9.5	16	-0.7	30	4.6	23
吉　林	-13.1	30	10.4	14	4.2	14	3.6	25
黑龙江	-12.0	29	17.6	2	3.6	19	2.5	29
上　海	5.3	14	8.4	20	2.8	25	7.8	13
江　苏	4.8	17	10.2	15	5.3	9	7.7	14
浙　江	1.5	26	15.5	4	2.9	24	16.3	2
安　徽	-6.6	28	7.8	24	3.5	21	-4.5	30
福　建	7.1	6	11.2	11	6.5	7	14.6	3
江　西	5.2	15	12.1	10	4.0	16	7.4	15
山　东	0.6	27	5.1	30	5.0	10	12.6	5
河　南	6.8	7	10.6	12	3.9	18	6.7	18
湖　北	4.1	20	7.8	25	1.5	29	4.0	24
湖　南	3.8	22	10.5	13	3.0	23	6.9	17
广　东	12.7	2	17.9	1	10.2	1	18.5	1
广　西	5.8	12	16.0	3	7.2	5	11.5	7
海　南	8.9	4	12.6	9	8.1	4	10.9	8
四　川	3.9	21	6.9	29	3.4	22	7.0	16
贵　州	4.5	19	14.3	7	3.6	20	9.9	9
云　南	6.4	9	15.0	5	9.4	2	5.7	21
西　藏	9.5	3	7.3	28	4.5	13	12.0	6
陕　西	8.2	5	8.6	18	4.0	17	9.0	10
甘　肃	6.4	10	7.7	26	5.0	11	6.6	19
青　海	5.5	13	8.4	21	2.1	27	3.2	26
宁　夏	6.1	11	8.1	23	2.2	26	3.0	28
新　疆	4.7	18	14.2	8	8.4	3	13.8	4

5-4 速　度　指　标

地　区	工业总产值（比上年增长 %）				农业总产值（比上年增长 %）			
	1990年		1991年		1990年		1991年	
	指标值	位次	指标值	位次	指标值	位次	指标值	位次
北　京	10.5	5	12.9	14	5.5	21	8.9	4
天　津	8.0	11	9.1	21	7.3	11	6.9	7
河　北	6.8	18	13.3	13	5.4	22	3.6	21
山　西	7.4	13	7.4	24	8.5	7	-10.8	29
内蒙古	4.1	24	8.1	23	20.2	4	4.0	18
辽　宁	3.0	27	9.4	19	22.2	3	6.8	8
吉　林	1.9	28	5.4	29	26.6	1	-0.5	26
黑龙江	1.8	29	5.1	30	25.1	2	0.9	24
上　海	4.1	25	14.1	12	5.7	18	4.8	15
江　苏	10.0	6	14.5	11	2.5	29	-1.1	28
浙　江	8.6	9	25.1	2	4.0	27	3.7	19
安　徽	7.3	14	11.2	16	4.2	25	-15.0	30
福　建	12.8	4	22.4	3	4.3	24	8.7	5
江　西	6.4	20	14.9	10	6.5	14	6.1	9
山　东	13.1	3	17.1	5	5.6	19	13.6	1
河　南	6.9	16	15.3	8	7.8	9	0.5	25
湖　北	1.8	30	9.2	20	7.1	12	-0.8	27
湖　南	5.0	23	11.2	17	1.9	30	5.0	12
广　东	17.1	1	28.6	1	7.4	10	6.1	10
广　西	8.2	10	15.4	7	8.0	8	4.8	16
海　南	14.5	2	22.4	4	9.5	6	11.3	3
四　川	6.0	22	15.1	9	5.6	20	4.9	13
贵　州	6.9	17	9.0	22	2.6	28	12.8	2
云　南	8.9	8	9.8	18	6.5	15	5.6	11
西　藏	6.3	21	7.2	25	7.1	13	3.7	20
陕　西	7.0	15	12.3	15	6.1	17	4.4	17
甘　肃	7.5	12	7.2	26	6.3	16	2.4	22
青　海	3.1	26	5.7	27	4.8	23	2.3	23
宁　夏	6.6	19	5.7	28	4.2	26	4.9	14
新　疆	9.1	7	15.5	6	15.1	5	7.5	6

5-5 速　度　指　标

地　区	年底总人口数（比上年增长 %）				乡村劳动力（比上年增长 %）			
	1990年		1991年		1990年		1991年	
	指标值	位次	指标值	位次	指标值	位次	指标值	位次
北　京	6.4	1	0.7	28	-0.9	28	-1.2	29
天　津	3.8	11	2.8	1	-0.1	27	0.1	28
河　北	4.7	5	1.0	21	3.8	8	2.4	15
山　西	4.5	7	1.5	6	2.9	14	2.3	16
内蒙古	1.9	24	1.0	22	-90.4	30	3.8	5
辽　宁	2.3	22	0.6	29	4.0	4	2.3	17
吉　林	3.7	14	1.0	23	3.3	10	1.1	24
黑龙江	2.9	18	0.9	24	4.0	5	5.3	2
上　海	4.7	6	0.2	30	-0.0	26	-1.4	30
江　苏	3.5	16	1.1	20	0.8	24	0.4	27
浙　江	-1.0	30	0.8	27	1.2	23	1.8	20
安　徽	3.8	12	1.5	7	3.3	11	2.6	12
福　建	5.1	4	1.4	10	3.9	7	6.3	1
江　西	1.7	28	1.4	11	2.8	15	1.5	22
山　东	4.1	8	0.9	25	2.3	16	3.9	4
河　南	1.9	25	1.3	15	4.3	3	2.5	14
湖　北	4.1	9	1.3	16	2.0	20	1.0	25
湖　南	1.9	26	1.3	17	1.9	21	2.1	18
广　东	5.3	2	1.5	8	6.4	1	2.0	19
广　西	2.7	20	1.5	9	3.3	12	2.8	11
海　南	3.8	13	1.7	4	2.2	17	2.6	13
四　川	1.0	29	0.9	26	1.9	22	3.4	6
贵　州	2.6	21	1.4	12	5.2	2	3.0	9
云　南	2.3	23	1.4	13	2.2	18	3.4	7
西　藏	2.8	19	1.8	3	0.8	25	0.6	26
陕　西	3.7	15	1.4	14	4.0	6	4.8	3
甘　肃	3.9	10	1.3	18	-15.9	29	1.6	21
青　海	1.8	27	1.3	19	3.0	13	2.9	10
宁　夏	3.3	17	2.1	2	3.6	9	3.4	8
新　疆	5.2	3	1.7	5	2.2	19	1.5	23

5-6 速　度　指　标

地　区	社会劳动者人数（比上年增长 %）				职工人数（比上年增长 %）			
	1990年		1991年		1990年		1991年	
	指标值	位次	指标值	位次	指标值	位次	指标值	位次
北　京	5.8	1	2.1	25	8.7	1	3.3	13
天　津	0.0	30	2.4	19	-0.0	29	2.6	22
河　北	3.4	6	2.7	16	2.1	13	3.2	15
山　西	2.5	18	2.6	17	2.5	11	3.0	18
内蒙古	2.9	11	4.2	3	3.5	6	3.6	9
辽　宁	1.2	26	2.2	21	1.8	16	2.1	26
吉　林	2.4	19	2.1	26	1.6	21	3.1	17
黑龙江	2.9	12	3.2	10	2.4	12	1.9	28
上　海	0.3	29	1.2	28	0.5	28	1.9	29
江　苏	1.1	27	0.8	30	1.4	25	2.2	25
浙　江	1.3	25	2.2	22	1.3	27	3.5	12
安　徽	3.1	8	2.3	20	1.4	26	2.5	23
福　建	3.6	4	6.5	1	2.8	9	3.7	7
江　西	2.6	17	2.2	23	1.6	22	3.3	14
山　东	2.7	15	4.2	4	3.8	4	4.7	3
河　南	3.7	3	3.0	11	1.7	19	4.3	4
湖　北	1.8	24	1.4	27	2.1	14	2.5	24
湖　南	2.1	21	2.2	24	2.7	10	2.9	19
广　东	3.1	9	3.4	9	3.0	7	5.4	2
广　西	3.0	10	3.0	12	1.7	20	3.6	10
海　南	2.0	22	4.1	5	1.8	17	2.0	27
四　川	1.9	23	3.5	7	1.6	23	3.2	16
贵　州	5.2	2	3.0	13	4.1	3	2.8	21
云　南	2.2	20	3.5	8	2.1	15	3.8	6
西　藏	1.0	28	1.0	29	-1.9	30	3.7	8
陕　西	3.3	7	4.4	2	1.5	24	2.9	20
甘　肃	2.8	14	2.9	15	3.6	5	6.7	1
青　海	2.7	16	2.6	18	1.8	18	1.5	30
宁　夏	3.6	5	3.7	6	2.9	8	4.0	5
新　疆	2.9	13	3.0	14	4.2	2	3.6	11

5-7 速 度 指 标

地区	全社会固定资产投资（比上年增长 %）				国有单位固定资产投资（比上年增长 %）			
	1990年		1991年		1990年		1991年	
	指标值	位次	指标值	位次	指标值	位次	指标值	位次
北京	30.5	3	6.7	30	30.7	4	7.1	30
天津	3.8	22	46.5	2	5.5	27	52.0	1
河北	-15.0	30	35.5	4	9.6	22	15.3	26
山西	14.3	13	20.7	20	14.0	17	22.3	19
内蒙古	16.7	10	39.6	3	19.8	11	40.7	3
辽宁	3.7	23	21.1	19	8.3	25	20.0	21
吉林	16.4	11	21.9	18	15.2	14	27.9	10
黑龙江	3.4	24	16.5	22	4.6	29	20.7	20
上海	-7.0	29	13.7	25	7.5	26	12.2	27
江苏	11.2	16	24.7	13	8.9	23	31.6	9
浙江	21.2	6	26.0	11	17.7	13	23.0	18
安徽	12.4	14	7.9	29	14.7	15	17.9	23
福建	23.5	4	22.1	17	28.6	5	27.6	11
江西	-3.6	28	28.9	10	18.5	12	24.8	17
山东	-0.5	27	31.5	5	13.7	18	26.9	13
河南	10.7	17	23.5	16	8.6	24	33.3	6
湖北	15.7	12	8.7	28	25.0	7	19.9	22
湖南	7.7	19	29.9	8	13.1	20	34.1	5
广东	6.5	20	24.6	14	37.4	2	26.7	14
广西	2.7	25	30.7	7	-0.6	30	31.8	8
海南	35.3	2	12.9	26	31.5	3	32.7	7
四川	0.2	26	31.2	6	13.5	19	25.2	16
贵州	17.4	8	14.9	24	14.2	16	17.6	24
云南	17.1	9	29.6	9	23.7	8	39.1	4
西藏	36.4	1	53.5	1	51.9	1	41.6	2
陕西	8.1	18	17.3	21	9.8	21	10.6	29
甘肃	21.8	5	15.9	23	21.5	10	15.6	25
青海	6.2	21	11.2	27	5.0	28	12.0	28
宁夏	18.8	7	24.0	15	27.7	6	27.2	12
新疆	11.8	15	24.9	12	21.7	9	26.0	15

5-8 速 度 指 标

地区	基本建设生产性建设投资（比上年增长 %）				基本建设非生产性建设投资（比上年增长 %）			
	1990年		1991年		1990年		1991年	
	指标值	位次	指标值	位次	指标值	位次	指标值	位次
北京	3.2	26	3.5	29	7.4	10	1.8	29
天津	17.8	13	62.9	1	-33.8	30	43.7	7
河北	8.4	23	7.1	28	-2.3	19	52.6	2
山西	19.1	9	22.1	15	4.7	12	37.2	13
内蒙古	28.6	6	43.5	4	7.3	11	58.1	1
辽宁	11.9	18	12.1	25	-26.3	29	48.6	3
吉林	10.8	20	39.7	7	-16.7	27	37.4	12
黑龙江	12.1	17	8.2	27	-11.7	25	29.6	17
上海	2.2	28	-11.5	30	-15.1	26	29.6	18
江苏	2.7	27	23.7	13	-10.2	24	23.2	21
浙江	11.8	19	15.8	23	-5.3	22	17.9	25
安徽	10.7	21	26.1	12	11.2	6	20.9	24
福建	17.7	14	22.4	14	2.6	14	36.5	14
江西	18.0	12	18.7	19	-1.4	17	31.0	16
山东	9.9	22	11.7	26	11.1	7	41.9	8
河南	-7.3	30	54.9	3	12.2	5	44.1	6
湖北	41.1	5	21.1	16	-3.1	20	22.2	22
湖南	19.1	10	33.2	8	2.9	13	45.4	5
广东	42.5	3	18.1	20	-20.1	28	40.7	10
广西	-1.0	29	41.7	5	8.3	9	27.0	19
海南	7.3	24	19.8	17	14.3	4	6.7	28
四川	13.5	16	30.4	9	1.3	16	46.1	4
贵州	24.2	8	26.2	11	-1.4	18	21.2	23
云南	24.4	7	39.9	6	19.3	3	33.7	15
西藏	81.8	1	60.0	2	25.3	1	24.3	20
陕西	13.9	15	13.0	24	-6.1	23	12.2	27
甘肃	18.3	11	17.6	21	-4.2	21	14.6	26
青海	5.8	25	17.2	22	9.7	8	1.2	30
宁夏	41.5	4	30.2	10	2.0	15	40.4	11
新疆	60.5	2	18.8	18	22.1	2	41.4	9

5-9 速 度 指 标

地区	基本建设住宅投资（比上年增长 %）				居民消费水平（比上年增长 %）			
	1990年		1991年		1989年		1990年	
	指标值	位次	指标值	位次	指标值	位次	指标值	位次
北京	-17.4	22	26.0	23	-13.1	29	13.8	1
天津	-44.1	30	98.4	1	-2.9	16	0.8	20
河北	-2.9	18	53.5	8	-10.5	27	0.9	18
山西	5.5	12	33.5	14	-11.7	28	4.1	6
内蒙古	13.3	6	62.3	6	-2.5	14	-0.8	22
辽宁	-41.1	29	53.6	7	-0.5	8	-6.0	29
吉林	-37.7	28	63.9	5	-8.4	26	-1.6	25
黑龙江	-25.4	25	32.0	19	-3.5	19	2.3	11
上海	4.0	13	74.3	2	0.1	6	-2.8	26
江苏	-26.8	26	32.2	18	-6.0	25	2.1	12
浙江	-18.7	23	18.1	27	-5.1	22	4.2	5
安徽	2.1	15	25.4	25	-3.1	18	-0.3	21
福建	-1.1	16	37.5	12	-1.3	12	2.1	13
江西	6.2	10	30.0	21	0.0	7	4.5	4
山东	24.2	3	32.4	17	-3.0	17	2.0	14
河南	9.7	7	43.1	10	1.0	4	1.4	17
湖北	-17.2	21	41.2	11	-0.7	9	-1.2	24
湖南	6.9	9	65.1	4	-5.1	23	3.4	8
广东	-29.1	27	37.3	13	1.1	2	4.7	3
广西	25.3	2	33.5	15	-2.6	15	1.8	15
海南	-24.5	24	23.6	26	-1.6	13	5.1	2
四川	-6.1	19	51.7	9	0.9	5	0.9	19
贵州	6.0	11	15.5	29	-5.0	21	-2.8	27
云南	21.5	4	32.9	16	1.1	3	3.9	7
西藏	-1.8	17	17.8	28			-87.0	30
陕西	13.6	5	25.5	24	-5.5	24	2.4	10
甘肃	-9.2	20	30.4	20	-1.0	11	-3.1	28
青海	7.4	8	9.4	30	4.0	1	2.6	9
宁夏	2.7	14	74.0	3	-0.8	10	-0.8	23
新疆	42.4	1	28.4	22	-3.5	20	1.7	16

5-10 速　度　指　标

地　区	农民消费水平（比上年增长 %）				非农业居民消费水平（比上年增长 %）			
	1989年		1990年		1989年		1990年	
	指标值	位次	指标值	位次	指标值	位次	指标值	位次
北　京	5.7	1	-1.3	21	-21.9	29	23.1	1
天　津	-4.2	20	-6.1	28	-4.2	15	4.0	7
河　北	-11.1	27	0.3	16	-8.4	21	2.3	15
山　西	-14.6	29	3.8	6	-8.5	22	3.0	11
内蒙古	-1.7	15	-4.7	27	-4.6	16	3.1	9
辽　宁	-2.3	16	-10.0	30	-0.1	4	1.1	21
吉　林	-9.3	26	-3.8	25	-7.8	20	-0.3	27
黑龙江	-11.3	28	1.7	13	1.6	2	2.3	15
上　海	-3.2	18	-8.7	29	1.5	3	-0.8	28
江　苏	-5.9	24	2.7	9	-8.6	24	-0.8	28
浙　江	-4.1	19	4.4	5	-8.5	23	2.6	12
安　徽	-2.6	17	-0.8	19	-4.6	17	0.8	25
福　建	-1.5	14	2.1	12	-3.2	13	2.5	14
江　西	1.6	7	4.8	3	-3.5	14	3.6	8
山　东	-6.4	25	0.3	16	-2.6	11	2.6	13
河　南	1.7	5	1.2	14	-2.8	12	1.3	19
湖　北	2.4	4	-2.6	24	-0.4	5	1.1	22
湖　南	-4.6	22	0.0	18	-7.3	19	10.7	3
广　东	5.2	2	2.6	10	-2.5	10	7.7	5
广　西	0.8	9	-0.9	20	-17.2	27	10.1	4
海　南	1.2	8	6.5	2	-7.0	18	1.2	20
四　川	-0.3	10	0.7	15	2.4	1	1.0	23
贵　州	-1.4	13	-4.4	26	-14.4	26	3.1	10
云　南	1.7	5	3.0	8	-1.0	6	6.1	6
西　藏			17.4	1			12.1	2
陕　西	-4.4	21	3.4	7	-17.2	27	0.1	26
甘　肃	-1.0	11	-2.0	22	-2.0	7	-4.2	30
青　海	4.4	3	4.7	4	-11.2	25	0.9	24
宁　夏	-1.1	12	-2.5	23	-2.3	9	1.7	18
新　疆	-5.8	23	2.2	11	-2.2	8	1.8	17

5-11 速度指标

地区	年末实有耕地面积（比上年增长 %）				粮食产量（比上年增长 %）			
	1990年		1991年		1990年		1991年	
	指标值	位次	指标值	位次	指标值	位次	指标值	位次
北京	-0.5	29	-0.4	27	10.6	7	5.7	4
天津	-0.1	13	0.0	11	11.2	6	5.1	5
河北	-0.1	14	-0.1	13	10.1	9	-0.4	17
山西	-0.2	17	-0.1	14	10.2	8	-23.4	29
内蒙古	1.1	1	0.8	2	40.6	4	-1.5	18
辽宁	-0.1	15	-0.2	18	58.3	1	2.5	10
吉林	0.1	7	-0.0	12	51.4	2	-7.2	25
黑龙江	0.0	9	0.2	7	42.6	3	-6.4	24
上海	-0.3	26	-0.7	30	3.0	22	0.9	14
江苏	-0.1	16	-0.2	19	-0.8	30	-7.5	26
浙江	-0.4	28	-0.5	28	2.7	24	5.8	3
安徽	-0.2	18	-0.3	23	3.1	21	-27.5	30
福建	-0.2	19	-0.1	15	-0.6	29	1.1	13
江西	-0.2	20	-0.2	20	6.1	15	-2.0	20
山东	-0.2	21	-0.3	24	9.5	10	16.7	2
河南	-0.2	22	-0.2	21	4.9	17	-8.9	27
湖北	-0.3	27	-0.5	29	4.4	19	-9.3	28
湖南	-0.2	23	-0.1	16	0.1	28	1.2	12
广东	-0.0	10	-0.2	22	3.8	20	-2.3	22
广西	0.7	4	0.7	3	7.3	13	-1.6	19
海南	0.4	5	0.5	4	11.7	5	4.8	6
四川	-78.3	30	-0.3	25	4.6	18	1.5	11
贵州	0.0	11	-0.1	17	1.8	26	22.8	1
云南	0.8	3	0.5	5	5.7	16	3.4	9
西藏	-0.2	24	0.2	8	0.9	27	4.5	7
陕西	-0.2	25	-0.3	26	2.0	25	-2.2	21
甘肃	-0.0	12	0.1	10	7.2	14	-4.8	23
青海	1.0	2	0.3	6	2.9	23	0.5	16
宁夏	0.1	8	0.2	9	8.9	11	4.3	8
新疆	0.4	6	0.9	1	7.4	12	0.7	15

5-12 速 度 指 标

地区	棉花产量（比上年增长 %）				油料产量（比上年增长 %）			
	1990年		1991年		1990年		1991年	
	指标值	位次	指标值	位次	指标值	位次	指标值	位次
北京	15.4	14	0.0	18	9.2	24	6.5	12
天津	36.4	11	66.7	5	6.8	26	-4.3	22
河北	6.5	16	11.0	17	33.8	6	-2.7	19
山西	5.7	17	0.0	19	32.2	8	-24.4	29
内蒙古					42.8	3	3.5	17
辽宁	75.0	3	200.0	2	146.5	1	16.0	5
吉林					34.2	5	-6.9	25
黑龙江					31.2	9	-11.6	26
上海	55.8	6	33.3	10	21.3	15	9.9	10
江苏	0.0	18	20.0	13	12.5	20	1.5	18
浙江	52.7	7	17.2	14	26.2	13	-5.6	24
安徽	39.1	9	14.8	16	26.9	12	-24.8	30
福建					9.3	23	-11.9	27
江西	13.8	15	91.2	4	45.8	2	13.3	6
山东	-4.9	21	38.6	8	41.4	4	9.9	11
河南	28.2	13	40.2	7	28.5	11	-16.2	28
湖北	65.3	4	-5.0	21	24.9	14	11.0	8
湖南	79.1	2	24.2	12	20.0	18	16.8	3
广东					4.6	27	-2.9	20
广西			400.0	1	9.5	22	-4.4	23
海南					0.0	29	4.4	15
四川	35.3	12	27.0	11	10.6	21	12.9	7
贵州	100.0	1	0.0	20	33.3	7	40.8	1
云南	0.0	20	150.0	3	28.9	10	29.3	2
西藏					0.0	30	5.9	14
陕西	38.3	10	15.4	15	7.5	25	6.0	13
甘肃	50.9	8	50.0	6	20.4	17	-3.6	21
青海					13.7	19	10.0	9
宁夏					0.5	28	16.1	4
新疆	59.1	5	36.2	9	20.7	16	3.8	16

5-13 速　度　指　标

地　区	猪牛羊肉产量（比上年增长 %）				水产品产量（比上年增长 %）			
	1990年		1991年		1990年		1991年	
	指标值	位次	指标值	位次	指标值	位次	指标值	位次
北　京	19.3	3	21.6	1	12.2	6	8.5	16
天　津	10.5	11	5.0	23	4.4	23	-0.3	28
河　北	8.3	16	8.1	16	4.6	22	8.4	19
山　西	26.7	2	13.7	4	6.5	18	10.2	13
内蒙古	2.4	27	13.0	5	7.9	12	5.5	24
辽　宁	9.6	13	12.7	7	6.1	20	6.2	23
吉　林	12.8	7	8.1	16	7.2	14	10.9	9
黑龙江	38.6	1	20.0	2	6.4	19	10.8	10
上　海	16.8	4	-1.3	30	-7.8	28	6.3	22
江　苏	4.7	22	3.1	27	7.0	15	-0.7	29
浙　江	3.9	25	3.4	25	7.6	13	8.7	14
安　徽	8.0	18	2.8	28	3.3	26	8.6	15
福　建	6.3	20	7.5	19	5.8	21	14.4	6
江　西	7.0	19	11.0	9	9.2	10	10.6	11
山　东	8.3	17	10.7	10	9.0	11	18.1	3
河　南	11.2	9	14.2	3	6.6	17	2.8	25
湖　北	4.4	23	7.6	18	6.7	16	-1.9	30
湖　南	5.0	21	5.2	22	2.9	27	0.3	27
广　东			9.3	14	9.4	9	8.5	17
广　西	13.9	5	12.0	8	15.4	2	14.0	7
海　南	4.1	24	9.9	12	12.5	5	18.7	2
四　川			6.4	21	4.1	25	10.4	12
贵　州	3.8	26	9.7	13	11.6	7	2.0	26
云　南	9.6	14	8.5	15	4.4	24	7.3	21
西　藏	-2.4	28	3.4	26			7.6	20
陕　西	10.7	10	13.0	6	14.3	3	13.8	8
甘　肃	10.3	12	10.7	10			20.5	1
青　海	11.4	8	2.0	29	15.7	1	17.5	4
宁　夏	9.4	15	4.8	24	9.9	8	16.5	5
新　疆	13.1	6	7.2	20	13.3	4	8.5	18

5-14 速 度 指 标

地区	布产量（比上年增长%）				电视机产量（比上年增长%）			
	1990年		1991年		1990年		1991年	
	指标值	位次	指标值	位次	指标值	位次	指标值	位次
北京	-3.0	12	0.6	6	-14.4	23	20.3	5
天津	17.9	3	-4.9	19	4.4	10	-2.5	16
河北	-5.6	20	-1.3	11	-55.6	27	44.8	2
山西	-8.5	23	-0.9	9	-11.0	19	-60.6	28
内蒙古	2.1	8	0.0	8	12.4	5	-25.6	23
辽宁	-5.7	21	-1.7	12	-22.0	24	-48.2	27
吉林	-4.9	18	-2.0	14	-13.7	22	-25.4	22
黑龙江	-8.6	24	4.5	3	24.4	2	5.3	10
上海	-10.2	26	-1.8	13	-3.2	15	-1.4	14
江苏	2.8	7	-6.6	21	-7.4	17	4.1	11
浙江	25.0	1	-13.6	28	-13.5	21	33.1	4
安徽	-8.9	25	-1.0	10	8.6	8	39.6	3
福建	-4.4	15	-6.6	22	-25.5	25	0.1	12
江西	-4.4	16	-8.8	26	14.9	4	11.4	8
山东	6.6	6	-2.3	15	8.8	7	-1.1	13
河南	-5.5	19	-4.9	20	5.1	9	-15.6	20
湖北	-10.5	27	0.2	7	-11.9	20	-33.5	26
湖南	-3.3	13	-7.7	24	1.7	12	-33.4	25
广东	20.9	2	4.6	2	49.0	1	10.2	9
广西	-6.4	22	1.7	5	0.3	13	-1.9	15
海南	-60.7	29	100.0	1	-46.2	26	-20.3	21
四川	-4.5	17	3.4	4	-7.1	16	-5.2	18
贵州	10.0	4	-12.7	27	2.7	11	13.3	7
云南	0.5	10	-3.9	16	18.5	3	14.8	6
西藏								
陕西	-0.2	11	-4.3	17	-0.4	14	-4.0	17
甘肃	1.1	9	-23.5	29	-10.2	18	-30.4	24
青海	-3.7	14	-4.5	18				
宁夏	-25.4	28	-8.3	25			342.9	1
新疆	8.8	5	-7.0	23	11.4	6	-15.5	19

4-15 速　度　指　标

地区	原煤产量（比上年增长%）				发电量（比上年增长%）			
	1990年		1991年		1990年		1991年	
	指标值	位次	指标值	位次	指标值	位次	指标值	位次
北京	0.0	14	0.0	9	5.0	19	5.1	25
天津					-1.6	30	-5.0	29
河北	-1.6	20	-1.6	22	0.9	28	11.3	11
山西	4.0	10	2.1	4	3.6	23	8.7	20
内蒙古	9.1	3	2.1	5	10.3	10	11.5	10
辽宁	2.0	13	2.0	6	4.1	21	2.5	28
吉林	8.3	4	0.0	10	10.8	7	14.5	4
黑龙江	9.2	2	2.4	3	5.8	15	7.2	23
上海					2.1	25	7.3	22
江苏	0.0	15	4.2	2	10.4	9	9.1	19
浙江	0.0	16	0.0	11	4.1	22	16.1	2
安徽	3.2	11	-3.1	24	12.4	6	11.0	14
福建	0.0	17	0.0	12	5.5	16	11.1	13
江西	-4.8	22	5.0	1	1.4	27	7.0	24
山东	5.3	8	1.7	7	6.3	14	11.2	12
河南	2.2	12	-1.1	21	5.4	17	11.7	8
湖北	-10.0	25	-11.1	26	2.0	26	2.7	27
湖南	-8.1	23	-2.9	23	9.9	12	9.9	16
广东	-10.0	26	0.0	13	15.3	3	14.8	3
广西	-9.1	24	0.0	14	14.9	4	7.9	21
海南					12.5	5	18.0	1
四川	-4.2	21	1.5	8	4.8	20	10.8	15
贵州	5.7	7	0.0	15	7.6	13	11.7	9
云南	0.0	18	0.0	16	10.2	11	12.0	7
西藏					20.0	2	4.5	26
陕西	6.5	6	0.0	17	0.8	29	9.7	17
甘肃	14.3	1	-6.3	25	5.1	18	9.7	18
青海	0.0	19	0.0	18	21.4	1	-15.3	30
宁夏	7.7	5	0.0	19	3.3	24	12.8	5
新疆	5.0	9	0.0	20	10.8	8	12.3	6

5-16 速 度 指 标

地 区	钢产量（比上年增长 %）				工业企业单位数（比上年增长 %）			
	1990年		1991年		1990年		1991年	
	指标值	位次	指标值	位次	指标值	位次	指标值	位次
北 京	15.0	6	12.6	7	-12.9	30	22.3	2
天 津	10.0	14	5.2	22	-7.3	27	8.6	4
河 北	9.1	15	9.6	17	-2.9	20	6.9	6
山 西	4.8	21	5.6	21	-4.7	24	2.4	17
内蒙古	12.8	9	-1.4	27	3.5	5	18.9	3
辽 宁	0.8	26	3.8	24	4.3	3	-4.7	27
吉 林	14.4	7	12.1	9	-11.7	29	-2.6	24
黑龙江	-0.6	28	4.7	23	-3.1	21	-3.8	26
上 海	13.1	8	10.1	15	-3.1	22	0.3	20
江 苏	12.7	10	13.6	5	1.2	12	-15.4	29
浙 江	22.9	3	10.5	14	-0.3	17	4.2	12
安 徽	12.2	11	2.7	26	-5.4	25	3.4	14
福 建	19.5	5	9.3	19	-1.8	18	6.3	7
江 西	5.9	19	-2.2	29	2.6	10	6.2	8
山 东	7.9	16	11.1	12	3.2	7	4.9	9
河 南	6.3	18	10.1	16	-5.8	26	4.9	10
湖 北	4.4	23	-1.7	28	-0.2	16	-3.2	25
湖 南	-0.0	27	11.0	13	3.5	6	2.6	16
广 东	11.0	12	9.5	18	2.8	9	-1.9	23
广 西	25.8	1	12.8	6	3.6	4	4.8	11
海 南	-28.6	29	90.0	1	0.9	13	-13.8	28
四 川	4.6	22	9.0	20	3.1	8	2.4	18
贵 州	24.7	2	11.9	10	-3.3	23	0.1	21
云 南	11.0	13	16.8	4	0.5	15	2.9	15
西 藏					-11.3	28	56.3	1
陕 西	5.6	20	3.3	25	8.0	1	4.2	13
甘 肃	0.9	25	27.7	3	7.7	2	8.4	5
青 海	3.7	24	12.5	8	-2.1	19	-19.3	30
宁 夏	7.5	17	45.9	2	0.8	14	0.4	19
新 疆	20.3	4	11.2	11	2.2	11	-0.5	22

5-17 速度指标

地区	工业企业职工人数（比上年增长 %）				物资部门物资库存额（比上年增长 %）			
	1990年		1991年		1990年		1991年	
	指标值	位次	指标值	位次	指标值	位次	指标值	位次
北京			-0.8	30	1.9	19	-9.8	25
天津	1.3	23	2.4	17	-3.7	27	-11.2	26
河北	2.1	14	2.1	20	3.8	13	2.7	9
山西	2.4	12	2.9	14	11.5	7	-0.7	14
内蒙古	3.9	6	4.3	7	4.7	12	-2.5	19
辽宁	2.2	13	1.2	24	5.5	11	-1.4	17
吉林	1.5	20	0.8	26	13.3	4	56.0	1
黑龙江	2.8	10	4.4	5	6.4	9	7.9	7
上海	0.6	28	0.2	28	-4.2	29	-4.3	21
江苏	1.3	24	1.8	23	3.0	14	2.2	10
浙江	1.1	26	2.8	15	0.8	20	22.0	2
安徽	2.0	15	3.2	11	-0.5	23	14.7	3
福建	2.9	9	5.3	3	2.5	15	5.5	8
江西	1.2	25	2.6	16	-0.5	24	-0.5	13
山东	6.1	1	4.4	6	-3.6	26	-0.9	15
河南	1.4	21	3.6	9	6.3	10	9.2	6
湖北	1.4	22	1.1	25	-4.0	28	-2.3	18
湖南	3.2	8	2.1	21	-1.2	25	-6.7	24
广东	4.3	4	6.1	2	2.3	16	1.9	11
广西	2.0	16	2.4	18	-0.3	22	-1.0	16
海南	5.2	3	7.0	1	-8.0	30	-25.5	30
四川	1.1	27	3.2	12	20.0	2	-5.7	23
贵州	3.9	7	3.0	13	13.0	5	-5.2	22
云南	1.9	18	3.5	10	0.7	21	10.0	5
西藏	0.0	29	0.8	27	66.7	1	0.0	12
陕西	2.0	17	2.1	22	2.3	17	-3.4	20
甘肃	4.2	5	4.9	4	16.7	3	-11.6	27
青海	1.7	19	-0.6	29	2.2	18	-14.8	28
宁夏	2.7	11	4.1	8	12.7	6	-19.5	29
新疆	6.1	2	2.2	19	10.0	8	10.4	4

5-18 速度指标

地区	全社会公路货运量（比上年增长 %）				全社会公路货物周转量（比上年增长 %）			
	1990年		1991年		1990年		1991年	
	指标值	位次	指标值	位次	指标值	位次	指标值	位次
北京	-0.2	17	0.3	18	3.5	14	-1.3	17
天津	43.7	1	4.3	10	33.8	1	-26.2	30
河北	-8.6	23	1.4	16	-10.7	25	10.3	7
山西	12.5	8	-10.9	26	12.7	8	0.0	16
内蒙古	24.8	2	-7.9	25	32.2	3	-7.5	23
辽宁	-1.9	18	-1.0	20	-14.5	28	1.5	14
吉林	11.7	9	8.9	7	15.3	5	-8.0	24
黑龙江	7.8	11	-12.0	27	-4.2	19	-16.9	27
上海	12.6	7	3.8	13	-2.1	18	4.8	10
江苏	-10.0	25	-4.1	23	-11.8	26	7.7	9
浙江	-5.9	21	4.5	9	8.6	10	15.6	3
安徽	-15.9	27	13.3	4	-4.5	20	11.3	6
福建	18.9	3	-5.5	24	32.6	2	-15.8	26
江西	-13.9	26	-23.3	30	-5.4	21	-24.1	29
山东	-8.7	24	18.5	2	-13.9	27	17.6	2
河南	0.0	16	1.7	15	6.6	11	3.2	11
湖北	15.2	6	9.3	6	18.6	4	0.4	15
湖南	-2.3	19	3.9	12	1.9	15	12.7	4
广东	0.8	15	9.4	5	15.0	6	11.6	5
广西	-17.3	28	-0.2	19	-6.4	22	-4.6	21
海南	16.5	4	15.8	3	-15.2	29	82.1	1
四川	-27.8	29	2.3	14	-29.0	30	-2.4	19
贵州	11.6	10	-3.1	22	13.7	7	-9.5	25
云南	16.1	5	-13.9	28	5.8	12	-5.3	22
西藏	1.0	14	-21.6	29	-1.2	17	-23.2	28
陕西	1.1	13	4.1	11	-10.5	24	-1.3	18
甘肃	-7.7	22	-1.0	21	10.6	9	1.8	12
青海	4.2	12	1.4	17	5.5	13	-3.6	20
宁夏	-4.6	20	6.8	8	0.8	16	1.6	13
新疆	-35.7	30	36.1	1	-6.8	23	7.9	8

5-19 速　度　指　标

地　区	邮电业务总量 (比上年增长 %)				社会商品零售总额 (比上年增长 %)			
	1990年		1991年		1990年		1991年	
	指标值	位次	指标值	位次	指标值	位次	指标值	位次
北　京	29.5	4	32.4	6	10.8	1	7.2	16
天　津	27.3	6	36.0	3	0.6	17	4.9	25
河　北	17.5	23	30.9	7	1.8	13	10.9	6
山　西	18.4	20	26.7	14	2.2	10	7.9	13
内蒙古	14.7	26	19.9	27	2.5	8	6.8	18
辽　宁	26.1	8	28.7	11	-0.7	21	6.7	19
吉　林	25.4	9	23.7	20	-2.5	27	7.8	14
黑龙江	18.8	19	21.9	23	-2.3	26	7.0	17
上　海	26.8	7	25.0	17	-4.5	28	4.0	28
江　苏	22.7	10	35.0	4	-2.0	25	6.4	20
浙　江	22.6	11	30.3	8	0.6	18	11.3	4
安　徽	17.7	22	26.1	15	-1.2	22	2.3	29
福　建	34.7	3	30.0	9	3.3	5	7.7	15
江　西	18.2	21	27.3	13	-1.2	23	8.2	12
山　东	22.5	12	33.1	5	3.6	4	11.1	5
河　南	22.2	13	21.1	25	1.9	12	9.4	9
湖　北	20.8	15	29.1	10	-0.4	20	5.6	23
湖　南	27.8	5	28.5	12	1.3	15	8.7	11
广　东	43.7	1	47.9	2	8.6	2	16.4	1
广　西	17.5	24	25.3	16	4.2	3	11.7	2
海　南	36.9	2	49.6	1	-1.3	24	9.0	10
四　川	19.5	17	22.5	22	0.0	19	11.5	3
贵　州	11.7	29	16.6	28	1.4	14	5.9	21
云　南	15.8	25	15.7	29	1.3	16	9.5	7
西　藏	13.1	28	23.8	19				
陕　西	21.2	14	25.0	18	2.7	7	4.2	27
甘　肃	20.6	16	21.3	24	-5.6	29	5.4	24
青　海	14.5	27	11.9	30	2.4	9	4.6	26
宁　夏	19.0	18	21.1	26	2.2	11	5.9	22
新　疆	8.7	30	23.4	21	3.0	6	9.5	8

5-20 速度指标

地区	社会消费品零售额（比上年增长 %）				人均国内生产总值（比上年增长 %）			
	1990年		1991年		1990年		1991年	
	指标值	位次	指标值	位次	指标值	位次	指标值	位次
北京	16.4	1	16.0	4	5.2	7	4.7	16
天津	4.2	7	14.0	10	0.1	28	1.3	27
河北	1.1	21	14.1	7	1.4	21	6.0	12
山西	2.4	15	13.5	13	2.4	15	0.7	28
内蒙古	3.9	8	11.4	19	6.5	4	6.0	13
辽宁	2.3	17	11.0	24	-1.3	30	4.0	19
吉林	0.3	26	12.4	16	1.2	23	2.6	24
黑龙江	2.5	14	13.6	11	3.1	10	3.0	23
上海	0.7	24	14.4	5	0.4	26	4.4	18
江苏	1.2	20	12.2	17	1.8	19	5.5	15
浙江	2.2	18	14.2	6	4.0	9	15.5	1
安徽	0.9	23	9.3	28	0.4	27	-6.2	30
福建	2.7	13	11.2	23	2.9	11	11.3	3
江西	-0.5	28	11.4	20	1.7	20	5.8	14
山东	6.8	2	16.5	2	2.7	13	9.6	6
河南	1.1	22	12.2	18	1.1	24	3.7	21
湖北	1.8	19	11.0	25	0.1	29	2.1	25
湖南	0.4	25	13.6	12	2.0	17	6.1	11
广东	4.9	6	17.9	1	7.5	1	13.5	2
广西	3.2	12	14.1	8	4.8	8	10.4	4
海南	-1.2	29	12.9	14	6.6	3	9.5	7
四川	3.5	10	14.1	9	2.6	14	6.8	10
贵州	3.3	11	8.2	29	2.0	18	7.5	9
云南	2.4	16	12.5	15	6.7	2	4.7	17
西藏	-0.1	27	7.6	30	6.4	5	-0.7	29
陕西	3.9	9	10.6	26	1.4	22	8.0	8
甘肃	-4.5	30	10.4	27	2.8	12	3.8	20
青海	6.8	2	11.4	21	2.1	16	3.1	22
宁夏	6.3	4	11.3	22	1.0	25	1.5	26
新疆	6.3	5	16.5	3	5.4	6	10.2	5

5-21 速　度　指　标

地区	人均粮食产量（比上年增长 %）				人均标准能源消费（比上年增长 %）			
	1990年		1991年		1989年		1990年	
	指标值	位次	指标值	位次	指标值	位次	指标值	位次
北京	10.4	5	2.9	4	-4.7	27	1.9	9
天津	8.6	7	2.0	6	-5.1	28	3.1	7
河北	6.7	9	-3.1	18	2.0	11	-3.7	25
山西	7.4	8	-25.3	29	-3.9	26	-2.7	22
内蒙古	38.4	4	-2.9	17	8.6	4	6.4	4
辽宁	55.4	1	1.1	10	0.9	18	-0.5	16
吉林	48.0	2	-9.2	25	1.5	16	1.5	10
黑龙江	41.1	3	-7.3	24	-0.6	23	2.1	8
上海	0.1	24	-1.5	14	1.9	12	0.5	14
江苏	-3.3	29	-9.6	26	0.6	22	-4.4	26
浙江	2.7	18	5.9	3	0.8	21	4.5	6
安徽	0.3	22	-29.3	30	0.9	19	1.2	11
福建	-3.8	30	-1.9	15	1.4	17	0.1	15
江西	3.3	17	-4.1	20	0.9	20	-4.7	27
山东	6.6	10	13.9	2	3.2	8	1.1	12
河南	1.5	20	-11.7	28	-2.6	24	-1.5	20
湖北	1.9	19	-11.4	27	1.7	15	-3.4	24
湖南	-1.8	28	-0.5	12	-3.8	25	-0.8	18
广东	0.3	23	-5.5	22	16.6	2	-1.4	19
广西	5.1	12	-3.6	19	1.8	13	6.8	3
海南	8.7	6	2.0	7				
四川	3.5	16	0.6	11	1.8	14	-3.3	23
贵州	-0.4	25	20.1	1	5.1	5	-2.0	21
云南	3.7	14	1.5	8	3.6	7	12.3	1
西藏	-1.4	27	2.2	5				
陕西	-0.8	26	-4.7	21	2.5	10	0.7	13
甘肃	4.3	13	-7.2	23	3.7	6	-0.7	17
青海	1.3	21	-1.0	13	17.6	1	-6.4	28
宁夏	5.9	11	1.5	9	9.3	3	11.9	2
新疆	3.7	15	-2.6	16	3.0	9	6.2	5

5-22 速　度　指　标

地区	人均电力消费（比上年增长 %）				零售物价总指数（上年=100）			
	1989年		1990年		1990年		1991年	
	指标值	位次	指标值	位次	指标值	位次	指标值	位次
北京	-2.7	28	6.1	9	104.1	5	108.5	2
天津	2.4	21	1.9	22	102.7	12	108.0	3
河北	7.7	11	-2.4	28	99.9	25	102.8	24
山西	6.4	12	0.6	25	102.1	15	103.9	18
内蒙古	12.0	4	6.5	7	102.9	10	104.5	13
辽宁	1.5	24	3.5	16	102.7	13	104.1	16
吉林	-0.4	27	3.5	17	103.9	7	105.1	10
黑龙江	3.7	17	4.6	11	104.9	1	106.5	5
上海	1.4	25	4.2	13	104.8	2	109.5	1
江苏	2.7	20	3.4	18	102.3	14	104.4	14
浙江	1.3	26	8.5	4	101.6	19	103.0	23
安徽	1.9	23	3.6	14	101.9	17	105.7	8
福建	11.7	5	2.1	21	98.9	28	103.6	20
江西	4.8	15	1.3	24	101.3	22	102.4	26
山东	9.3	9	3.6	15	101.8	18	104.7	11
河南	10.7	7	-1.1	27	99.7	26	101.7	28
湖北	2.9	19	2.3	20	102.9	11	104.3	15
湖南	2.3	22	4.3	12	99.4	27	104.1	17
广东	6.4	13	10.5	2	95.6	29	100.6	29
广西	5.0	14	12.6	1	100.1	24	102.5	25
海南					100.6	23	103.1	22
四川	8.4	10	7.3	6	103.1	9	102.3	27
贵州	4.0	16	6.3	8	101.4	21	103.3	21
云南	3.1	18	10.5	3	102.1	16	103.7	19
西藏								
陕西	10.4	8	1.9	23	101.6	20	105.8	7
甘肃	11.1	6	2.5	19	103.4	8	104.6	12
青海	35.5	1	0.6	26	104.5	3	106.3	6
宁夏	14.0	2	5.7	10	104.2	4	105.7	9
新疆	12.5	3	7.9	5	104.1	6	108.0	4

5-23 速　度　指　标

地区	城镇零售物价总指数（上年=100）				农村零售物价总指数（上年=100）			
	1990年		1991年		1990年		1991年	
	指标值	位次	指标值	位次	指标值	位次	指标值	位次
北京	104.1	3	108.5	3				
天津	102.7	7	108.0	4				
河北	99.9	23	106.5	10	100.0	22	101.3	23
山西	100.6	17	105.0	18	103.3	11	102.8	18
内蒙古	101.3	15	106.1	12	105.6	6	102.9	15
辽宁	102.1	11	104.6	20	104.7	9	102.9	16
吉林	103.1	6	105.5	15	106.4	2	104.7	4
黑龙江	104.8	1	107.5	6	105.2	8	105.0	2
上海	104.8	2	109.5	1				
江苏	102.6	8	107.8	5	102.0	18	101.7	20
浙江	101.4	13	105.2	16	101.8	20	101.4	21
安徽	101.2	16	107.5	7	102.6	14	103.7	8
福建	99.5	25	104.2	22	98.6	25	103.1	12
江西	100.3	21	104.0	23	102.2	17	101.2	24
山东	101.6	12	106.1	13	102.0	19	103.6	9
河南	99.8	24	105.0	19	99.7	23	99.8	25
湖北	102.3	9	105.6	14	103.3	12	103.1	13
湖南	99.2	26	104.4	21	99.6	24	103.1	14
广东	95.6	29	101.4	29	95.6	26	99.7	26
广西	97.4	28	102.5	28	102.4	16	102.5	19
海南	97.7	27	103.6	25	106.4	3	102.9	17
四川	100.4	19	103.7	24	104.2	10	101.4	22
贵州	100.4	20	103.4	26	102.5	15	103.3	11
云南	100.2	22	103.1	27	102.9	13	103.9	7
西藏								
陕西	101.4	14	106.5	11	101.8	21	103.6	10
甘肃	100.6	18	105.2	17	105.8	4	104.4	5
青海	103.7	4	107.1	8	107.4	1	104.4	6
宁夏	102.3	10	106.6	9	105.7	5	104.8	3
新疆	103.2	5	108.9	2	105.3	7	106.8	1

5-24 速　度　指　标

地区	消费品零售物价总指数（上年=100）				农业生产资料零售物价总指数（上年=100）			
	1990年		1991年		1990年		1991年	
	指标值	位次	指标值	位次	指标值	位次	指标值	位次
北京	104.1	4	108.5	2				
天津	102.7	10	108.0	4				
河北	99.4	26	103.0	22	103.5	16	101.6	18
山西	101.6	16	103.7	19	106.2	7	106.1	2
内蒙古	101.9	14	104.7	13	110.8	2	103.5	10
辽宁	102.3	11	104.2	16	107.7	6	103.1	11
吉林	103.8	6	105.1	10	106.2	8	105.9	3
黑龙江	105.0	1	106.6	5	104.3	12	105.4	4
上海	104.8	2	109.5	1				
江苏	102.3	12	104.8	12	102.2	20	101.8	17
浙江	101.3	20	102.9	23	104.0	13	103.1	12
安徽	101.6	17	106.1	7	103.9	14	102.3	14
福建	98.6	28	103.3	20	100.3	22	105.1	5
江西	100.9	22	102.3	27	104.8	10	102.8	13
山东	101.6	18	104.9	11	103.2	18	102.0	16
河南	100.1	24	102.0	28	98.3	25	100.1	25
湖北	102.9	8	104.5	15	102.9	19	102.3	15
湖南	99.3	27	104.2	17	99.9	23	101.2	21
广东	95.7	29	100.4	29	94.8	26	101.4	19
广西	100.2	23	102.7	25	99.2	24	101.3	20
海南	100.0	25	103.3	21	109.1	3	100.6	24
四川	102.8	9	102.5	26	104.7	11	100.8	22
贵州	101.4	19	104.1	18	101.7	21	100.0	26
云南	101.9	15	102.8	24	103.5	17	109.4	1
西藏								
陕西	101.3	21	106.0	8	103.9	15	100.8	23
甘肃	102.2	13	104.6	14	111.2	1	104.5	8
青海	104.2	3	106.4	6	108.7	4	104.1	9
宁夏	103.9	5	105.9	9	105.6	9	104.6	7
新疆	103.7	7	108.1	3	108.3	5	105.1	6

5-25 速　度　指　标

地　区	集市贸易价格指数（上年=100）				居民生活费用价格总指数（上年=100）			
	1990年		1991年		1990年		1991年	
	指标值	位次	指标值	位次	指标值	位次	指标值	位次
北　京	97.4	6	104.9	3	105.4	3	111.9	1
天　津	96.3	10	100.6	14	103.0	13	110.2	3
河　北	93.2	26	100.5	17	100.6	25	103.4	23
山　西	94.3	20	103.7	7	102.2	18	104.8	16
内蒙古	95.9	12	98.1	24	102.3	17	104.6	17
辽　宁	97.2	8	99.1	21	103.3	10	105.6	11
吉　林	97.3	7	99.9	19	104.9	6	106.8	7
黑龙江	102.4	2	100.9	13	105.7	2	107.4	6
上　海	102.5	1	106.8	2			110.5	2
江　苏	98.9	4	104.3	4	103.2	11	104.9	12
浙　江	95.4	16	101.4	10	102.1	19	103.5	21
安　徽	94.8	18	103.8	6	102.7	15	106.1	10
福　建	95.6	14	96.7	28	99.3	27	103.5	22
江　西	94.8	19	98.2	23	102.1	20	102.8	26
山　东	97.9	5	102.5	8	103.4	9	104.9	13
河　南	94.9	17	101.1	12	100.7	24	102.3	28
湖　北	99.1	3	100.4	18	104.2	7	104.9	14
湖　南	94.1	23	99.6	20	100.4	26	104.4	18
广　东	92.5	28	96.5	29	97.5	28	101.2	29
广　西	93.1	27	97.0	27	101.1	23	102.8	27
海　南	91.4	29	97.4	26	102.1	21	103.9	20
四　川	94.3	21	100.6	15	103.8	8	103.0	25
贵　州	95.8	13	97.9	25	101.8	22	104.4	19
云　南	93.3	25	98.7	22	102.8	14	103.1	24
西　藏								
陕　西	95.6	15	101.4	11	102.4	16	106.6	8
甘　肃	96.5	9	104.3	5	103.2	12	104.9	15
青　海	96.2	11	100.6	16	105.1	4	107.6	5
宁　夏	94.0	24	101.9	9	107.1	1	106.3	9
新　疆	94.2	22	109.5	1	105.0	5	108.6	4

5-26 速　度　指　标

地　区	居民生活消费品价格指数（上年=100）				居民生活服务项目价格指数（上年=100）			
	1990年		1991年		1990年		1991年	
	指标值	位次	指标值	位次	指标值	位次	指标值	位次
北　京	104.1	4	108.5	2	118.2	4	142.9	1
天　津	102.7	10	108.0	4	106.5	26	137.9	2
河　北	99.4	26	103.0	22	115.9	8	107.0	19
山　西	101.6	16	103.7	19	109.4	23	116.0	7
内 蒙 古	101.9	14	104.7	13	106.1	27	103.9	28
辽　宁	102.3	11	104.2	16	114.9	10	119.6	4
吉　林	103.8	6	105.1	10	115.5	9	123.4	3
黑 龙 江	105.0	1	106.6	5	112.4	19	115.0	8
上　海	104.8	2	109.5	1	122.0	3	118.9	5
江　苏	102.3	12	104.8	12	114.4	12	106.3	21
浙　江	101.3	20	102.9	23	110.4	22	109.2	12
安　徽	101.6	17	106.1	7	114.2	13	105.7	23
福　建	98.6	28	103.3	20	105.4	28	105.4	25
江　西	100.9	22	102.3	27	114.6	11	107.4	17
山　东	101.6	18	104.9	11	116.0	7	105.0	26
河　南	100.1	24	102.0	28	107.8	24	104.9	27
湖　北	102.9	8	104.5	15	116.2	5	108.3	13
湖　南	99.3	27	104.2	17	113.9	16	106.2	22
广　东	95.7	29	100.4	29	112.6	18	107.5	16
广　西	100.2	23	102.7	25	107.5	25	103.4	29
海　南	100.0	25	103.3	21	122.2	2	108.2	14
四　川	102.8	9	102.5	26	113.2	17	107.6	15
贵　州	101.4	19	104.1	18	105.3	29	106.6	20
云　南	101.9	15	102.8	24	111.6	21	105.6	24
西　藏								
陕　西	101.3	21	106.0	8	114.0	15	111.8	10
甘　肃	102.2	13	104.6	14	111.9	20	107.2	18
青　海	104.2	3	106.4	6	114.1	14	117.5	6
宁　夏	103.9	5	105.9	9	140.5	1	110.0	11
新　疆	103.7	7	108.1	3	116.2	6	112.0	9

5-27 速　度　指　标

地　区	职工生活费用价格总指数（上年=100）				职工生活消费品价格指数（上年=100）			
	1990年		1991年		1990年		1991年	
	指标值	位次	指标值	位次	指标值	位次	指标值	位次
北　京	105.4	4	111.9	1	104.1	3	108.5	3
天　津	103.0	11	110.2	3	102.7	7	108.0	4
河　北	101.2	22	106.6	12	99.9	23	106.5	10
山　西	101.5	19	106.2	13	100.6	17	105.0	18
内蒙古	101.8	17	106.0	16	101.3	15	106.1	12
辽　宁	103.1	9	106.0	17	102.1	11	104.6	20
吉　林	103.9	7	107.1	10	103.1	6	105.5	15
黑龙江	105.6	2	108.2	6	104.8	1	107.5	6
上　海	106.3	1	110.5	2	104.8	2	109.5	1
江　苏	103.4	8	107.7	7	102.6	8	107.8	5
浙　江	102.1	15	105.6	19	101.4	13	105.2	16
安　徽	102.6	12	107.4	8	101.2	16	107.5	7
福　建	100.1	26	104.6	22	99.5	25	104.2	22
江　西	101.5	20	104.4	23	100.3	21	104.0	23
山　东	102.6	13	106.2	14	101.6	12	106.1	13
河　南	100.5	25	105.1	20	99.8	24	105.0	19
湖　北	103.1	10	106.2	15	102.3	9	105.6	14
湖　南	100.6	24	105.1	21	99.2	26	104.4	21
广　东	97.4	29	102.3	29	95.6	29	101.4	29
广　西	98.3	28	102.7	28	97.4	28	102.5	28
海　南	99.6	27	104.0	25	97.7	27	103.6	25
四　川	101.5	21	104.3	24	100.4	19	103.7	24
贵　州	101.1	23	103.9	26	100.4	20	103.4	26
云　南	101.6	18	103.8	27	100.2	22	103.1	27
西　藏								
陕　西	102.6	14	107.3	9	101.4	14	106.5	11
甘　肃	101.9	16	105.7	18	100.6	18	105.2	17
青　海	104.7	5	108.7	5	103.7	4	107.1	8
宁　夏	105.5	3	106.9	11	102.3	10	106.6	9
新　疆	104.5	6	109.3	4	103.2	5	108.9	2

5-28 速　度　指　标

地区	职工生活服务项目价格指数(上年=100)				农民生活费用价格总指数(上年=100)			
	1990年		1991年		1990年		1991年	
	指标值	位次	指标值	位次	指标值	位次	指标值	位次
北京	118.2	5	142.9	1				7
天津	106.5	27	137.9	2				
河北	116.5	7	107.9	19	99.9	24	101.6	22
山西	109.5	23	116.0	7	103.0	15	102.9	16
内蒙古	107.7	25	105.0	28	103.4	13	102.5	18
辽宁	114.4	11	118.9	5	104.1	11	104.2	10
吉林	115.8	8	123.9	3	108.2	2	105.2	5
黑龙江	113.1	15	115.5	8	106.3	5	105.3	2
上海	122.0	2	118.9	6		9		
江苏	112.2	18	107.1	25	103.0	16	101.9	21
浙江	109.8	22	109.4	15	102.0	21	101.5	23
安徽	116.8	6	106.9	26	102.8	17	104.1	11
福建	105.8	29	107.7	20	98.6	25	102.4	19
江西	113.4	14	107.6	21	102.8	18	101.3	24
山东	118.3	4	107.2	23	104.0	12	104.0	12
河南	108.9	24	106.2	27	100.9	22	100.0	25
湖北	112.2	19	111.6	11	105.1	7	103.6	14
湖南	112.9	16	109.0	17	100.2	23	103.8	13
广东	112.3	17	108.5	18	97.6	26	99.9	26
广西	106.1	28	103.4	29	104.4	10	103.0	15
海南	120.2	3	107.2	24	108.1	3	104.4	9
四川	111.5	21	109.4	16	105.0	8	102.1	20
贵州	106.7	26	107.5	22	102.8	19	105.1	7
云南	112.0	20	110.1	14	103.4	14	102.7	17
西藏								
陕西	115.3	10	114.6	9	102.1	20	105.3	3
甘肃	113.6	13	110.7	12	104.7	9	104.5	8
青海	113.8	12	122.2	4	107.6	4	105.2	6
宁夏	138.1	1	110.2	13	109.0	1	105.3	4
新疆	115.6	9	112.4	10	105.9	6	107.9	1

5-29 速　度　指　标

地　区	农民生活消费品价格指数（上年=100）				农民生活服务项目价格指数（上年=100）			
	1990年		1991年		1990年		1991年	
	指标值	位次	指标值	位次	指标值	位次	指标值	位次
北　京								
天　津								
河　北	98.8	24	101.2	22	115.0	10	106.0	13
山　西	102.6	15	101.9	19	109.2	21	115.7	3
内蒙古	103.4	11	102.6	16	103.5	25	102.0	26
辽　宁	103.3	12	102.8	15	119.4	3	121.2	2
吉　林	106.5	2	104.1	8	112.3	14	122.4	1
黑龙江	105.7	3	104.7	4	110.5	18	112.4	4
上　海								
江　苏	102.0	17	101.7	20	118.4	5	104.5	18
浙　江	101.1	20	100.8	23	111.0	17	108.4	10
安　徽	102.2	16	104.1	9	109.3	20	103.7	22
福　建	97.9	25	102.3	18	105.0	24	103.3	24
江　西	101.5	19	100.7	24	116.0	7	107.2	11
山　东	101.6	18	104.1	10	115.3	9	103.6	23
河　南	100.4	22	99.6	25	106.6	23	104.1	20
湖　北	103.5	10	103.3	13	119.1	4	105.7	15
湖　南	99.4	23	103.7	11	114.8	11	104.4	19
广　东	95.8	26	99.2	26	113.1	13	105.4	16
广　西	103.7	9	103.0	14	108.8	22	103.3	25
海　南	105.7	4	103.5	12	125.8	2	109.6	7
四　川	104.1	7	101.6	21	114.2	12	106.0	14
贵　州	102.7	13	105.0	2	103.4	26	106.3	12
云　南	102.7	14	102.6	17	111.4	16	103.9	21
西　藏								
陕　西	101.0	21	104.7	5	111.5	15	109.5	8
甘　肃	104.0	8	104.4	7	110.1	19	105.4	17
青　海	106.8	1	104.5	6	115.7	8	110.2	6
宁　夏	105.7	5	104.9	3	143.3	1	109.4	9
新　疆	104.5	6	107.3	1	117.0	6	111.7	5

六、家庭生活指标

6-1 家 庭 生 活 指 标

地区	城镇居民家庭人均全部收入（元）				城镇居民家庭人均生活费收入（元）			
	1990年		1991年		1990年		1991年	
	指标值	位次	指标值	位次	指标值	位次	指标值	位次
北京	1 918.03	4	2 185.61	4	1 787.08	3	2 040.43	4
天津	1 638.92	6	1 844.98	8	1 522.22	5	1 698.67	7
河北	1 500.37	12	1 589.26	18	1 369.18	11	1 432.87	17
山西	1 300.04	23	1 420.01	25	1 145.43	24	1 229.94	28
内蒙古	1 160.39	28	1 305.29	29	1 050.01	28	1 176.97	30
辽宁	1 562.57	9	1 718.50	12	1 398.91	10	1 541.59	12
吉林	1 242.84	25	1 405.78	26	1 127.54	25	1 259.19	25
黑龙江	1 211.33	27	1 388.85	28	1 089.97	27	1 240.13	27
上海	2 198.32	2	2 502.78	2	2 050.17	2	2 334.37	2
江苏	1 613.05	7	1 800.35	10	1 463.79	7	1 622.93	9
浙江	1 931.78	3	2 143.37	5	1 769.16	4	1 950.37	5
安徽	1 367.85	19	1 498.57	21	1 223.73	19	1 341.31	22
福建	1 675.95	5	1 902.44	6	1 481.47	6	1 669.12	8
江西	1 235.92	26	1 302.46	30	1 110.40	26	1 177.08	29
山东	1 516.41	11	1 687.62	15	1 408.09	9	1 565.53	11
河南	1 274.62	24	1 388.93	27	1 152.95	22	1 249.50	26
湖北	1 437.05	16	1 603.74	17	1 294.56	15	1 431.59	18
湖南	1 452.86	14	1 723.25	11	1 254.31	18	1 488.05	15
广东	2 327.43	1	2 777.53	1	2 135.00	1	2 535.64	1
广西	1 601.97	8	1 808.94	9	1 448.06	8	1 613.62	10
海南			1 893.88	7			1 725.50	6
四川	1 498.37	13	1 714.49	14	1 354.45	13	1 536.63	13
贵州	1 338.16	20	1 491.39	23	1 151.67	23	1 301.90	24
云南	1 528.28	10	1 716.65	13	1 367.37	12	1 528.93	14
西藏			2 415.14	3			2 111.24	3
陕西	1 380.33	18	1 510.21	20	1 264.85	17	1 367.98	21
甘肃	1 303.85	22	1 492.32	22	1 196.72	21	1 368.80	20
青海	1 335.88	21	1 461.63	24	1 199.10	20	1 306.49	23
宁夏	1 437.76	15	1 581.73	19	1 270.55	16	1 391.53	19
新疆	1 432.39	17	1 626.48	16	1 313.54	14	1 475.59	16

注：家庭生活指标均为抽样调查资料。

6-2 家 庭 生 活 指 标

地区	城镇居民家庭人均生活费支出（元）				城镇居民家庭人均购买食品支出（元）			
	1990年		1991年		1990年		1991年	
	指标值	位次	指标值	位次	指标值	位次	指标值	位次
北京	1 646.05	3	1 860.16	3	892.17	3	1 016.80	4
天津	1 440.47	5	1 585.71	8	833.80	6	928.44	8
河北	1 254.61	12	1 293.23	19	633.78	17	650.82	22
山西	1 047.67	25	1 171.21	28	513.69	27	576.22	29
内蒙古	982.30	28	1 136.34	29	474.00	28	540.45	30
辽宁	1 346.29	7	1 484.53	12	744.16	8	829.16	11
吉林	1 053.94	23	1 193.80	27	552.62	24	638.12	25
黑龙江	1 051.21	24	1 227.33	25	536.88	25	621.31	27
上海	1 936.20	2	2 166.99	2	1 094.30	2	1 234.15	2
江苏	1 338.66	8	1 528.70	10	743.29	9	852.10	10
浙江	1 604.42	4	1 805.60	4	884.60	4	992.38	5
安徽	1 182.12	16	1 296.93	18	683.12	11	767.92	13
福建	1 349.27	6	1 595.30	6	855.15	5	968.31	7
江西	984.11	27	1 085.55	30	588.37	20	627.21	26
山东	1 229.28	13	1 407.16	14	635.06	16	733.05	15
河南	1 067.67	22	1 199.95	26	585.27	21	644.26	24
湖北	1 220.28	14	1 380.23	15	652.37	14	717.39	17
湖南	1 162.01	17	1 368.17	16	655.43	13	723.61	16
广东	1 983.86	1	2 388.77	1	1 134.84	1	1 267.44	1
广西	1 338.10	9	1 583.62	9	784.63	7	874.00	9
海南			1 588.79	7			986.95	6
四川	1 281.29	10	1 487.69	11	689.53	10	772.30	12
贵州	1 108.64	20	1 274.81	21	621.25	19	716.86	18
云南	1 272.10	11	1 428.28	13	679.19	12	763.42	14
西藏			1 696.02	5			1 072.53	3
陕西	1 117.18	19	1 275.96	20	579.50	22	650.08	23
甘肃	1 030.57	26	1 234.86	24	556.73	23	665.77	20
青海	1 117.84	18	1 249.84	23	629.21	18	711.26	19
宁夏	1 211.79	15	1 353.86	17	639.53	15	654.70	21
新疆	1 104.42	21	1 265.98	22	527.74	26	609.66	28

6-3 家庭生活指标

地区	城镇居民家庭人均购买粮食支出（元）				城镇居民家庭人均购买副食支出（元）			
	1990年		1991年		1990年		1991年	
	指标值	位次	指标值	位次	指标值	位次	指标值	位次
北京	85.01	14	93.37	21	515.47	6	581.25	7
天津	106.75	2	130.23	3	480.53	8	536.19	9
河北	91.62	7	109.14	10	325.12	19	337.47	25
山西	87.77	12	100.23	15	253.71	27	282.42	29
内蒙古	88.30	10	104.71	12	233.14	28	262.14	30
辽宁	77.37	21	94.75	20	424.43	12	477.25	11
吉林	93.00	5	98.23	17	310.38	24	365.94	20
黑龙江	82.96	16	92.80	22	292.97	25	350.35	22
上海	79.48	18	99.40	16	697.21	2	772.08	2
江苏	63.14	26	86.47	26	486.20	7	549.44	8
浙江	71.24	23	92.15	23	556.00	5	604.46	6
安徽	77.57	20	97.71	18	414.51	13	453.01	14
福建	104.19	3	127.19	4	593.71	3	628.96	5
江西	59.78	28	75.03	30	412.61	14	420.19	18
山东	85.09	13	105.86	11	356.01	17	404.44	19
河南	98.14	4	113.01	7	312.87	22	335.17	28
湖北	80.73	17	104.04	14	405.48	15	432.58	16
湖南	61.05	27	81.28	29	447.48	10	464.28	13
广东	141.18	1	149.62	2	824.12	1	916.74	1
广西	67.91	24	87.25	25	585.80	4	631.83	4
海南			161.41	1			670.15	3
四川	67.17	25	86.16	27	454.39	9	490.92	10
贵州	75.10	22	92.08	24	393.71	16	428.55	17
云南	89.82	9	119.78	6	425.26	11	452.25	15
西藏			95.26	19			475.77	12
陕西	92.06	6	112.94	8	315.63	21	338.37	24
甘肃	87.99	11	109.93	9	288.61	26	335.81	27
青海	90.40	8	120.70	5	320.84	20	343.69	23
宁夏	84.38	15	104.42	13	344.76	18	337.39	26
新疆	79.31	19	83.10	28	310.69	23	358.24	21

6-4 家庭生活指标

地区	城镇居民家庭人均购买衣着支出（元）				城镇居民家庭人均购买日用品支出（元）			
	1990年		1991年		1990年		1991年	
	指标值	位次	指标值	位次	指标值	位次	指标值	位次
北京	242.32	1	265.39	2	172.32	3	188.77	2
天津	185.69	6	205.51	12	135.29	11	144.95	11
河北	177.36	10	207.17	11	145.05	9	133.48	16
山西	183.81	8	209.02	10	105.54	18	119.98	20
内蒙古	162.25	18	197.53	16	97.25	22	114.65	22
辽宁	203.71	3	231.21	6	151.64	6	132.61	18
吉林	169.38	14	195.42	18	90.97	23	91.16	29
黑龙江	203.08	4	231.45	5	89.94	24	101.88	26
上海	211.07	2	240.77	3	177.92	2	186.25	3
江苏	177.11	11	198.76	15	146.10	7	154.30	8
浙江	188.20	5	230.00	7	161.18	4	175.07	6
安徽	145.41	22	157.82	26	112.71	17	117.16	21
福建	104.32	27	150.41	28	121.17	15	140.41	12
江西	102.04	28	120.41	29	88.74	25	85.80	30
山东	183.93	7	225.87	8	159.78	5	176.74	5
河南	159.15	20	194.09	20	104.78	19	113.00	24
湖北	168.82	15	200.02	13	129.73	12	140.14	13
湖南	142.29	24	177.46	24	100.44	21	137.25	15
广东	137.12	25	174.24	25	192.87	1	264.04	1
广西	117.20	26	156.32	27	127.95	13	183.14	4
海南			114.59	30			114.18	23
四川	166.38	16	211.15	9	145.89	8	153.06	9
贵州	142.99	23	181.57	23	86.28	26	93.07	28
云南	154.78	21	193.83	21	101.07	20	133.00	17
西藏			270.20	1			148.86	10
陕西	169.61	13	196.32	17	119.12	16	138.70	14
甘肃	161.62	19	191.83	22	82.85	27	109.18	25
青海	166.15	17	194.11	19	82.64	28	100.62	27
宁夏	180.16	9	233.43	4	137.86	10	159.54	7
新疆	172.17	12	199.46	14	121.51	14	127.85	19

6-5 家 庭 生 活 指 标

地区	城镇居民家庭人均购买文化娱乐用品支出（元）				城镇居民家庭人均非商品支出（元）			
	1990年		1991年		1990年		1991年	
	指标值	位次	指标值	位次	指标值	位次	指标值	位次
北京	120.16	2	115.98	2	162.66	3	199.30	3
天津	114.95	4	100.82	4	110.95	21	138.84	19
河北	84.06	5	62.77	14	121.72	15	151.85	14
山西	50.53	18	51.96	22	115.23	19	134.50	22
内蒙古	48.76	19	48.03	25	99.44	27	123.50	26
辽宁	66.05	12	68.30	11	125.02	12	159.46	10
吉林	46.82	22	48.41	24	93.08	28	123.78	25
黑龙江	35.82	26	53.98	19	100.28	26	120.01	28
上海	175.62	1	147.10	1	213.29	2	274.69	2
江苏	77.17	8	83.37	6	115.77	18	140.26	17
浙江	116.16	3	90.55	5	143.55	5	178.40	5
安徽	60.69	15	57.14	17	121.24	16	135.33	21
福建	42.75	25	46.55	27	149.11	4	176.29	7
江西	33.12	28	53.14	20	102.85	24	124.72	24
山东	78.14	7	71.07	9	103.23	23	121.18	27
河南	47.71	21	51.05	23	100.38	25	117.12	29
湖北	65.14	14	68.65	10	124.55	13	154.57	13
湖南	55.64	17	54.89	18	118.05	17	158.72	12
广东	80.91	6	109.30	3	234.10	1	306.04	1
广西	70.71	9	82.35	7	143.39	6	174.82	8
海南			44.42	29			195.64	4
四川	67.92	11	77.30	8	134.66	8	177.58	6
贵州	57.96	16	45.23	28	129.47	9	158.95	11
云南	65.53	13	62.67	15	126.27	10	140.03	18
西藏			52.49	21			94.74	30
陕西	68.70	10	57.83	16	111.79	20	145.00	15
甘肃	45.38	24	47.14	26	109.23	22	136.21	20
青海	35.29	27	36.30	30	125.33	11	129.72	23
宁夏	46.39	23	64.85	13	123.47	14	143.53	16
新疆	48.61	20	66.16	12	135.34	7	163.27	9

6-6 家庭生活指标

地区	城镇居民家庭平均每百户彩色电视机拥有量（台）				城镇居民家庭平均每百户电冰箱拥有量（台）			
	1990年		1991年		1990年		1991年	
	指标值	位次	指标值	位次	指标值	位次	指标值	位次
北京	90.90	1	97.10	1	96.40	1	101.70	1
天津	72.20	6	80.10	7	78.20	3	83.90	4
河北	66.97	8	77.92	8	45.63	10	51.05	12
山西	60.11	16	67.49	18	21.25	24	29.06	24
内蒙古	53.41	21	65.30	20	17.57	26	23.20	28
辽宁	63.75	9	73.09	13	44.59	12	50.10	15
吉林	45.55	25	57.40	27	17.28	27	26.45	25
黑龙江	53.16	22	58.98	25	21.62	23	26.08	26
上海	76.80	4	81.20	6	87.80	2	92.20	2
江苏	51.46	23	63.76	22	48.09	8	53.92	11
浙江	62.99	13	72.12	14	77.69	4	84.11	3
安徽	47.63	24	57.49	26	45.29	11	54.73	9
福建	55.03	18	66.75	19	42.21	14	54.41	10
江西	35.60	28	51.07	30	36.40	15	44.80	17
山东	61.46	15	73.24	10	46.85	9	59.86	7
河南	53.68	20	65.23	21	33.98	18	42.58	18
湖北	54.13	19	63.67	23	56.11	5	63.19	5
湖南	38.53	27	53.83	28	35.70	16	50.74	13
广东	74.52	5	83.06	4	52.77	6	61.71	6
广西	38.61	26	51.30	29	34.84	17	46.27	16
海南			62.50	24			22.30	29
四川	63.46	12	71.99	15	49.02	7	54.86	8
贵州	55.64	17	71.12	16	42.75	13	50.62	14
云南	61.65	14	70.98	17	23.03	22	32.52	23
西藏			94.00	2			35.00	22
陕西	63.54	10	73.24	11	30.41	20	36.94	21
甘肃	63.53	11	73.73	9	21.19	25	25.26	27
青海	77.87	3	81.88	5	15.09	28	19.37	30
宁夏	79.48	2	92.58	3	26.61	21	37.24	20
新疆	67.79	7	73.24	12	32.27	19	40.92	19

6-7 家 庭 生 活 指 标

地区	城镇居民家庭平均每百户洗衣机拥有量（台）				城镇居民家庭平均每百户电风扇拥有量（台）			
	1990年		1991年		1990年		1991年	
	指标值	位次	指标值	位次	指标值	位次	指标值	位次
北京	93.20	1	93.00	1	120.10	14	122.70	15
天津	84.00	9	83.10	14	111.10	16	110.30	17
河北	89.93	2	88.06	5	118.40	15	122.78	14
山西	81.63	11	84.65	10	60.11	19	62.84	20
内蒙古	77.61	18	80.89	19	22.28	26	28.16	27
辽宁	79.91	16	81.09	18	42.28	21	48.16	22
吉林	76.37	20	84.12	11	30.89	23	38.99	23
黑龙江	75.64	21	79.44	22	21.50	27	25.04	28
上海	72.20	25	72.20	27	186.60	10	195.60	10
江苏	85.81	6	87.63	6	220.16	4	241.78	4
浙江	70.07	27	72.38	26	238.78	3	256.69	3
安徽	72.50	24	76.58	25	207.72	5	210.06	7
福建	71.31	26	77.66	23	203.19	6	210.51	6
江西	58.93	28	60.93	29	201.33	7	202.93	9
山东	76.59	19	79.52	21	149.99	13	153.36	13
河南	75.23	22	81.31	17	179.66	11	193.15	11
湖北	85.82	5	87.38	7	196.51	8	209.99	8
湖南	73.49	23	81.79	16	194.90	9	229.11	5
广东	80.75	13	85.30	9	336.53	1	354.79	1
广西	81.22	12	80.52	20	251.08	2	276.20	2
海南			51.00	30			113.00	16
四川	80.52	14	83.84	13	156.45	12	168.09	12
贵州	89.18	3	89.15	4	78.76	18	81.85	19
云南	84.22	8	85.34	8	25.09	25	29.50	25
西藏			62.00	28			2.00	29
陕西	82.56	10	82.04	15	105.00	17	106.06	18
甘肃	80.24	15	77.63	24	27.91	24	28.37	26
青海	86.40	4	89.75	3	0.96	28	1.70	30
宁夏	84.34	7	91.25	2	50.13	20	61.85	21
新疆	79.74	17	84.08	12	31.87	22	37.88	24

6-8 家庭生活指标

地区	城镇人均居住面积（平方米）				农民家庭人均纯收入（元）			
	1990年		1991年		1990年		1991年	
	指标值	位次	指标值	位次	指标值	位次	指标值	位次
北京	7.72	21	7.48	27	1 297.05	2	1 422.37	2
天津			6.52	30	1 069.04	4	1 168.53	4
河北	9.20	15	9.94	15	621.67	19	657.38	18
山西	9.50	12	9.46	21	603.51	21	567.90	23
内蒙古	9.00	17	9.63	19	607.15	20	517.99	27
辽宁	6.00	26	6.53	29	836.17	7	896.71	7
吉林	7.18	24	7.74	25	803.52	8	748.33	10
黑龙江	7.30	22	7.74	26	759.86	10	734.80	11
上海	6.70	25	6.72	28	1 907.32	1	2 003.38	1
江苏	9.10	16	9.63	20	959.06	6	920.72	6
浙江	10.21	8	10.12	13	1 099.04	3	1 210.77	3
安徽	10.56	5	10.14	12	539.16	26	446.05	30
福建	9.30	14	9.84	16	764.41	9	850.05	8
江西	8.77	19	9.02	24	669.90	15	702.53	15
山东	10.47	6	10.49	10	680.18	13	764.04	9
河南	10.00	9	10.89	8	526.95	28	539.29	25
湖北	9.80	11	11.87	3	670.80	14	626.92	19
湖南	11.97	2	11.55	5	664.24	16	688.91	16
广东	12.13	1	13.71	1	1 043.03	5	1 143.06	5
广西	11.00	3	10.87	9	639.45	18	657.74	17
海南	8.00	20	9.76	17	696.22	11	730.08	12
四川			10.04	14	557.76	24	590.21	20
贵州	10.70	4	11.16	7	435.14	29	465.53	28
云南	7.20	23	11.36	6	540.86	25	572.58	22
西藏			12.52	2	649.71	17	706.67	13
陕西	9.32	13	9.03	23	530.80	27	533.96	26
甘肃			9.09	22	430.98	30	446.42	29
青海	9.00	18	9.76	18	559.78	23	555.56	24
宁夏	10.30	7	10.39	11	578.13	22	589.98	21
新疆	10.00	10	11.59	4	683.47	12	703.17	14

6-9 家庭生活指标

地区	农村居民家庭人均生活消费支出（元）				农村居民家庭人均生活消费品支出（元）			
	1990年		1991年		1990年		1991年	
	指标值	位次	指标值	位次	指标值	位次	指标值	位次
北京	961.36	2	1 100.20	2	883.13	2	996.47	2
天津	732.87	6	795.73	6	686.52	6	733.20	6
河北	465.32	20	558.23	19	436.46	20	515.93	18
山西	454.68	21	495.85	23	421.29	22	464.30	24
内蒙古	491.88	17	571.26	17	455.19	16	522.75	17
辽宁	639.58	8	767.16	7	591.05	8	702.89	7
吉林	585.71	9	648.41	10	544.20	9	597.75	10
黑龙江	537.26	11	618.60	11	499.74	11	579.78	11
上海	1 262.37	1	1 539.78	1	1 168.93	1	1 410.45	1
江苏	787.01	5	877.98	5	741.39	5	824.70	5
浙江	897.88	3	1 026.52	3	826.48	3	946.17	3
安徽	498.60	16	474.62	27	463.64	13	435.34	27
福建	707.97	7	746.99	8	646.85	7	679.05	8
江西	500.14	15	597.00	14	462.02	14	549.87	14
山东	515.76	12	613.00	13	480.63	12	563.69	12
河南	396.90	28	454.68	28	361.89	28	412.42	28
湖北	551.79	10	615.40	12	507.55	10	562.47	13
湖南	504.60	14	655.54	9	460.81	15	604.46	9
广东	850.98	4	942.40	4	758.83	4	837.95	4
广西	409.28	26	580.75	15	375.29	27	536.69	16
海南	509.71	13	559.97	18	447.08	17	489.73	20
四川	467.58	19	552.39	20	437.16	19	515.05	19
贵州	403.28	27	420.44	29	379.96	26	394.82	29
云南	452.99	22	501.36	22	430.15	21	472.69	22
西藏	327.72	29	490.20	24	322.25	29	482.41	21
陕西	412.48	25	486.80	25	382.23	25	451.14	26
甘肃	314.29	30	403.41	30	290.90	30	371.95	30
青海	422.16	24	486.25	26	398.72	24	458.17	25
宁夏	450.83	23	508.32	21	418.45	23	470.09	23
新疆	477.52	18	579.55	16	438.52	18	536.88	15

6-10 家庭生活指标

地区	农村居民家庭人均食品支出（元）				农村居民家庭人均衣着支出（元）			
	1990年		1991年		1990年		1991年	
	指标值	位次	指标值	位次	指标值	位次	指标值	位次
北京	475.09	2	534.44	2	91.57	2	118.00	2
天津	393.07	7	413.82	7	70.13	4	80.70	5
河北	228.25	26	267.64	26	46.59	14	58.39	12
山西	223.55	27	263.74	28	60.10	7	63.60	8
内蒙古	391.00	8	320.79	19	43.75	15	53.16	15
辽宁	322.06	10	397.22	9	67.94	5	82.24	3
吉林	332.27	9	366.51	11	53.65	11	62.85	9
黑龙江	279.46	18	356.75	15	58.53	9	58.22	13
上海	586.32	1	733.83	1	107.04	1	130.19	1
江苏	406.03	6	487.51	5	57.57	10	65.16	7
浙江	448.14	4	518.07	4	58.77	8	70.83	6
安徽	281.97	16	274.08	25	38.58	20	35.57	26
福建	424.77	5	440.58	6	38.51	21	43.71	19
江西	291.65	13	377.33	10	35.37	27	38.71	24
山东	261.00	20	327.56	18	52.79	12	60.44	11
河南	198.36	29	242.84	29	42.24	18	47.81	16
湖北	315.68	11	363.94	12	43.11	16	45.05	17
湖南	288.32	15	408.21	8	37.02	23	41.48	21
广东	455.08	3	533.70	3	38.74	19	40.40	23
广西	231.82	25	360.09	13	26.17	30	29.89	30
海南	302.99	12	358.96	14	35.88	24	34.74	29
四川	288.76	14	344.59	17	35.45	26	41.18	22
贵州	279.51	17	283.94	24	30.83	28	35.03	27
云南	274.70	19	315.10	20	35.72	25	37.69	25
西藏	240.43	22	354.39	16	42.57	17	43.23	20
陕西	211.59	28	266.78	27	38.13	22	44.70	18
甘肃	180.26	30	238.21	30	30.35	29	34.87	28
青海	234.94	24	293.31	22	60.69	6	62.70	10
宁夏	240.47	21	291.83	23	47.72	13	54.36	14
新疆	237.72	23	311.26	21	76.04	3	81.84	4

6-11 家庭生活指标

地区	农村居民家庭人均住房支出（元）				农村居民家庭人均燃料支出（元）			
	1990年		1991年		1990年		1991年	
	指标值	位次	指标值	位次	指标值	位次	指标值	位次
北京	142.62	4	128.89	4	32.78	5	42.18	2
天津	90.39	6	101.19	6	28.98	6	28.76	12
河北	69.18	11	78.99	9	27.77	9	28.61	13
山西	59.46	14	51.87	18	12.94	29	14.05	30
内蒙古	36.21	26	47.53	21	24.34	16	28.12	14
辽宁	79.68	7	84.63	7	37.69	2	37.93	3
吉林	69.26	10	71.55	10	23.34	17	17.53	26
黑龙江	55.51	17	59.02	14	40.44	1	37.42	4
上海	256.33	1	296.75	1	15.33	28	17.39	27
江苏	162.54	3	144.25	3	24.71	15	25.96	17
浙江	190.41	2	196.79	2	24.77	14	25.51	19
安徽	67.14	12	47.21	22	26.17	11	27.92	15
福建	77.60	8	82.66	8	36.07	3	36.47	5
江西	48.14	20	44.87	24	33.36	4	34.94	6
山东	72.85	9	68.86	11	27.15	10	29.11	10
河南	54.81	18	48.68	20	19.24	22	19.33	24
湖北	57.21	15	56.52	16	28.42	8	26.72	16
湖南	53.84	19	62.95	12	19.11	23	25.48	20
广东	124.34	5	110.33	5	28.81	7	30.53	8
广西	45.83	21	60.61	13	18.69	25	28.80	11
海南	40.35	24	28.10	26	21.81	18	16.58	29
四川	43.38	23	47.11	23	20.62	19	25.19	21
贵州	20.71	29	23.01	29	20.12	20	22.81	22
云南	55.75	16	51.00	19	17.73	27	18.13	25
西藏	17.79	30	15.92	30	2.81	30	50.41	1
陕西	61.24	13	58.33	15	18.71	24	20.45	23
甘肃	23.79	28	26.61	27	19.38	21	25.94	18
青海	25.88	27	24.37	28	25.34	12	33.67	7
宁夏	44.67	22	38.07	25	17.85	26	16.96	28
新疆	39.56	25	54.21	17	25.34	13	29.22	9

6-12 家庭生活指标

地区	农村居民家庭人均用品及其他支出（元）				农村居民家庭人均非商品支出（元）			
	1990年		1991年		1990年		1991年	
	指标值	位次	指标值	位次	指标值	位次	指标值	位次
北京	141.08	2	172.96	2	78.22	3	103.73	3
天津	103.94	5	108.73	5	46.35	8	62.53	8
河北	64.66	14	82.30	8	28.87	25	42.30	18
山西	65.24	13	71.04	13	33.39	21	31.55	25
内蒙古	59.89	17	73.15	12	36.69	16	48.51	14
辽宁	83.69	7	100.87	7	48.53	7	64.27	7
吉林	65.68	12	79.31	9	41.51	12	50.66	12
黑龙江	65.80	11	68.37	16	37.52	15	38.82	21
上海	203.92	1	232.29	1	93.44	1	129.33	1
江苏	90.54	6	101.82	6	45.62	9	53.28	9
浙江	104.39	4	134.97	3	71.40	4	80.35	4
安徽	49.78	23	50.56	26	34.97	19	39.28	20
福建	69.91	8	75.63	11	61.12	6	67.94	6
江西	53.50	19	54.02	22	38.12	14	47.13	15
山东	66.83	10	77.72	10	35.14	17	49.31	13
河南	47.24	25	53.76	23	35.01	18	42.26	19
湖北	63.13	15	70.24	14	44.24	10	52.93	10
湖南	62.52	16	66.34	17	43.79	11	51.08	11
广东	111.87	3	122.99	4	92.15	2	104.45	2
广西	52.78	20	57.30	20	33.99	20	44.06	16
海南	46.05	27	51.35	24	62.63	5	70.24	5
四川	48.96	24	56.98	21	30.42	23	37.34	23
贵州	28.79	29	30.03	29	23.32	28	25.62	29
云南	46.24	26	50.77	25	22.85	29	28.67	27
西藏	18.66	30	18.46	30	5.47	30	7.79	30
陕西	52.57	21	60.88	18	30.25	24	35.66	24
甘肃	37.12	28	46.32	27	23.38	27	31.46	26
青海	51.87	22	44.12	28	23.44	26	28.08	28
宁夏	67.73	9	68.87	15	32.39	22	38.23	22
新疆	59.85	18	60.35	19	39.00	13	42.67	17

6-13 家庭生活指标

地区	农村居民家庭人均生活消费现金支出（元）				农村居民家庭平均每百户彩色电视机拥有量（台）			
	1990年		1991年		1990年		1991年	
	指标值	位次	指标值	位次	指标值	位次	指标值	位次
北京	844.23	2	966.90	2	28.67	1	41.60	1
天津	558.68	6	600.87	5	17.86	3	23.50	3
河北	329.79	17	401.29	11	6.10	11	9.10	10
山西	346.13	14	346.98	17	6.67	8	9.14	9
内蒙古	271.21	25	322.17	20	5.05	16	6.21	16
辽宁	481.75	8	538.23	7	10.05	5	13.76	5
吉林	389.72	10	423.47	10	3.69	18	5.44	18
黑龙江	368.43	12	377.46	14	5.09	15	7.59	15
上海	1 146.10	1	1 297.89	1	25.00	2	25.17	2
江苏	569.65	5	593.30	6	6.24	10	8.18	12
浙江	746.59	3	827.20	3	8.78	7	10.78	7
安徽	323.01	18	299.68	24	1.35	25	1.68	23
福建	500.82	7	536.81	8	5.22	12	8.24	11
江西	317.26	19	325.83	19	1.63	24	1.43	26
山东	379.60	11	430.86	9	6.29	9	9.55	8
河南	280.70	24	291.26	26	2.81	21	3.74	21
湖北	343.99	15	360.02	16	1.88	23	1.48	25
湖南	352.71	13	386.28	12	0.59	28	1.27	27
广东	686.43	4	710.94	4	9.80	6	12.42	6
广西	290.33	21	333.47	18	0.65	27	0.82	29
海南	399.37	9	383.73	13	3.46	19	5.83	17
四川	285.05	23	318.57	21	1.02	26	1.64	24
贵州	199.30	28	208.60	28	0.22	29	0.89	28
云南	285.28	22	300.93	23	2.25	22	3.17	22
西藏	173.13	30	192.29	30	0.21	30	0.21	30
陕西	270.28	26	298.40	25	3.11	20	4.91	19
甘肃	174.27	29	208.01	29	5.22	13	7.67	14
青海	256.58	27	258.20	27	4.13	17	4.33	20
宁夏	297.27	20	304.53	22	17.33	4	21.50	4
新疆	333.88	16	367.64	15	5.16	14	7.74	13

6-14 家庭生活指标

地区	农村居民家庭平均每百户电冰箱拥有量（台）				农村居民家庭平均每百户洗衣机拥有量（台）			
	1990年		1991年		1990年		1991年	
	指标值	位次	指标值	位次	指标值	位次	指标值	位次
北京	22.93	2	35.87	1	62.93	1	68.53	1
天津	9.82	3	9.33	3	38.04	3	42.33	3
河北	0.55	11	1.24	9	19.45	7	26.69	5
山西	0.29	13	0.29	14	13.81	10	14.71	11
内蒙古					12.91	11	13.52	12
辽宁	1.38	7	2.17	5	29.26	4	34.92	4
吉林	0.81	10	0.25	16	24.94	5	26.63	6
黑龙江	0.09	19	0.22	18	19.51	6	21.79	8
上海	28.67	1	29.67	2	45.50	2	47.83	2
江苏	1.53	5	2.06	6	15.03	9	16.68	9
浙江	5.93	4	8.04	4	5.59	16	6.52	18
安徽	0.23	16	0.29	15	0.52	29	1.26	27
福建	1.43	6	1.65	8	4.01	21	5.77	20
江西	0.08	21	0.16	22	0.65	28	0.82	29
山东	0.83	9	1.69	7	3.95	22	6.83	17
河南	0.24	15	0.43	13	4.02	20	6.43	19
湖北	0.27	14	0.09	25	9.09	13	10.58	13
湖南	0.03	23	0.24	17	1.68	24	2.08	25
广东	1.17	8	1.13	10	4.26	19	4.84	21
广西			0.17	20	1.16	27	1.34	26
海南			0.21	19	1.35	26	0.83	28
四川	0.09	20	0.13	24	2.78	23	3.38	23
贵州	0.04	22	0.04	27	1.52	25	2.32	24
云南			0.17	21	4.33	18	3.46	22
西藏								
陕西	0.14	17	0.14	23	5.50	17	7.84	15
甘肃	0.11	18	0.06	26	5.94	15	7.72	16
青海					6.09	14	8.33	14
宁夏			0.50	12	18.00	8	23.50	7
新疆	0.40	12	0.84	11	12.58	12	14.90	10

6-15 家 庭 生 活 指 标

地区	农村居民家庭平均每百户电风扇拥有量（台）				农村人均居住面积（平方米）			
	1990年		1991年		1990年		1991年	
	指标值	位次	指标值	位次	指标值	位次	指标值	位次
北京	72.80	7	84.27	6	20.62	6	21.92	6
天津	76.96	6	77.33	8	18.00	12	17.16	15
河北	38.17	14	64.21	10	17.30	15	17.49	14
山西	7.33	19	7.95	20	16.50	18	16.14	18
内蒙古	1.43	26	1.87	24	16.20	19	12.93	28
辽宁	8.31	18	12.96	18	16.00	20	17.07	16
吉林	1.50	25	1.50	27	13.42	27	13.87	24
黑龙江	0.94	28	0.90	28	13.90	25	14.34	23
上海	204.17	1	212.00	1	37.08	1	39.60	1
江苏	86.21	4	112.76	4	25.20	3	23.27	3
浙江	130.81	3	145.59	3	29.26	2	30.77	2
安徽	48.13	9	59.13	12	18.03	11	15.87	21
福建	83.24	5	96.21	5	18.47	10	19.14	10
江西	43.76	11	51.06	14	20.58	7	20.08	8
山东	42.83	13	66.14	9	20.06	8	19.87	9
河南	27.83	15	44.76	15	16.00	21	16.87	17
湖北	44.55	10	61.67	11	22.47	4	23.23	4
湖南	42.89	12	57.78	13	22.27	5	22.58	5
广东	163.48	2	191.91	2	17.39	14	18.03	12
广西	52.28	8	78.14	7	16.00	22	15.98	19
海南	13.27	17	18.54	17	18.00	13	18.82	11
四川	21.02	16	29.62	16	19.71	9	21.33	7
贵州	1.52	24	2.05	23	13.80	26	14.59	22
云南	1.79	23	1.67	26	17.00	17	18.02	13
西藏			0.21	29	10.91	29	11.15	30
陕西	6.89	20	12.93	19	17.07	16	15.92	20
甘肃	1.11	27	1.73	25			12.85	29
青海	0.22	29	0.17	30	13.00	28	13.59	26
宁夏	3.67	21	7.67	21	14.00	23	13.36	27
新疆	3.47	22	3.74	22	14.00	24	13.63	25